Collins

WJEC GCSE

Welsh as a Second Language

Revision Guide

T0321870

Jo Knell

About this Revision & Practice book

Revise

These pages provide a recap of everything you need to know for each topic.

You should read through all the information before taking the Quick Test at the end. This will test whether you can recall the key facts.

Practise

These topic-based questions appear shortly after the revision pages for each topic and will test whether you have understood the topic. If you get any of the questions wrong, make sure you read the correct answer carefully.

Review

These topic-based questions appear later in the book, allowing you to revisit the topic and test how well you have remembered the information. If you get any of the questions wrong, make sure you read the correct answer carefully.

Mix it Up

These pages feature a mix of questions from the different topics. They will make sure you can recall the relevant information to answer a question without being told which topic it relates to.

Test Yourself on the Go

Visit our website at **collins.co.uk/collinsGCSErevision** and print off a set of flashcards. These pocket-sized cards feature questions and answers so that you can test yourself on all the key facts anytime and anywhere. You will also find lots more information about the advantages of spaced practice and how to plan for it.

Workbook

This section features even more topic-based questions as well as practice exam papers, providing two further practice opportunities for each topic to guarantee the best results.

ebook

To access the ebook revision guide visit

collins.co.uk/ebooks

and follow the step-by-step instructions.

Cynnwys — Contents

Contents

Contents

1 **Cwestiynau personol** – Personal questions   [10 marks]

Atebwch y cwestiynau canlynol.
Answer the following questions.

(i)   **Pwy wyt ti?**

(ii)   **Faint ydy dy oed di?**

(iii)   **Pryd mae dy ben-blwydd di?**

(iv)   **Ble rwyt ti'n byw?**

(v)   **I ba ysgol rwyt ti'n mynd?**

(vi)   **Beth rwyt ti'n hoffi bwyta?**

(vii) **Beth dwyt ti ddim yn hoffi bwyta?**

(viii) **Faint o bobl sy yn dy deulu di?**

(ix)   **Pwy ydyn nhw?**

(x)   **Beth ydy dy hobïau di?**

2 **Amser** – Time

Faint o'r gloch ydy hi?   What time is it?
Ysgrifennwch yr atebion yn Gymraeg.   Write the answers in Welsh.   [5 marks]

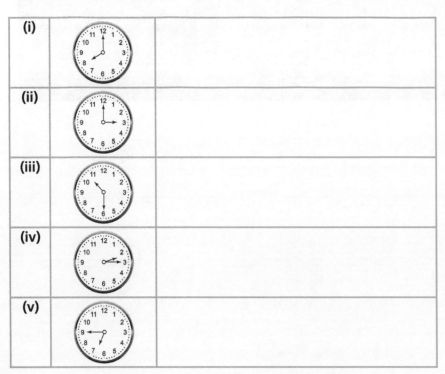

(i)	
(ii)	
(iii)	
(iv)	
(v)	

3) Barn – Opinions 〉

Cysylltwch y cwestiwn â'r ateb cywir.

Connect the question to the correct answer.   [6 marks]

(i)	Wyt ti'n hoffi chwarae hoci?
(ii)	Beth rwyt ti'n feddwl am nofio?
(iii)	Beth dwyt ti ddim yn hoffi bwyta?
(iv)	Wyt ti'n mwynhau rhedeg?
(v)	Beth roeddet ti'n feddwl am y ffilm?
(vi)	Beth ydy dy hoff chwaraeon?

(a)	Nac ydw, mae'n well gyda fi seiclo.
(b)	Roeddwn i'n meddwl ei bod hi'n drist.
(c)	Fy hoff chwaraeon ydy seiclo.
(ch)	Ydw, mae'n gêm wych.
(d)	Mae'n gas gyda fi bysgod.
(dd)	Rydw i'n meddwl ei fod e'n hwyl.

4) Amser Presennol – Present Tense 〉

Cysylltwch y brawddegau Cymraeg â'r brawddegau Saesneg cywir.

Connect the Welsh sentences to the correct English sentences.   [8 marks]

(i)	Rydw i'n hoffi bwyta cyri.
(ii)	Maen nhw'n mynd i'r gwaith.
(iii)	Dydw i ddim yn mwynhau cerddoriaeth glasurol.
(iv)	Mae e'n chwarae pêl-droed a rygbi.
(v)	Mae'r plant yn gwylio'r teledu.
(vi)	Rydw i'n byw yng Nghymru.
(vii)	Dydy e ddim yn gallu chwarae sboncen.
(viii)	Mae hi'n dal iawn.

(a)	He plays football and rugby.
(b)	The children are watching television.
(c)	She is very tall.
(ch)	I like eating curry.
(d)	He can't play squash.
(dd)	They are going to work.
(e)	I don't enjoy classical music.
(f)	I live in Wales.

5) Amser Gorffennol – Past Tense 〉

Ad-drefnwch y brawddegau i'r drefn amser gywir.

Re-arrange the sentences into the correct time order.   [8 marks]

(i)	Es i i'r ysgol am hanner awr wedi wyth.
(ii)	Es i i'r gwely am ddeg o'r gloch.
(iii)	Ar ôl y wers mathemateg roedd hi'n amser cinio.
(iv)	Codais i am chwarter wedi saith.
(v)	Es i adre am hanner awr wedi tri.
(vi)	Amser egwyl gwelais i fy ffrind Charlie.
(vii)	Ces i wy ar dost i frecwast.
(viii)	Ar ôl te es i i'r clwb tenis.

Cymraeg Hanfodol 1
Essential Welsh 1

You must be able to:

- Pronounce words naturally
- Understand and use numbers and time vocabulary.

Yr Wyddor Gymraeg   The Welsh Alphabet

- There are 29 letters in the Welsh alphabet, including 7 vowels: **a**, **e**, **i**, **o**, **u**, **w** and **y**.
- **Newyddion da!** Good news! Welsh is a phonetic language so letters always sound the same.

a	as in apple	**e**	as in leg	**i**	like ee in see	**o**	as in orange	**t**	as in top
b	as in banana	**f**	as in of	**j**	as in jelly	**p**	as in pit	**th**	as in thin
c	as in cat	**ff**	as in off	**l**	as in lamb	**ph**	as in alphabet	**u**	like ee in see
ch	as in loch	**g**	as in girl	**ll**	as in Llanelli	**r**	as in run	**w**	like oo in soon
d	as in dog	**ng**	as in king	**m**	as in man	**rh**	as in Rhys	**y**	like u in luck
dd	as in the	**h**	as in hot	**n**	as in nail	**s**	as in sing		

- There are 8 double letters in Welsh: **ch**, **dd**, **ff**, **ng**, **ll**, **ph**, **rh**, and **th**. Remember about these when using a dictionary or you could get very confused!

Ynganiad   Pronunciation

- The emphasis in Welsh words is almost always on the last syllable but one.
- You can see this with words you know well, e.g.: **Cymru**, **Llangrannog** and **mathemateg**.
- Now practise some more unusual words remembering to put the emphasis on the *last syllable but one*:

anarferol	unusual	**cyflwynydd**	presenter	**rhesymol**	reasonable
blinedig	tired	**hofrennydd**	helicopter	**sgerbwd**	skeleton
canhwyllau	candles	**llywodraeth**	government	**traffordd**	motorway

Geirfa   Vocabulary

Rhifau   Numbers

0	dim	10	deg	20	dau ddeg	30	tri deg
1	un	11	un deg un	21	dau ddeg un	40	pedwar deg
2	dau	12	un deg dau	22	dau ddeg dau	50	pum deg
3	tri	13	un deg tri	23	dau ddeg tri	60	chwe deg
4	pedwar	14	un deg pedwar	24	dau ddeg pedwar	70	saith deg
5	pump	15	un deg pump	25	dau ddeg pump	80	wyth deg
6	chwech	16	un deg chwech	26	dau ddeg chwech	90	naw deg
7	saith	17	un deg saith	27	dau ddeg saith	100	cant
8	wyth	18	un deg wyth	28	dau ddeg wyth	1,000	mil
9	naw	19	un deg naw	29	dau ddeg naw	1,000,000	miliwn

Yr Amser The Time

- **Faint o'r gloch ydy hi?** What time is it?
- **Mae hi'n ...** It's ...

1:00	un o'r gloch	:05	bum munud wedi ...	:35	bum munud ar hugain i ...
2:00	ddau o'r gloch	:10	ddeg munud wedi ...	:40	ugain munud i ...
3:00	dri o'r gloch	:15	chwarter wedi ...	:45	chwarter i ...
11:00	un ar ddeg o'r gloch	:20	ugain munud wedi ...	:50	ddeg munud i ...
12:00	ddeuddeg o'r gloch	:25	bum munud ar hugain wedi ...	:55	bum munud i ...
12:00	ganol dydd				
0:00	ganol nos		* Where appropriate these times have been mutated because they come after 'n in 'Mae hi'n ...'		

Dyddiau a Misoedd Days and Months

Dydd Llun	Monday	**Bore dydd Llun**	Monday morning	**Mai**	May
Dydd Mawrth	Tuesday	**Prynhawn dydd Llun**	Monday afternoon	**Mehefin**	June
Dydd Mercher	Wednesday	**Nos Lun**	Monday evening	**Gorffennaf**	July
Dydd Iau	Thursday			**Awst**	August
Dydd Gwener	Friday	**Ionawr**	January	**Medi**	September
Dydd Sadwrn	Saturday	**Chwefror**	February	**Hydref**	October
Dydd Sul	Sunday	**Mawrth**	March	**Tachwedd**	November
		Ebrill	April	**Rhagfyr**	December

Geirfa Amser Time Vocabulary

wythnos diwethaf	last week	**yfory**	tomorrow
penwythnos diwethaf	last weekend	**bore 'fory**	tomorrow morning
echdoe	the day before yesterday	**prynhawn 'fory**	tomorrow afternoon
ddoe	yesterday	**nos yfory**	tomorrow evening
neithiwr	last night	**wythnos nesaf**	next week
heddiw	today	**llynedd**	last year
y bore 'ma	this morning	**eleni**	this year
y prynhawn 'ma	this afternoon	**y flwyddyn nesaf**	next year
heno	tonight		

Treigladau Mutations

Treiglad Meddal Soft Mutation

original letter		changes to:
t	→	d
c	→	g
p	→	b
b	→	f
d	→	dd
g	→	–
m	→	f
rh	→	r
ll	→	l

Treiglad Trwynol Nasal Mutation

original letter		changes to:
t	→	nh
c	→	ngh
p	→	mh
b	→	m
d	→	n
g	→	ng

Treiglad Llaes Aspirate Mutation

original letter		changes to:
t	→	th
c	→	ch
p	→	ph

Quick Test

1. How do you say these times in Welsh?
   a) 4:15   b) 6:50   c) 11:30
2. Say/write in English:
   a) Rydw i'n gweld y meddyg am ugain munud wedi deuddeg.
   b) Es i i'r parc y bore 'ma.

Key Point

Traditional numbers are particularly important for dates and times on the clock. These are shown on page 150.

Cymraeg Hanfodol 2
Essential Welsh 2

You must be able to:

- Understand question words
- Use connectives and idioms to extend your sentences.

Cwestiynau Questions

Beth?	What?	Pa?	Which?
Sut?	How?	Pa fath o ...?	What kind of ...?
Pwy?	Who?	Faint o'r gloch?	What time?
Ble?	Where?	Sawl ...? (+ singular)	How many?
Pryd?	When?	Faint o ...? (+ plural)	How many?
Pam?	Why?		

Er Enghraifft For Example:

Sawl ysgol?	How many schools?
Faint o ysgolion?	How many schools?

Berfau Verbs

aros	to stay/wait	darllen	to read	gwneud	to do/make
astudio	to study	deall	to understand	gwrando	to listen
bwyta	to eat	dechrau	to start	gwylio	to watch
cerdded	to walk	dod	to come	meddwl	to think
clywed	to hear	dysgu	to learn	mwynhau	to enjoy
codi	to get up	eisiau	to want	mynd	to go
cofio	to remember	ennill	to win	prynu	to buy
colli	to lose	gadael	to leave	rhedeg	to run
credu	to believe	gofyn	to ask	siarad	to speak/talk
cwrdd	to meet	gorffen	to finish	teithio	to travel
cysgu	to sleep	gweithio	to work	trefnu	to organise
cytuno	to agree	gweld	to see	yfed	to drink
chwarae	to play	gwisgo	to wear	ysgrifennu	to write

Ansoddeiriau Adjectives

anhygoel	amazing	defnyddiol	useful	neis	nice
anobeithiol	hopeless	diddorol	interesting	newydd	new
anodd	difficult	diflas	boring	prysur	busy
ardderchog	excellent	drwg	bad/naughty	pwysig	important
bach	small	enwog	famous	rhyfedd	strange
bendigedig	wonderful	gwych	great	swil	shy
byr	short	hapus	happy	swnllyd	noisy
caredig	kind	hawdd	easy	tal	tall
cas	horrible	hen	old	tawel	quiet
cryf	strong	hwyr	late	tenau	thin
cyffrous	exciting	ifanc	young	tew	fat
da	good	mawr	big	trist	sad

Key Point

Almost all adjectives in Welsh come *after* the noun, e.g. **parti gwych** (great party)

Amser y Ferf Tenses

	Presennol Present	Perffaith Perfect	Gorffennol Past (e.g. 'bwyta')	Amherffaith Imperfect	Dyfodol Future	Amodol Conditional
I	Rydw i/Dw i	Rydw i wedi	Bwytais i	Roeddwn i	Bydda i	Baswn i
You	Rwyt ti	Rwyt ti wedi	Bwytaist ti	Roeddet ti	Byddi di	Baset ti
He/It	Mae e	Mae e wedi	Bwytodd e	Roedd e	Bydd e	Basai e
She/It	Mae hi	Mae hi wedi	Bwytodd hi	Roedd hi	Bydd hi	Basai hi
John	Mae John	Mae John wedi	Bwytodd John	Roedd John	Bydd John	Basai John

We	Rydyn ni	Rydyn ni wedi	Bwyton ni	Roedden ni	Byddwn ni	Basen ni
You	Rydych chi	Rydych chi wedi	Bwytoch chi	Roeddech chi	Byddwch chi	Basech chi
They	Maen nhw	Maen nhw wedi	Bwyton nhw	Roedden nhw	Byddan nhw	Basen nhw

Cysyllteiriau ac ati Connectives etc.

- These words are very useful for extending your sentences.

after	ar ôl	every	bob	on	ar	there	yna
also	hefyd	for example	er enghraifft	over/for	dros	this	hyn
although	er bod	fortunately	yn ffodus	particularly	yn enwedig	through	trwy
and	a/ac	here	yma	perhaps	efallai	to/for	i
approximately	tua	if	os	probably	siŵr o fod	under	o dan
at/about	am	in	yn	so/therefore	felly	unfortunately	yn anffodus
because	achos	in a	mewn	sometimes	weithiau	until	tan
before	cyn	next	nesaf	such as	fel	which is	sef
between	rhwng	of/from	o	that	bod	with	gyda
but	ond	often	yn aml	then	wedyn	without	heb
especially	yn arbennig						

Idiomau Idioms

- Using a few idioms in your speaking and writing will help your Welsh to sound more natural.

a dweud y gwir	to be honest	does dim ots	it doesn't matter
ar ben y byd	on top of the world	dros ben	extremely
ar fy mhen fy hun	on my own	erbyn hyn	by now
ar hyn o bryd	at the moment	fel arfer	usually
ar y cyfan	on the whole	heb os nac oni bai	without a doubt
ar y llaw arall	on the other hand	mae'n hen bryd	it's high time
beth bynnag	whatever	mae'n well gyda fi	I prefer
bob amser	every time	nawr ac yn y man	now and again
cyn bo hir	before long	trwy'r amser	all the time
cyn gynted â phosibl	as soon as possible	wrth gwrs	of course
diolch byth	thank goodness		

1 **Rhowch y brawddegau hyn yn y drefn amser gywir:**

Put these sentences into the correct time order: [5 marks]

- Mae'r ysgol yn gorffen am bum munud wedi tri.

- Dw i'n mynd i'r gwely tua hanner awr wedi deg.

- Mae'r ysgol yn dechrau am chwarter i naw.

- Dw i'n codi am chwarter wedi saith.

- Rydyn ni'n cael swper tua hanner awr wedi chwech.

2 **Cysylltwch y rhifau hyn â'u ffurfiau traddodiadol:**

Connect these numbers with their traditional forms: [8 marks]

(i)	dau ddeg tri	(a)	un ar ddeg
(ii)	un deg wyth	(b)	pump ar hugain
(iii)	un deg dau	(c)	ugain
(iv)	pum deg	(ch)	deg ar hugain
(v)	dau ddeg pump	(d)	tri ar hugain
(vi)	tri deg	(dd)	deunaw
(vii)	un deg un	(e)	hanner cant
(viii)	dau ddeg	(f)	deuddeg

3 **Ad-drefnwch y geiriau i wneud cwestiynau:**

Re-arrange the words to make questions: [5 marks]

a) wyt pwy ti ?

ch) o sydd faint yn di bobl deulu dy ?

b) dy mae di pryd ben-blwydd ?

d) y beth penwythnos ti wnest ar ?

c) ti'n fath gerddoriaeth mwynhau rwyt pa o ?

4 **Darllenwch y paragraff a rhowch yr idiomau cywir yn y bylchau:**

Read the paragraph and fit the correct idioms in the spaces: [5 marks]

heb os nac oni bai	ar hyn o bryd	mae'n well gyda fi	fel arfer	ar y cyfan

Shwmae, Sara dw i. ⬚ rydw i'n astudio cemeg, mathemateg, hanes a Saesneg yn y coleg chweched dosbarth. Dw i'n mwynhau'r coleg ⬚ ond weithiau mae'n gallu bod yn ddiflas.

⬚ fy hoff bwnc ydy cemeg, dw i'n dwlu ar yr arbrofion ac yn y dyfodol hoffwn i fod yn wyddonydd. ⬚ dw i'n dal y bws i'r dref ar ôl coleg gyda fy ffrindiau ac rydyn ni'n mynd i gaffi i gael sgwrs ond weithiau ⬚ gerdded syth adre achos rydyn ni'n cael llawer o waith cartref.

5 Cysylltwch y brawddegau â'u lluniau cywir:

Connect the sentences to their correct pictures: [6 marks]

(i)	Bwytais i	(a)	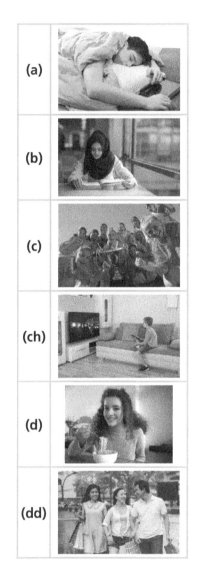
(ii)	Gwyliodd e	(b)	
(iii)	Prynon nhw	(c)	
(iv)	Enillon ni	(ch)	
(v)	Astudiodd hi	(d)	
(vi)	Cysgais i	(dd)	

6 Defnyddiwch gysyllteiriau ac idiomau i'ch helpu i ymestyn y brawddegau hyn:

Use connectives and idioms in order to help you extend these sentences: [12 marks]

a) Rydw i'n byw mewn tŷ ...

ch) Gwyliais i ffilm neithiwr ...

b) Mae Rhiannon yn hoffi chwarae snwcer ...

d) Ar y penwythnos bydda i'n gweld fy mam-gu ...

c) Gweithiodd Tomos yn y swyddfa nos Lun ...

dd) Roedd llawer o bobl ar y trên ...

Yr Amser Presennol
The Present Tense

You must be able to:

- Use the Present Tense with confidence
- Talk about yourself and your interests and those of other people
- Ask Present Tense questions and answer 'Yes' and 'No' correctly.

Defnyddio'r Amser Presennol   Using the Present Tense

- The Present Tense (**Yr Amser Presennol**) is the most commonly used tense for everyday language.
- The most useful forms are **I**, **He**, **She** and anyone or anything that is **named**, e.g. John

These forms have been highlighted below in yellow

Cadarnhaol   Positive

- **Rydw i** (*or* **Dw i**)   I/I'm
- **Rwyt ti**   You/You're (singular)
- **Mae e**   He/He's
- **Mae hi**   She/She's
- **Mae John**   John/John's

- **Rydyn ni**   We/We're
- **Rydych chi**   You/You're (polite or plural)
- **Maen nhw**   They/They're

e.e. **nofio**/to swim	
Rydw i'n nofio	I swim/I'm swimming
Rwyt ti'n nofio	You swim/You're swimming
Mae e'n nofio	He swims/He's swimming
Mae hi'n nofio	She swims/She's swimming
Mae John yn nofio	John swims/John's swimming

Rydyn ni'n nofio	We swim/We're swimming
Rydych chi'n nofio	You swim/You're swimming
Maen nhw'n nofio	They swim/They're swimming

Negyddol   Negative

- **Dydw i ddim**   I don't/I'm not
- **Dwyt ti ddim**   You don't/You're not ◄ (singular)
- **Dydy e ddim**   He doesn't/He's not
- **Dydy hi ddim**   She doesn't/She's not
- **Dydy John ddim**   John doesn't/John's not

- **Dydyn ni ddim**   We don't/We're not
- **Dydych chi ddim**   You don't/You're not ◄ (polite or plural)
- **Dydyn nhw ddim**   They don't/They're not

Enghreifftiau   Examples:

- **Rydw i'n byw yn Llanbadarn.**   I live in Llanbadarn.
- **Mae hi'n hoffi caws cryf.**   She likes strong cheese.
- **Mae Mr Evans yn dysgu hanes.**   Mr Evans teaches history.
- **Dydw i ddim yn mynd i'r dref heddiw.**   I'm not going to town today.

Aelodau'r Teulu   Family Members

mam	mum	chwaer/chwiorydd	sister/s
dad	dad	**brawd/brodyr**	brother/s
rhieni	parents	**mam-gu**	grandma
llys-fam	step-mum	**tad-cu**	grandad
llys-dad	step-dad	**fy nheulu**	my family

Key Point

Treat anyone or anything named in the same way as 'He' or 'She'. The Present Tense sentence starts with 'Mae ...': **Mae Mam yn mwynhau gwylio pêl-droed.** Mum enjoys watching football.

Diddordebau Interests

- **Beth rwyt ti'n mwynhau gwneud yn dy amser hamdden?**
  What do you enjoy doing in your leisure time?
- **Rydw i'n mwynhau** ...   I enjoy ...

cadw'n heini	keeping fit	**marchogaeth**	horseriding
canu	singing	**mynd allan**	going out
cerddoriaeth	music	**mynd i'r dref**	going to town
chwarae gemau	playing games	**nofio**	swimming
chwarae pêl-droed	playing football	**pêl-rwyd**	netball
chwaraeon	sport	**pobi**	baking
darllen	reading	**pysgota**	fishing
dawnsio	dancing	**rhedeg**	running
gwau	knitting	**sboncen**	squash
gwrando ar gerddoriaeth	listening to music	**seiclo**	cycling
gwylio ffilmiau	watching films	**siopa**	shopping
gymnasteg	gymnastics	**snwcer**	snooker
hoci	hockey	**syrffio**	surfing

Enghreifftiau Examples:

> Rydw i'n hoffi gwylio rygbi.

> Mae Dad yn mwynhau canu yn y côr.

> Dw i'n seiclo bob dydd Sadwrn gyda fy ffrindiau.

> Rydw i'n mwynhau chwarae chwaraeon o bob math yn enwedig pêl-droed a hoci.

> Dw i'n mwynhau pobi a gwau.

> Mae fy mam yn hoffi nofio yn y ganolfan hamdden.

Cwestiynau ac Atebion Questions and Answers

- When asking a question in the Present Tense there is a specific answer for 'Yes' or 'No' depending on the person involved:

Question starts:		'Yes' answer	'No' answer
Wyt ti ...?	Do/Are you ...? (singular)	**Ydw**	**Nac ydw**
Ydy e ...?	Does/Is he ...?	**Ydy**	**Nac ydy**
Ydy hi ...?	Does/Is she ...?	**Ydy**	**Nac ydy**
Ydy John ...?	Does/Is John ...?	**Ydy**	**Nac ydy**
Ydych chi ...?	Do/Are you ...? (polite/plural)	**Ydw/Ydyn**	**Nac ydw/Nac ydyn**
Ydyn nhw ...?	Do/Are they ...?	**Ydyn**	**Nac ydyn**

Quick Test

1. Say/Write in Welsh:
   a) I like rugby.   b) I don't like swimming.
2. Answer this question in a sentence in Welsh: Ble rwyt ti'n byw?
3. Answer 'Yes' or 'No' in Welsh: Wyt ti'n mwynhau gwylio ffilmiau?

Disgrifio Describing

You must be able to:

- Describe yourself and other people
- Say that you *have* something
- Ask someone else if they *have* something.

Ansoddeiriau Adjectives

- The following are all adjectives:

bach	small	**gwallgof**	mad	**siaradus**	chatty
byr	short	**hael**	generous	**swil**	shy
bywiog	lively	**hapus**	happy	**swnllyd**	noisy
caredig	kind	**hen**	old	**tal**	tall
cyfeillgar	friendly	**ifanc**	young	**tawel**	quiet
diddorol	interesting	**mawr**	big	**tenau**	thin
difrifol	serious	**neis**	nice	**tew**	fat
doniol	funny	**rhyfedd**	odd	**twp**	stupid

Enghreifftiau Examples:

- **Pa fath o berson wyt ti?**   What kind of person are you?
- **Rydw i'n berson ...**   I'm a ... person

Enwau ac Ansoddeiriau Nouns and Adjectives

- To describe a noun in Welsh the adjective almost always comes *after* the noun, e.g.:
  - **teulu agos**   close family
  - **athrawes neis**   nice teacher
  - **siop ffasiynol**   fashionable shop
- There are a few adjectives that come before the noun and they cause a soft mutation on the noun, e.g.:
  - **hen** old   **hen ddyn** old man
  - **hoff** favourite   **hoff gân** favourite song
  - **prif** main/head   **prif fachgen** head boy

Cenedl Enwau Gender of Nouns

- All nouns in Welsh have a gender, i.e. they are masculine or feminine (or sometimes both).
- If the noun is *masculine* there is *no* mutation on the adjective, e.g.:
  - **bachgen da**   good boy
  - **dosbarth mawr**   big class
- But, if the noun is *feminine* there *is* a soft mutation on the adjective, e.g.:
  - **merch dda**   good girl
  - **ysgol fawr**   big school
- Plural nouns do not have a mutation on the adjective:
  - **bechgyn da**   good boys
  - **merched da**   good girls
  - **dosbarthiadau mawr**   big classes
  - **ysgolion mawr**   big schools

Meddiant Possession

- To say that you have something in Welsh you literally say that it is *with* you.
  - There is a dog with me = I have a dog.
- The word for 'with' is **'gyda'**.
  - **Mae ci gyda fi**.
- To change *who* has the dog change the ending to different persons:

Singular		Plural	
Mae ci gyda fi.	I have a dog.	**Mae ci gyda ni.**	We have a dog.
Mae ci gyda ti.	You have a dog.	**Mae ci gyda chi.**	You have a dog.
Mae ci gyda fe.	He has a dog.	**Mae ci gyda nhw.**	They have a dog.
Mae ci gyda hi.	She has a dog.	* In north Wales you will hear 'efo' rather than 'gyda'.	
Mae ci gyda Sam.	Sam has a dog.		

- To say that you don't have something change '**Mae**' to '**Does dim**'.
  - **Does dim arian gyda fi!**   I don't have any money!
  - **Does dim ci gyda nhw.**   They don't have a dog.

Fy Amser Hamdden   My Leisure Time

- Read this paragraph that includes descriptions and examples of possession:

Yn fy amser hamdden rydw i'n mwynhau seiclo. Mae beic cyflym iawn gyda fi a dw i'n mwynhau rasio gyda fy ffrindiau yn y clwb seiclo. Mae ci gyda fi o'r enw Scamp felly rydw i'n hoffi mynd am dro bob dydd hefyd. Fel arfer rydyn ni'n mynd i'r parc neu i'r cae rygbi. Ci bach ydy Scamp ond mae ci mawr o'r enw Coco gyda fy ffrind Marc. Weithiau rydyn ni'n mynd i'r parc gyda'n gilydd ac mae Scamp yn rhedeg ar ôl Coco. Mae coesau byr gyda Scamp felly mae e'n rhedeg yn gyflym iawn. Mae Scamp yn ddoniol iawn!

Gofyn Cwestiwn   Asking a Question

- To *ask* someone if they have something change the first word **'Mae'** to **'Oes'**. The question literally means: Is there a dog with you?

		Yes	No
Oes ci gyda ti?	Do you have a dog?	**Oes**	**Nac oes**
Oes ci gyda fe?	Does he have a dog?	**Oes**	**Nac oes**
Oes ci gyda hi?	Does she have a dog?	**Oes**	**Nac oes**
Oes ci gyda John?	Does John have a dog?	**Oes**	**Nac oes**
Oes ci gyda chi?	Do you have a dog?	**Oes**	**Nac oes**
Oes ci gyda nhw?	Do they have a dog?	**Oes**	**Nac oes**

- **Newyddion da**/Good news! The answers to all these questions are the same! It doesn't matter this time who you are asking about, the answer will always be **'Oes'** (Yes) or **'Nac oes'** (No). This is because the answer really means 'There is' or 'There isn't'.

Quick Test

1. Translate into Welsh:
   a) I have one brother. b) Jack has a red bike. c) He hasn't got time.
2. Answer this question in Welsh: Oes ci gyda ti?

Mynegi Barn 1
Expressing Opinions 1

You must be able to:

- Express and justify your opinions in a variety of ways
- Discuss your views about school.

Gofyn Barn   Asking an Opinion

- To ask someone's opinion use one of these questions:

Beth rwyt ti'n feddwl am ...?	What do you think of ...?
Beth ydy dy farn di am ...?	What's your opinion of ...?

- Or very simply:

Wyt ti'n hoffi ...?	Do you like ...?

- To give *your* opinion start with any one of these:

Rydw i'n hoffi ...	I like ...
Dydw i ddim yn hoffi ...	I don't like ...
Rydw i'n mwynhau ...	I enjoy ...
Fy hoff ... ydy ...	My favourite ... is ...
Rydw i wrth fy modd yn ...	I really enjoy ...
Rydw i'n dwlu ar ...	I'm mad about ...
Mae'n gas gyda fi ...	I hate ...
Mae'n well gyda fi ...	I prefer ...
Yn fy marn i ...	In my opinion ...
Rydw i'n meddwl bod ...	I think that ...
Rydw i'n credu bod ...	I believe that ...
Roeddwn i'n meddwl ...	I thought ...

Example:

Rydw i'n hoffi dawnsio.
Dydw i ddim yn hoffi pysgota.
Rydw i'n mwynhau chwarae sboncen.
Fy hoff bwnc ydy drama.
Rydw i wrth fy modd yn canu.
Rydw i'n dwlu ar actio.
Mae'n gas gyda fi hanes.
Mae'n well gyda fi Saesneg.
Yn fy marn i mae Sbaeneg yn ddiddorol.
Rydw i'n meddwl bod ffiseg yn anodd iawn.
Rydw i'n credu bod Bordeaux yn Ffrainc.
Roeddwn i'n meddwl bod y ffilm yn wych.

- Having expressed your opinion now *justify* it, i.e. say *why* you think as you do.

Cyfiawnhau Barn   Justifying Opinions

achos	because	**ond**	but
yn enwedig	particularly	**yn wahanol i ...**	unlike ...
er enghraifft	for example	**ar y llaw arall**	on the other hand
fel	such as		

> ### Key Point
> Always try to justify your opinions, i.e. explain *why* you think as you do.

Enghreifftiau   Examples:

- **Rydw i'n meddwl bod rhedeg yn ardderchog achos dw i'n mwynhau a dw i'n cadw'n heini.**
- **Fy hoff bwnc ydy cemeg achos mae'r arbrofion yn gyffrous!**
- **Yn fy marn i mae dawnsio yn wych, yn enwedig gyda fy ffrindiau yn y clwb dawnsio. Rydyn ni'n cael llawer o hwyl yn perfformio gyda'n gilydd er enghraifft yn y sioe Nadolig.**
- **Rydw i'n dwlu ar chwaraeon fel pêl-droed, pêl-fasged a rygbi achos rydw i wrth fy modd yn cystadlu mewn gemau ond mae'n gas gyda fi seiclo a nofio achos maen nhw'n ddiflas a dw i ddim yn aelod o dîm. Mae fy chwaer Catrin yn mwynhau seiclo, mae hi'n meddwl ei fod e'n hwyl.**
- **Rydw i'n meddwl bod dylunio a thechnoleg yn ddefnyddiol iawn i fi achos yn y dyfodol hoffwn i astudio peirianneg yn y brifysgol. Dydy fy ffrind Adam ddim yn hoffi dylunio a thechnoleg, mae e'n meddwl ei fod e'n ddiflas!**

Yr Ysgol School

- **Beth rwyt ti'n astudio yn yr ysgol?**   What do you study in school?
  Rydw i'n astudio ...   I study ...

Pynciau ysgol School subjects

addysg gorfforol	P.E.	**electroneg**	electronics
addysg grefyddol	R.E.	**ffiseg**	physics
Almaeneg	German	**Ffrangeg**	French
astudiaethau busnes	business studies	**graffeg**	graphics
bioleg	biology	**gwyddoniaeth**	science
celf a dylunio	art & design	**hamdden a thwristiaeth**	leisure & tourism
celfyddydau perfformio	performing arts	**hanes**	history
cemeg	chemistry	**iechyd a gofal cymdeithasol**	health & social care
cerddoriaeth	music	**lletygarwch ac arlwyo**	hospitality & catering
cyfrifiadureg	computer science	**mathemateg**	mathematics
cyfryngau	media	**Saesneg**	English
cymdeithaseg	sociology	**Sbaeneg**	Spanish
Cymraeg	Welsh	**seicoleg**	psychology
daearyddiaeth	geography	**tecstiliau**	textiles
drama	drama	**technoleg bwyd**	food technology
dylunio a thechnoleg	design & technology	**technoleg gwybodaeth**	I.C.T.

- **Beth rwyt ti'n feddwl am yr ysgol?**   What do you think of school?
  Rydw i'n meddwl ei bod hi'n fendigedig wrth gwrs!   I think that it's wonderful of course!

Trafod yr Ysgol Discussing School

adolygu	to revise	**dewis/iadau**	choice/s	**pwysau**	pressure/stress
amserlen	timetable	**disgybl/ion**	pupil/s	**rheol/au**	rule/s
arholiad/au	exam/s	**gwaith**	work	**ystafell/oedd**	room/s
athrawon	teachers	**gwaith cartref**	homework		
athro/athrawes	teacher m/f	**gweithio**	to work	**gormod o ...**	too much/too many ...
blwyddyn	year	**gwers/i**	lesson/s	**dim digon o ...**	not enough ...
cwricwlwm	curriculum	**prawf/profion**	test/s		

> Mae gormod o ddisgyblion mewn dosbarth.

> Heb os nac oni bai, mae gormod o wersi ar yr amserlen.

> Does dim digon o ddewis o bynciau.

> Does dim digon o amser i adolygu ar gyfer arholiadau.

> Yn fy marn i, mae gormod o bwysau ar ddisgyblion TGAU.

> Dw i'n credu bod gormod o waith cartref!

Quick Test

1. Answer these questions in Welsh:
   a) Beth rwyt ti'n feddwl am rygbi?
   b) Beth ydy dy farn di am yr ysgol?
2. Say/Write in Welsh:
   a) I like school but there's too much homework.
   b) I hate school, I think that there's too much pressure.

Key Vocab

dwlu ar	mad about	**pwnc**	subject
fy marn i	my opinion	**pynciau**	subjects
meddwl	to think	**wrth gwrs**	of course
credu	to believe	**trafod**	to discuss
bod	that	**gormod**	too much/too many
achos	because		
yn enwedig	particularly	**dim digon**	not enough
fel	such as	**arbrofion**	experiments
astudio	to study		

Mynegi Barn 2
Expressing Opinions 2

You must be able to:

- Express your opinions in full
- Give other people's opinions
- Discuss your and other people's views about any topic, e.g. entertainment.

Rhoi Barn Giving Opinions

- To give an opinion there are 3 steps to follow:

Step 1.		**Rydw i'n meddwl ...**	I think ...
	or	**Rydw i'n credu ...**	I believe ...
	or	**Rydw i'n teimlo ...**	I feel ...
Step 2.		**bod**	that

- Depending on *who or what* you are giving an opinion about select the appropriate form of '**bod**' from the table:

singular		plural	
fy mod i'n ...	that I am ...	**ein bod ni'n ...**	that we are ...
dy fod di'n ...	that you are ...	**eich bod chi'n ...**	that you are ...
ei fod e'n ...	that he/it is ...	**eu bod nhw'n ...**	that they are ...
ei bod hi'n ...	that she/it is ...		
bod Sioned yn ...	that Sioned is ...		

Step 3. Now add the actual opinion. This will often be an adjective. For example:

anhygoel	amazing	**ddoniol**	funny
ardderchog	excellent	**gyffrous**	exciting
drist	sad	**ofnadwy**	awful
dwp	stupid	**siomedig**	disappointing
ddiddorol	interesting	**wallgof**	mad
ddiflas	boring	**wych**	great

Because these adjectives come after **yn** or **'n** (in Step 2 above) they have already been mutated where appropriate.

Enghreifftiau Examples:
- **Rydw i'n meddwl ei fod e'n wallgof.** I think that he is mad.
- **Rydw i'n meddwl eu bod nhw'n wych.** I think that they are great.

Although adjectives have been used in Step 3 (above) you can also use nouns or verbs to express opinions. For example:

- **Rydw i'n meddwl ei bod hi'n seren.** I think that she is a star. ◄ [Noun]
- **Mae e'n meddwl bod Cymru yn mynd i ennill.**
  He thinks that Wales are going to win. ◄ [Verb]

Cyfiawnhau Barn Justifying Opinions

- Remember that you still need to *justify* the opinion with a reason. For example:
  - **Rydw i'n meddwl ei fod e'n wallgof achos mae e'n rhedeg pum milltir bob bore!**
    I think that he is mad because he runs five miles every morning!
  - **Rydw i'n meddwl eu bod nhw'n wych, maen nhw'n ennill bob tro!**
    I think that they are great, they win every time!

Barn Pobl Eraill   Other People's Opinions

- To give someone else's opinions simply change the person in Step 1 on page 20:

Rwyt ti'n **meddwl** ...	You think ...
Mae e'n **meddwl** ...	He thinks ...
Mae hi'n **meddwl** ...	She thinks ...
Mae John yn **meddwl** ...	John thinks ...
Rydyn ni'n **meddwl** ...	We think ...
Rydych chi'n **meddwl** ...	You think ...
Maen nhw'n **meddwl** ...	They think ...

- Step 2 does not change. For example:
  - **Mae hi'n meddwl ei fod e'n wallgof.**   She thinks that he is mad.
  - **Mae John yn meddwl eu bod nhw'n wych.**   John thinks that they are great.

Barn ar Adloniant
Opinions on Entertainment

- When you are giving an opinion about a person you will know whether you are talking about a 'he' or 'she' of course!
- However, when you are giving an opinion about something else you need to know whether the 'it' is a masculine noun or a feminine noun.
- Here are some useful examples:

Masculine nouns		Feminine nouns			
cyngerdd	concert	**cân**	song	**gêm**	game
cylchgrawn	magazine	**cerdd**	poem	**gwefan**	website
dyddiadur	diary	**drama**	play	**rhaglen**	programme
llyfr	book	**erthygl**	article	**sioe**	show
llythyr	letter	**ffilm**	film	**stori**	story

Cwestiynau ac Atebion Enghreifftiol   Example Questions and Answers

- **Beth rwyt ti'n feddwl am y llyfr?**   What do you think of the book?
  Rydw i'n meddwl ei fod e'n gyffrous.   I think that it is exciting.

- **Beth rwyt ti'n feddwl am y ffilm?**   What do you think of the film?
  Rydw i'n meddwl ei bod hi'n siomedig.   I think that it is disappointing.

- **Beth mae Richard yn meddwl am y gêm?**   What does Richard think of the game?
  Mae e'n meddwl ei bod hi'n ardderchog.   He thinks that it is excellent.

Quick Test

1. Say/write in English:
   a) Rydw i'n meddwl bod yr erthygl yn ddiddorol.
   b) Mae hi'n meddwl ei fod e'n dwp.
   c) Maen nhw'n meddwl ei bod hi'n ddoniol.
2. Answer these questions in Welsh:
   a) Beth rwyt ti'n feddwl am *The Sound of Music*?
   b) Beth rwyt ti'n feddwl am Gareth Bale?

Key Vocab

meddwl	to think
credu	to believe
teimlo	to feel

1 **Ail-ysgrifennwch y brawddegau hyn gyda'r treigladau cywir:**

Re-write these sentences with the correct mutations: [5 marks]

- **Mae Gareth wedi mynd i** prynu **esgidiau newydd.** (Treiglad Meddal)

- **Rydw i'n byw yn** Trefforest. (Treiglad Trwynol)

- **Maen nhw'n mynd i** Coleg **Dewi Sant.** (Treiglad Meddal)

- **Mae e'n hoffi bara a** caws. (Treiglad Llaes)

- **Mae llawer o** dillad **cŵl yn y siop.** (Treiglad Meddal)

2 **Ticiwch y cloc cywir am bob brawddeg:**

Tick the correct clock for each sentence: [5 marks]

(i)	Dw i'n cwrdd â Martin am bump o'r gloch.				
(ii)	Mae'r dosbarth Zwmba yn dechrau am hanner awr wedi chwech.				
(iii)	Mae amser cinio yn dechrau am chwarter wedi deuddeg.				
(iv)	Mae Mam a Mam-gu yn cael paned am un ar ddeg o'r gloch.				
(v)	Mae fy ngwers gitâr am ugain munud wedi saith.				

3 **Rhowch y brawddegau hyn yn y drefn amser gywir:**

Put these sentences in the correct time order: [5 marks]

- Dw i'n helpu gydag eisteddfod yr ysgol fory.

- Bydda i'n aros gartre heno achos mae llawer o waith cartref gyda fi.

- Chwaraeais i sboncen neithiwr gyda Rob.

- Gwelais i Mac ac Anna yn y dref echdoe.

- Es i i'r gampfa yn y ganolfan hamdden y bore 'ma am awr.

4 Rhowch yr ansoddair mwyaf addas ym mhob blwch. Bydd rhai yn sbâr ar y diwedd.

Put the most appropriate adjective from the boxes into each space. There will be some left over at the end. [5 marks]

anodd	cas	defnyddiol	diddorol
enwog	hawdd	pwysig	swnllyd

- Mae'r plant yn [_____] iawn heno, mae pen tost gyda fi nawr!

- Rydw i'n mynd i astudio hanes am Lefel A achos mae'n bwnc [_____] iawn, yn enwedig achos hoffwn i fod yn newyddiadurwr yn y dyfodol.

- Mae Bronwen yn dwlu ar actio a chanu, rydw i'n meddwl bydd hi'n [_____] yn y dyfodol!

- Dydy Buster ddim yn gi [_____] ond mae e'n cyfarth ar y dyn post bob bore!

- Enillon ni'r gêm yn [_____] yn erbyn Ysgol Rhyd Goch, 24 pwynt i 3!

5 Dewiswch y ferf fwyaf addas o'r cromfachau bob tro:

Choose the most appropriate verb from the brackets each time: [10 marks]

Mae llawer o bobl yn (bwyta/dysgu/gweithio) Cymraeg nawr. Mae Mam yn (dod/darllen/mynd) i ddosbarth nos yn yr ysgol gynradd bob nos Fawrth ac mae hi'n (astudio/cysgu/mwynhau) yn fawr iawn. Mae hi'n (meddwl/clywed/siarad) ei bod hi'n anodd weithiau ond mae hi'n gallu (prynu/siarad/gweld) Cymraeg yn eitha da nawr. Wythnos nesaf mae'r tiwtor, Anne, yn (gwylio/bwyta/trefnu) parti bach achos mae'r tymor yn (cofio/gorffen/gwrando). Maen nhw'n mynd i (chwarae/cytuno/ennill) gemau fel 'Pasio'r parsel'! Mae Anne yn (gweithio/rhedeg/ysgrifennu) storïau Cymraeg i oedolion sy'n dysgu Cymraeg ac wrth gwrs mae Mam a'i ffrindiau wedi (yfed/prynu/teithio) pob llyfr!

1 **Cysylltwch y brawddegau Cymraeg â'r brawddegau Saesneg cywir:**

Connect the Welsh sentences to the correct English sentences: [8 marks]

(i)	Rydw i'n hoffi chwarae gemau cyfrifiadur.
(ii)	Mae hi'n gweithio mewn swyddfa.
(iii)	Dydy e ddim yn gwisgo crys.
(iv)	Maen nhw'n teithio gyda'i gilydd.
(v)	Dydw i ddim yn mwynhau gwau.
(vi)	Dw i'n cofio dechrau'r feithrin.
(vii)	Dydyn ni ddim yn cytuno gyda chi.
(viii)	Rwyt ti'n gwneud ymdrech wych.

(a)	I don't enjoy knitting.
(b)	You're making a great effort.
(c)	We don't agree with you.
(ch)	She works in an office.
(d)	I like playing computer games.
(dd)	He's not wearing a shirt.
(e)	They're travelling together.
(f)	I remember starting nursery.

2 **Darllenwch y brawddegau a thiciwch y lluniau cywir:**

Read the sentences and tick the correct pictures: [6 marks]

(i)	Mae ci gyda Rhodri.				
(ii)	Mae Catrin yn garedig.				
(iii)	Mae dwy chwaer gyda fi.				
(iv)	Mae Dad yn ddoniol.				
(v)	Mae pen tost gyda fe.				
(vi)	Mae hi'n hen.				

3 **Atebwch y cwestiynau hyn yn gywir:**

Answer these questions with the correct 'Yes' or 'No' form: [5 marks]

a) **Wyt ti'n hoffi bwyta pysgod?** ✓

b) **Ydy Ruth yn chwarae'r piano?** ✓

c) **Ydych chi'n byw yn yr Alban?** ✗

ch) **Ydy Elin yn seiclo i'r ysgol?** ✗

d) **Ydy Rhys ac Alun yn mwynhau pysgota?** ✓

4 **Darllenwch y paragraff am farn Gwyn:**

Read the paragraph about Gwyn's opinions:

Gwyn: Rydw i'n un deg saith oed ac rydw i'n mynd i Ysgol Gyfun Penweddig yn Aberystwyth. Rydw i'n brysur yn yr ysgol wrth gwrs ond rydw i'n mwynhau fy amser hamdden hefyd! Dw i'n mwynhau mynd allan gyda ffrindiau ac rydw i'n dwlu ar hwylio a syrffio. Rydw i'n aelod o Glwb Syrffio Aberystwyth felly dw i'n syrffio bob nos Lun a nos Fercher gyda'r clwb ond dw i hefyd yn syrffio gyda ffrindiau ar ddydd Sadwrn. Mae syrffio yn ffantastig! Rydw i'n meddwl ei fod e'n gyffrous ac yn llawer o hwyl. Rydw i'n hoffi nofio ond mae'n gas gyda fi chwaraeon fel pêl-droed a rygbi achos dydw i ddim yn hoffi'r mwd!

(i) **Tanlinellwch neu amlygwch y ffurfiau person cyntaf**

Underline or highlight the first person forms [14 marks]

(ii) **Ail-ysgrifennwch y paragraff yn y trydydd person, gan ddechrau:**

Re-write the paragraph in the third person, starting: [14 marks]

Mae Gwyn yn un deg saith oed ac mae e'n mynd i Ysgol Gyfun Penweddig yn Aberystwyth ...

5 **Trafod Ysgol** – Discussing School

Atebwch y cwestiynau yn Gymraeg gan roi rhesymau am eich barn:

Answer the questions in Welsh giving reasons for your opinions: [10 marks]

(i) **Beth ydy dy farn di am yr ysgol?**

(ii) **Beth rwyt ti'n feddwl am Saesneg?**

(iii) **Beth ydy dy hoff bwnc di?**

(iv) **Oes llawer o bwysau arnat ti yn yr ysgol?**

(v) **Beth hoffet ti newid am yr ysgol?**

Yr Amser Perffaith
The Perfect Tense

You must be able to:

- Talk and write about events in the past using the Perfect Tense
- Ask Perfect Tense questions and answer 'Yes' and 'No' correctly.

Defnyddio'r Amser Perffaith   Using the Perfect Tense

- We use the Perfect Tense (**Yr Amser Perffaith**) when talking about something in the past, to say '*I have done* something …'.
- **Yn Gymraeg** this is brilliantly easy! Just add the word '**wedi**' to the Present Tense form:

Rydw i wedi …	I have …	**Rydyn ni** wedi …	We have …
Rwyt ti wedi …	You have …	**Rydych chi** wedi …	You have …
Mae e wedi …	He has …	**Maen nhw** wedi …	They have …
Mae hi wedi …	She has …		
Mae Sara wedi …	Sara has …		

Enghreifftiau   Examples:

Rydw i wedi rhedeg hanner marathon.	I've run a half marathon.
Mae e wedi marw, yn anffodus.	He's died, unfortunately.
Maen nhw wedi gwerthu allan.	They've sold out.

> **Key Point**
>
> To say someone *has done something* just add '**wedi**' to the appropriate Present Tense form.

Negyddol   Negative

- The Negative forms work in the same way as for the Present Tense but with '**wedi**' added:

Dydw i ddim wedi gweld y ffilm.	I haven't seen the film.
Dydy Sara ddim wedi clywed y newyddion eto.	Sara hasn't heard the news yet.
Dydyn ni ddim wedi dysgu'r geiriau.	We haven't learnt the words.

Cwestiynau ac Atebion   Questions and Answers

- Answering questions with 'Yes' or 'No' in the Perfect Tense follows the same pattern as for the Present Tense (page 15):

Question starts:			'Yes' answer	'No' answer
Wyt ti wedi …?	Have you …?	⟵ (singular)	Ydw	Nac ydw
Ydy e wedi …?	Has he …?		Ydy	Nac ydy
Ydy hi wedi …?	Has she …?		Ydy	Nac ydy
Ydy John wedi …?	Has John …?		Ydy	Nac ydy
Ydych chi wedi …?	Have you …?	⟵ (polite or plural)	Ydw/Ydyn	Nac ydw/Nac ydyn
Ydyn nhw wedi …?	Have they …?		Ydyn	Nac ydyn

- Another useful question is:

Wyt ti erioed wedi …?	Have you ever …?
Wyt ti erioed wedi syrffio?	Have you ever been surfing?
Ydw, yn Awstralia!	Yes, in Australia!

Sgiliau Gwaith Work Skills

- **Wyt ti wedi ...?**   Have you ...?

gweithio mewn siop	worked in a shop
glanhau swyddfa	cleaned an office
gwarchod plant	looked after children
defnyddio'r cyfrifiadur	used the computer
gweithio mewn tîm	worked in a team
delio gyda'r cyhoedd	dealt with the public
trin arian	dealt with money
ateb y ffôn	answered the phone

- **Beth wyt *ti* wedi gwneud?**   What have *you* done?
- **Rydw i wedi ...**   I have ...

Cyfweliad am Swydd Job Interview

Y Bos:	**Bore da, Miss Edwards. Nawr 'te, pam wyt ti eisiau'r swydd yn y crèche?**
Mari:	**Wel, rydw i'n hoffi plant ac mae llawer o brofiad gyda fi.**
Y Bos:	**Da iawn! Ardderchog! Wyt ti wedi gwarchod plant o'r blaen?**
Mari:	**Wel, nac ydw, ond mae brawd bach gyda fi.**
Y Bos:	**Wyt ti wedi gweithio mewn tîm o'r blaen?**
Mari:	**Nac ydw, ond rydw i'n chwarae tenis.**
Y Bos:	**Wyt ti wedi trin arian?**
Mari:	**Ym ... Nac ydw, ond mae Dad yn rhoi arian poced i fi weithiau.**
Y Bos:	**Wyt ti wedi ateb y ffôn?**
Mari:	**Nac ydw ond rydw i'n hoffi tecstio.**
Y Bos:	**Wyt ti wedi gwneud gwaith glanhau o'r blaen?**
Mari:	**Nac ydw. Dim diolch!**
Y Bos:	**Wyt ti wedi defnyddio'r cyfrifiadur o'r blaen?**
Mari:	**Ydw, wrth gwrs! Rydw i'n dwlu ar Pinterest! Rydw i wedi trefnu fy mhriodas yn barod!**
Y Bos:	**Gwych! Ardderchog! Bendigedig! Pryd wyt ti'n gallu dechrau?**

Key Vocab

perffaith	perfect
marw	to die
gwerthu	to sell
gair/geiriau	word/s
defnyddio	to use
y cyhoedd	the public
erioed	ever/never
eleni	this year
y llynedd	last year
cystadlu	to compete
o'r blaen	before/ previously
ers	since
weithiau	sometimes
trefnu	to organise
priodas	wedding
yn barod	already

Quick Test

1. Translate into Welsh:
   a) I've won a hundred pounds!
   b) He's competed in the Eisteddfod.
   c) I haven't lost a race this year.
2. Answer these questions in Welsh:
   a) Wyt ti erioed wedi gweld jiráff?
   b) Ydy Gareth Bale wedi chwarae dros Loegr?
   c) Ydy Katherine Jenkins wedi ysgrifennu llyfr?

Yr Amser Gorffennol (Berfau Rheolaidd)
The Past Tense (Regular Verbs)

You must be able to:

- Recognise and understand Past Tense forms
- Talk and write about events in the past using Regular verbs in the Past Tense
- Ask questions in the Past Tense and answer 'Yes' and 'No' correctly.

Ffurfio'r Amser Gorffennol Forming the Past Tense

- We use the Past Tense (**Yr Amser Gorffennol**) when talking about something that happened and then finished (i.e. it didn't happen over a period of time).
- *Almost all* verbs are Regular Verbs, i.e. they follow the same pattern. There are two steps to forming the Past Tense:
  - Find the *stem* of the verb
  - Add the appropriate *ending*.

Step 1:

- Find the *stem* of the verb *by taking off* one vowel (**a, e, i, o, u, w, y**) or '**eg**' or '**ed**' from the end.

Er enghraifft For example:

	Berf/Verb	Bôn/Stem
to sing	canu	can
to eat	bwyta	bwyt
to lose	colli	coll
to watch	gwylio	gwyli
to work	gweithio	gweithi
to speak	siarad	siarad
to read	darllen	darllen
to run	rhedeg	rhed
to walk	cerdded	cerdd
to drink	yfed	yf

Step 2:

- Add on to the *stem* the appropriate *ending*, according to who did the action. Here are the *endings*:

ais i	I
aist ti	you (singular)
odd e/hi/John	he/she/it/John

on ni	we
och chi	you (plural or formal)
on nhw	they

Enghreifftiau yn yr Amser Gorffennol
Examples in the Past Tense:

Canais i	I sang	**Siaradodd John**	John spoke
Bwytais i	I ate	**Darllenon ni**	We read
Collaist ti	You lost	**Rhedon ni**	We ran
Gwyliodd e	He watched	**Cerddoch chi**	You walked
Gweithiodd hi	She worked	**Yfon nhw**	They drank

Treigladau yn yr Amser Gorffennol
Mutations in the Past Tense

- In the Past Tense (**Yr Amser Gorffennol**) there is a Soft Mutation (**Treiglad Meddal**) on the *object* in the sentence, like this:

Prynais i deisen.	I bought a cake.
Yfais i goffi.	I drank coffee.
Trefnais i barti.	I organised a party.

- There are *9 letters* that are affected. You can see these in the box below:

original letter		changes to:
t	→	d
c	→	g
p	→	b
b	→	f
d	→	dd
g	→	–
m	→	f
rh	→	r
ll	→	l

Negyddol Negative

- To say I didn't do something in the Past Tense is simple!
  1. Say I did do it
  2. Add **'ddim'**

Er enghraifft For example:

Nofiais i	I swam	→	**Nofiais i ddim**	I didn't swim.

- *If* the verb begins with one of the 9 mutation letters then mutate the first letter.

- There is an Aspirate Mutation (**Treiglad Llaes**) for **t**, **c** and **p**:

(**talu** – to pay)	**Th**alais i ddim am y tocyn.	I didn't pay for the ticket.	t	→	th
(**codi** – to get up)	**Ch**odais i ddim tan un ar ddeg.	I didn't get up until eleven.	c	→	ch
(**prynu** – to buy)	**Ph**rynais i ddim losin.	I didn't buy sweets.	p	→	ph

- There is a Soft Mutation (**Treiglad Meddal**) for **b**, **d**, **g**, **m**, **rh**, and **ll**:

(**bwyta** – to eat)	**F**wytais i ddim creision.	I didn't eat crisps.
(**darllen** – to read)	**Dd**arllenais i ddim byd.	I didn't read anything.
(**gweithio** – to work)	**_**Weithiais i ddim yn y caffi.	I didn't work in the cafe.
(**mwynhau** – to enjoy)	**F**wynheais i ddim.	I didn't enjoy.
(**rhedeg** – to run)	**R**edais i ddim i'r ysgol.	I didn't run to school.
(**llyncu** – to swallow)	**L**yncais i ddim tabled.	I didn't swallow a tablet.

Key Vocab

gorffennol	past
berf	verb
defnyddio	to use

Yr Amser Gorffennol (Berfau Afreolaidd)
The Past Tense (Irregular Verbs)

You must be able to:

- Recognise, understand and use *Irregular verbs* in the Past Tense
- Ask and answer questions correctly in the Past Tense
- Discuss your and other people's holidays.

Berfau Afreolaidd   Irregular Verbs

- There are four irregular verbs:

mynd	to go
dod	to come
gwneud	to do/to make
cael	to get/have

- Here are the Past Tense forms of the 4 verbs in full:

VERB	Past Tense – singular		Past Tense – plural	
mynd	**Es i**	I went	**Aethon ni**	We went
to go	**Est ti**	You went	**Aethoch chi**	You (plural) went
	Aeth e/hi/Jack	he/she/Jack went	**Aethon nhw**	They went
dod	**Des i**	I came	**Daethon ni**	We came
to come	**Dest ti**	You came	**Daethoch chi**	You (plural) came
	Daeth e/hi/Jack	he/she/Jack came	**Daethon nhw**	They came
gwneud	**Gwnes i**	I did/made	**Gwnaethon ni**	We did/made
to do/make	**Gwnest ti**	You did/made	**Gwnaethoch chi**	You (plural) did/made
	Gwnaeth e/hi/Jack	he/she/Jack did/made	**Gwnaethon nhw**	They did/made
cael	**Ces i**	I got	**Cawson ni**	We got
to get/have	**Cest ti**	You got	**Cawsoch chi**	You (plural) got
	Cafodd e/hi/Jack	he/she/Jack got	**Cawson nhw**	They got

Geni   Birth

- **Yn Gymraeg**, to say 'I was born' we literally say '*I had* my birth':

  Ces i fy ngeni.   I was born.

- For other people:

  Cafodd e ei eni.   He was born.   **Cafodd John ei eni.**   John was born.

  Cafodd hi ei geni.   She was born.   **Cafodd Siân ei geni.**   Siân was born.

- **Cawson nhw eu geni.**   They were born.

Cwestiynau ac Atebion
Questions and Answers

- In the Past Tense the answer to all questions is either **'Do'** (Yes) or **'Naddo'** (No). **Hawdd!** (Easy!)

Question:	**Gest ti anrheg oddi wrth Mam-gu?**	Did you have a present from Gran?
Answer:	**Do, ces i siwmper newydd.**	Yes, I had a new jumper.
Question:	**Est ti i Ffrainc llynedd?**	Did you go to France last year?
Answer:	**Naddo, es i i Ynys Môn.**	No, I went to Anglesey.

Gwyliau Holidays

aros	to stay	**pabell**	tent
caban pren	wooden cabin	**pwll nofio**	swimming pool
coedwig	forest	**teithio**	to travel
cwch	boat	**torheulo**	to sunbathe
gwesty	hotel	**traeth**	beach
hedfan	to fly		

- Read these paragraphs about Eleri, Siôn and Sophie's holidays and look for the Past Tense forms:

Shwmae, Eleri ydw i. Dros yr haf es i ar fy ngwyliau i Sir Benfro gyda fy nheulu. Teithiais i yn y car a chwaraeais i gemau cardiau. Es i i Ddinbych-y-Pysgod ac arhosais i mewn pabell, ces i amser bendigedig! Nofiais i yn y môr ac es i ar gwch bach i Ynys Bŷr. Arhoson ni am bythefnos. Roeddwn i'n meddwl bod Sir Benfro yn ardderchog.

Siôn ydw i ac es i i Center Parcs gyda Mam a Dad. Teithion ni yn y car am ddwy awr. Arhoson ni mewn caban pren. Ces i amser gwych yn seiclo yn y goedwig ac yn y nos nofiais i yn y pwll nofio enfawr, roedd e'n fendigedig! Ar y ffordd adre aethon ni i Gaerfaddon ond fwynheais i ddim siopa!

Aeth Sophie i Ffrainc gyda'r ysgol. Arhosodd hi mewn gwesty a bwytodd hi croissants bob bore! Roedd hi'n meddwl bod Ffrainc yn hyfryd. Gwelodd Sophie'r Tŵr Eiffel a'r Louvre ac aeth hi ar 'batobus' ar yr Afon Seine. Siaradodd Sophie Ffrangeg bob dydd yn y siopau.

Quick Test

1. Say/write in Welsh:
   a) I went home.   b) I did my homework.   c) I was born in Wales.
2. Answer these questions in Welsh:
   a) Ble cafodd Elis James ei eni?
   b) Ble cafodd Alex Jones ei geni?
   c) *Pryd* cafodd Charlotte Church ei geni?

Key Vocab	
mynd	to go
dod	to come
gwneud	to do/make
cael	to get

Yr Amser Amherffaith
The Imperfect Tense

You must be able to:

- Talk and write about events in the past using the Imperfect Tense
- Give your and other people's opinions in the Imperfect Tense
- Discuss work experience.

Defnyddio'r Amser Amherffaith   Using the Imperfect Tense

- We use the Imperfect Tense (**Yr Amser Amherffaith**) when talking about something in the past that happened over a period of time. This can include feelings, the weather, opinions and illness.

Cadarnhaol   Positive

- **e.e. teimlo**/to feel

Roeddwn i	I was		**Roeddwn i'n teimlo**	I was feeling
Roeddet ti	You were ⟵ (singular)		**Roeddet ti'n teimlo**	You were feeling
Roedd e	He/It was		**Roedd e'n teimlo**	He was feeling
Roedd hi	She/It was		**Roedd hi'n teimlo**	She was feeling
Roedd John	John was		**Roedd John yn teimlo**	John was feeling

Roedden ni	We were		**Roedden ni'n teimlo**	We were feeling
Roeddech chi	You were ⟵ (polite or plural)		**Roeddech chi'n teimlo**	You were feeling
Roedden nhw	They were		**Roedden nhw'n teimlo**	They were feeling

Negyddol   Negative

Doeddwn i ddim	I wasn't
Doeddet ti ddim	You weren't ⟵ (singular)
Doedd e ddim	He/It wasn't
Doedd hi ddim	She/It wasn't
Doedd John ddim	John wasn't

Doedden ni ddim	We weren't
Doeddech chi ddim	You weren't ⟵ (polite or plural)
Doedden nhw ddim	They weren't

Enghreifftiau   Examples:

- **Roeddwn i'n sâl ddydd Llun.**   I was ill on Monday.
- **Roedd e'n grac gyda ni.**   He was cross with us.
- **Roedd y plant yn ddoniol iawn yn y sioe!**   The children were very funny in the show!
- **Doedd hi ddim yn bwrw glaw ddoe.**   It wasn't raining yesterday.

Key Point

To say 'it' in Welsh we use **'e'** when the 'it' is masculine and **'hi'** when the 'it' is feminine. The weather is always feminine: **Roedd hi'n braf** – It was fine.

Arfer   Used to

- To say 'I used to ...' add the word '**arfer**' to the appropriate Imperfect Tense form:

Roeddwn i'n arfer byw yn Lloegr.	I used to live in England.
Roedd e'n arfer gweithio yn yr ysbyty.	He used to work in the hospital.
Roedden nhw'n arfer bod yn brysur iawn.	They used to be very busy.

Barn yn y Gorffennol   Opinions in the Past

- To say what your opinion was about something in the past it is only the beginning of the sentence that is different from the Present Tense.
- Look back to page 20 at the three steps for giving an opinion in the Present Tense.
- To give your opinion in the Imperfect Tense you only need to change Step 1 from **'Rydw i'n meddwl ...'** (I think ...) to **'Roeddwn i'n meddwl ...'** (I thought).

Enghreifftiau   Examples:

- **Roeddwn i'n meddwl ei fod e'n wych.**
  I thought that he/it was great.
- **Roeddwn i'n meddwl eu bod nhw'n drist.**
  I thought that they were sad.

Remember that you can give someone else's opinion by changing the person at the beginning of the sentence:

- **Roedd Tad-cu yn meddwl bod Elvis yn anhygoel.**
  Grandad thought that Elvis was amazing.
- **Roedden ni'n meddwl dy fod di'n ardderchog.**
  We thought that you were excellent.

Profiad Gwaith   Work Experience

- This paragraph includes examples of the Perfect Tense, the Past Tense and the Imperfect Tense. See if you can identify them.

Ar brofiad gwaith es i i Ysgol Gynradd y Bannau yn Aberhonddu. Roeddwn i'n meddwl ei bod hi'n wych achos roedd y staff yn gyfeillgar ac roedd y plant yn ddoniol iawn! Ces i lifft yn y car i'r ysgol bob dydd gyda Dad achos doedd y bws ddim yn ddigon cynnar. Rydw i wedi dysgu sut i chwarae'r ukelele felly roeddwn i'n dysgu grŵp o blant Blwyddyn 4 sut i chwarae 'Mi welais Jac-y-Do'. Roedden nhw'n meddwl ei bod hi'n wych! Aeth fy ffrind Gemma i'r ganolfan hamdden ar brofiad gwaith ond roedd hi'n meddwl ei bod hi'n ddiflas achos roedd hi'n glanhau'r tai bach. Ych-a-fi!

Quick Test

1. Say/write in English:
   a) Roedd hi'n heulog ddoe.
   b) Roeddwn i'n arfer cerdded i'r ysgol ond nawr dw i'n seiclo.
   c) Roedd Mam yn meddwl bod Aled Jones yn fendigedig achos canodd e yn Gymraeg.
2. Say/write in Welsh:
   a) I was feeling ill on Tuesday.
   b) She used to enjoy playing hockey.
   c) I thought that it was awful.   (film)

Key Vocab	
roeddwn i	I was
arfer	used to
profiad	experience
cyfeillgar	friendly
cynnar	early
glanhau	to clean

1 **Cysylltwch y cwestiynau â'r atebion cywir:**
Connect the questions to the correct answers: [8 marks]

(i)	Beth rwyt ti'n feddwl am adolygu gyda ffrind?	(a)	Oes, dw i'n gweithio mewn caffi bob dydd Sadwrn.
(ii)	Wyt ti'n gwylio S4C?	(b)	Yn fy marn i mae'n bwysig iawn achos mae'n helpu pobl ifanc paratoi at y dyfodol.
(iii)	Pam dwyt ti ddim yn hoffi pêl-droed?	(c)	Maen nhw'n meddwl ei fod e'n ddiflas a dweud y gwir. Dw i ddim yn credu byddan nhw'n prynu fe.
(iv)	Beth ydy dy farn di am brofiad gwaith?	(ch)	Dw i'n meddwl eu bod nhw'n wych achos maen nhw'n ymladd tan y diwedd.
(v)	Oes swydd ran-amser gyda ti?	(d)	Mae e'n meddwl ei bod hi'n cŵl, mae e'n hoffi'r graffeg yn enwedig.
(vi)	Beth mae Simon yn meddwl am y wefan?	(dd)	Ydw, weithiau, dw i'n hoffi gwylio rhaglenni plant bach achos dw i'n gallu deall nhw!
(vii)	Beth rwyt ti'n feddwl am Dîm Rygbi Cymru?	(e)	Rydw i'n meddwl ei fod e'n syniad da. Mae dau berson yn well nag un!
(viii)	Beth mae dy rieni yn meddwl am y cylchgrawn newydd?	(f)	Achos rydw i'n credu ei fod e'n ddiflas! Mae'n gêm hir ac weithiau does dim sgôr!

2 **Does dim atalnodi yn y paragraff hwn! Darllenwch am deulu Ruth a rhowch yr atalnodi i mewn:**
This paragraph has no punctuation! Read about Ruth's family and put the necessary
punctuation in: [31 marks]

shwmaeruthydwiacrydwinundegsaithoedmaepedwarobobly
nfynheuluifymamfymrawdfy chwaerafimaefychwaersashay
nundegnawoedacmaehinmyndibrifysgolbangormaehinastudio
biolegmaesashaynmwynhaunofioasiopaonddydyhiddimynm
wynhaugwylioffilmiauachosmaehinmeddwleubodnhwnddif
lasrydwinhofficaelprydofwydgydafynheuluachosmaepawbg
ydaigilyddrydwinmeddwlbodfynheuluynnwych

3 Atebwch y cwestiynau hyn trwy roi eich barn a rhesymau dros eich barn:

Answer these questions by giving your opinions and reasons for your opinions: [10 marks]

(i)		Beth rwyt ti'n feddwl am waith parameddyg?
(ii)		Beth rwyt ti'n feddwl am waith trinydd gwallt?
(iii)		Beth rwyt ti'n feddwl am waith deintydd?
(iv)		Beth rwyt ti'n feddwl am waith newyddiadurwr?
(v)		Beth mae **dy rieni** yn meddwl am waith heddwas?

4 Pa un sydd ddim yn perthyn ym mhob un o'r tasgau hyn? Rhowch gylch o gwmpas yr ateb cywir bob tro.

Which is the odd one out in each of these tasks? Circle the correct answer each time. [6 marks]

(i)	Rwyt ti'n ennill bob tro.	Dydw i ddim yn hoffi losin.	Mae e'n mynd i'r dref fory.	Rydyn ni'n coginio te.
(ii)	Mae Gareth yn fachgen hyfryd.	Mae Sali yn gyfeillgar iawn.	Mae Mr Evans yn llym.	Mae gwallt hir gyda Jake.
(iii)	Fy hoff bwnc i ydy mathemateg.	Yn fy marn i mae mathemateg yn bwysig.	Rydw i'n meddwl bod mathemateg yn hawdd!	Hoffwn i astudio mathemateg yn y brifysgol.
(iv)	Mae e'n mynd i Ysgol Gyfun Llanilid.	Dw i'n byw mewn fflat.	Cysgais i am ddeg awr.	Rydych chi'n trefnu parti i bawb.
(v)	Mae'n gas gyda fi ganu.	Rydw i wrth fy modd yn pobi.	Dydw i ddim yn mwynhau nofio.	Dydy Siôn ddim yn hoffi dawnsio.
(vi)	Mae *Lingo newydd* yn gylchgrawn da.	Mae *Siwan* yn ddrama ddiddorol.	Mae *Gwaith Cartref* yn rhaglen wych.	Mae *Cyw* yn sioe ddoniol iawn.

1. **Atebwch y cwestiynau mewn brawddegau gyda manylion i esbonio eich atebion:**
   Answer the questions in sentences giving details to explain your answers: [5 marks]

   (i) Wyt ti wedi bod yn Ffrainc?

   (ii) Wyt ti wedi gweithio mewn caffi erioed?

   (iii) Ydy dy deulu di wedi cael gwyliau mewn pabell neu garafán?

   (iv) Ydy dy ysgol di wedi bod yng Nglan-llyn?

   (v) Wyt ti wedi bod ar brofiad gwaith? Ble?

2. **Ysgrifennwch ffurf gywir yr Amser Gorffennol yn y bwlch:**
   Write in the correct form of the Past Tense in the space: [5 marks]

   (i) (gwylio) _____ i'r teledu neithiwr.

   (ii) (darllen) _____ e nofel gan Alun Jones.

   (iii) (gweithio) _____ nhw ar y fferm ddydd Sadwrn.

   (iv) (ennill) _____ hi'r gêm tenis yn erbyn Catrin Jones.

   (v) (aros) _____ ni am y bws am hanner awr.

3. **Ad-drefnwch y geiriau i gyfieithu'r brawddegau hyn:**
   Re-arrange the words to translate these sentences: [5 marks]

   (i) ffrindiau i Iau i'r gyda es fy sinema nos

   I went to the cinema with my friends on Thursday evening.

   (ii) coleg i yn ffreutur prynais y ginio

   I bought lunch in the college canteen.

   (iii) y e stadiwm rygbi chwaraeodd mewn gêm yn

   He played in a rugby match in the stadium.

   (iv) yng mil e cafodd saith ei Nghaerfyrddin wyth eni ym naw

   He was born in Carmarthen in 1987.

   (v) fendigedig bod yn i'n y roeddwn cyngerdd meddwl

   I thought that the concert was wonderful.

4 Darllenwch y sgwrs ac amlygwch y ffurfiau hyn mewn tri lliw gwahanol:

- **Amser Perffaith**

- **Amser Gorffennol**

- **Amser Amherffaith**

Read the conversation and highlight these forms in three different colours:
- Perfect Tense

- Past Tense

- Imperfect Tense [18 marks]

Dan	Beth wnest ti neithiwr, Jess?
Jess	Es i allan i'r dref gyda'r merched. Beth amdanat ti?
Dan	O, dim byd, arhosais i gartre, roedd llawer o waith cartref gyda fi.
Jess	O na, druan â ti! Cawson ni noson dda yn y dref, cawson ni fwyd yn gyntaf ac wedyn aethon ni i'r sinema.
Dan	Pa ffilm welsoch chi?
Jess	Gwelon ni ffilm newydd Marc Evans, *Space Dust*. Roedd hi'n ddoniol iawn!
Dan	Doniol, wir? Roeddwn i'n meddwl ei bod hi'n ffilm ffug-wyddonol.
Jess	Ti'n iawn, ond roedd hi mor ofnadwy roedd hi'n ddoniol! Wyt ti wedi gweld ffilmiau eraill Marc Evans?
Dan	Ydw, dw i wedi gweld *Speed of Light* a *Planetary Roads*. Roeddwn i'n meddwl eu bod nhw'n wych!
Jess	Dw i'n cytuno, dyna pam es i i weld y ffilm newydd, ond wir, roedd hi'n anobeithiol!

5 Edrychwch ar y lluniau ac ysgrifennwch frawddeg yn yr Amser Amherffaith i gyd-fynd â phob llun:

Study the pictures and write a sentence in the Imperfect Tense to go with each picture: [6 marks]

(i) YESTERDAY (ii) WEEKEND (iii) SATURDAY

(iv) LAST WEEK (v) MONDAY (vi) THIS MORNING

Yr Amser Amodol
The Conditional Tense

You must be able to:

- Talk and write about things that might happen using the Conditional Tense
- Discuss keeping fit and healthy eating.

Defnyddio'r Amser Amodol   Using the Conditional Tense

- The Conditional Tense (**Yr Amser Amodol**) is used when talking about something that *might happen*, to say 'I would'.

Baswn i	I would	**Faswn i ddim**	I wouldn't
Baset ti	You would	**Faset ti ddim**	You wouldn't
Basai e	He would	**Fasai e ddim**	He wouldn't
Basai hi	She would	**Fasai hi ddim**	She wouldn't
Basai Elin	Elin would	**Fasai Elin ddim**	Elin wouldn't

Basen ni	We would	**Fasen ni ddim**	We wouldn't
Basech chi	You would	**Fasech chi ddim**	You wouldn't
Basen nhw	They would	**Fasen nhw ddim**	They wouldn't

Enghreifftiau   Examples:

Baswn i'n mynd i'r sioe.
I would go to the show.
Basai e'n gwisgo lan.
He would dress up.
Basen ni'n siarad â'r pennaeth.
We would speak to the head.

Cwestiynau ac Atebion   Questions and Answers

- To answer a question in the Conditional Tense there is a specific 'Yes' or 'No' answer depending on the person involved:

Question starts:		'Yes' answer	'No' answer
Faset ti?	Would you?	**Baswn**	Na faswn
Fasai e?	Would he?	**Basai**	Na fasai
Fasai hi?	Would she?	**Basai**	Na fasai
Fasai Elin?	Would Elin?	**Basai**	Na fasai

Fasech chi?	Would you?	**Baswn/Basen**	Na faswn/Na fasen
Fasen nhw?	Would they?	**Basen**	Na fasen

Pe   If

- The Conditional Tense is so called because there is a *condition* involved, such as:
  'If I was rich I would live in the Caribbean.'
  'If Elin could speak Spanish she would go to Patagonia.'
- In the Conditional Tense the word for 'If' is '**Pe**'.
- To put a condition in the sentence just put '**Pe**' in front of the Conditional Tense form:
  Pe baswn i'n gyfoethog baswn i'n byw yn y Caribî.
  Pe basai Elin yn gallu siarad Sbaeneg basai hi'n mynd i Batagonia.

Berfau Eraill yn yr Amser Amodol   Other Verbs in the Conditional Tense

- There are 3 other verbs that you will come across in the Conditional Tense.
- They all follow the same pattern of endings:

Hoffwn i	I would like	Gallwn i	I could	Dylwn i	I should
Hoffet ti	You would like	Gallet ti	You could	Dylet ti	You should
Hoffai e	He would like	Gallai e	He could	Dylai e	He should
Hoffai hi	She would like	Gallai hi	She could	Dylai hi	She should
Hoffai Gethin	Gethin would like	Gallai Gethin	Gethin could	Dylai Gethin	Gethin should

Hoffen ni	We would like	Gallen ni	We could	Dylen ni	We should
Hoffech chi	You would like	Gallech chi	You could	Dylech chi	You should
Hoffen nhw	They would like	Gallen nhw	They could	Dylen nhw	They should

- As these are 'short forms' of the verbs there is a Soft Mutation (**Treiglad Meddal**) on the object of the sentence exactly as there was on page 29 for the Past Tense (**Amser Gorffennol**).

Enghreifftiau   Examples:

- **Hoffwn i fynd i India.** — I'd like to go to India.
- **Gallwn i _ofyn i Mr Davies am help.** — I could ask Mr Davies for help.
- **Dylwn i gerddded i'r ysgol bob dydd.** — I should walk to school every day.
- **Hoffai Gethin fwyta siocled i frecwast!** — Gethin would like to eat chocolate for breakfast!
- **Gallen ni drefnu parti mawr i'r teulu.** — We could organise a big party for the family.
- **Dylech chi baratoi am yr arholiad!** — You should prepare for the exam!

> ### Key Point
> After a short form verb in the Conditional Tense, e.g. 'Hoffwn i', 'Gallwn i', or 'Dylwn i' there is a Soft Mutation on the *object* of the sentence.

Cadw'n Heini a Bwyta'n Iach   Keeping Fit and Healthy Eating

- **Beth dylen ni fwyta?**   What should we eat?

  Dylen ni fwyta digon o ffibr, ffrwythau a llysiau ffres. Dylen ni fwyta llai o siwgr, braster a halen.

  We should eat plenty of fibre, fresh fruit and vegetables. We should eat less sugar, fat and salt.

- **Sut dylech chi gadw'n heini?**   How should you keep fit?

  Dylech chi wneud ymarfer corff bob dydd. Dylech chi gerddded, rhedeg, seiclo neu chwarae chwaraeon.

  You should do exercise every day. You should walk, run, cycle or play sport.

> ### Key Vocab
> | | |
> |---|---|
> | cyfoethog | rich |
> | trefnu | to organise |
> | paratoi | to prepare |
> | ffibr | fibre |
> | ffrwythau | fruit |
> | llysiau | vegetables |
> | siwgr | sugar |
> | braster | fat |
> | halen | salt |
> | ymarfer corff | exercise |
> | osgoi | to avoid |
> | iechyd | health |
> | o leiaf | at least |
> | Eryri | Snowdonia |

Quick Test

1. Say/write in English:
   a) Pe baswn i'n ennill y loteri baswn i'n teithio'r byd.
   b) Hoffwn i fynd ar zip wire yn Eryri.
2. Say/write in Welsh:
   a) We could get up at ten o'clock.
   b) I should start my homework.

Yr Amser Dyfodol
The Future Tense

You must be able to:

- Talk and write about events in the future using the Future Tense
- Discuss the environment.

Defnyddio'r Amser Dyfodol   Using the Future Tense

Bydda i	I will	Fydda i ddim	I won't
Byddi di	You will	Fyddi di ddim	You won't
Bydd e	He will	Fydd e ddim	He won't
Bydd hi	She will	Fydd hi ddim	She won't
Bydd Owen	Owen will	Fydd Owen ddim	Owen won't

Byddwn ni	We will	Fyddwn ni ddim	We won't
Byddwch chi	You will	Fyddwch chi ddim	You won't
Byddan nhw	They will	Fyddan nhw ddim	They won't

Key Point

Any Future Tense phrase will start with '**Bydd ...**' and any *negative* phrase in the Future Tense will start with '**Fydd ...**'.

Enghreifftiau   Examples:

- **Yn y dyfodol bydda i'n byw yn Llundain.**
  In the future I will live in London.
- **Bydd fy chwaer yn hwyr i'r cyngerdd.**
  My sister will be late to the concert.
- **Byddan nhw'n helpu gyda'r trefniadau.**
  They will help with the arrangements.
- **Fydd y rhieni ddim yn hapus am y pris.**
  The parents won't be happy about the price.

Cwestiynau ac Atebion   Questions and Answers

- Once again, 'Yes' and 'No' answers in the Future Tense are different according to who is involved:

Question starts:		'Yes' answer	'No' answer
Fyddi di?	Will you?	Bydda	Na fydda
Fydd e?	Will he?	Bydd	Na fydd
Fydd hi?	Will she?	Bydd	Na fydd
Fydd Owen?	Will Owen?	Bydd	Na fydd

Fyddwch chi?	Will you?	Byddaf/Byddwn	Na fyddaf/Na fyddwn
Fyddan nhw?	Will they?	Byddan	Na fyddan

- **Beth byddwch chi'n gwneud ar ôl TGAU?**
  What will you do after GCSEs?
  Ar ôl TGAU bydda i'n mynd i'r coleg i wneud Lefelau A mewn Saesneg, hanes a daearyddiaeth.
  After GCSEs I will go to college to do A Levels in English, history and geography.

- **Beth byddwch chi'n gwneud yn 18 oed?**
What will you do at 18?
Yn 18 oed bydda i'n mynd i'r brifysgol, gobeithio. Hoffwn i astudio newyddiaduraeth.
At 18 I will go to university, hopefully. I'd like to study journalism.

- **Beth byddwch chi'n gwneud mewn deng mlynedd?**
What will you be doing in ten years' time?
Mewn deng mlynedd bydda i'n gweithio yn Llundain neu Gaerdydd fel newyddiadurwr.
In ten years' time I will be working in London or Cardiff as a journalist.

Yr Amgylchedd   The Environment

ailgylchu	to recycle	**môr**	sea
amgen	alternative	**pŵer**	power
cynhesu	to warm	**rhew**	ice
cynhesu byd-eang	global warming	**sbwriel**	rubbish
gwastraff	waste	**tanwydd**	fuel
haen oson	ozone layer	**toddi**	to melt
hinsawdd	climate	**twll**	hole
llosgi	to burn	**tyfu**	to grow
llygredd	pollution	**ynni**	energy
llywodraeth	government	**y tymor hir**	the long term

- **Sut bydd yr amgylchedd yn y dyfodol?**
What will the environment be like in the future?
  Yn y dyfodol bydd twll yr haen oson yn tyfu.
  In the future the hole in the ozone layer will grow.
  Achos cynhesu byd-eang bydd rhew yr Arctig yn toddi.
  Because of global warming Arctic ice will melt.
  Bydd yr hinsawdd yn newid am byth.
  The climate will change forever.
  Bydd tanwydd ffosil yn rhedeg allan.
  Fossil fuels will run out.

- **Felly beth dylen ni wneud i helpu'r amgylchedd?**
So what should we do to help the environment?
  Dylen ni ailgylchu ein gwastraff.
  We should recycle our waste.
  Dylen ni ddefnyddio ynni y môr a'r gwynt.
  We should use sea and wind energy.
  Dylen ni yrru ceir trydan.
  We should drive electric cars.

- **Beth hoffet ti weld yn digwydd?**
What would you like to see happening?
  Hoffwn i weld paneli solar ar bob tŷ.
  I'd like to see solar panels on every house.
  Hoffwn i weld pawb yn defnyddio ynni amgen yn lle tanwydd ffosil.
  I'd like to see everyone using alternative energy instead of fossil fuels.
  Hoffwn i weld cynllunio am y tymor hir.
  I'd like to see planning for the long term.

Quick Test

1. Say/write in English:
    a) Bydda i'n mynd i'r chweched dosbarth y flwyddyn nesaf.
    b) Bydd fy nhad yn hapus iawn.
    c) Fydd Tomos ddim yn symud i Loegr.
2. Write 3 sentences of your own in Welsh saying how you think we can help the environment. Use connectives to help you extend your sentences.

Key Vocab

y dyfodol	the future
gobeithio	hopefully
y brifysgol	university
yr amgylchedd	the environment
gyrru	to drive
yn lle	instead of
cynllunio	to plan

Gorchmynion Commands

You must be able to:

- Recognise, understand and use commands confidently
- Recognise, understand and use '**rhaid**' correctly.

Gorchmynion Commands

- Commands are always in the '**ti**' or '**chi**' form, i.e. they are given to 'you'.
- You are probably very familiar with many commands already, e.g.

Sefwch!	Stand!
Eisteddwch!	Sit!
Gwrandewch!	Listen!
Dewch!	Come!

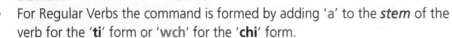

- For Regular Verbs the command is formed by adding '**a**' to the *stem* of the verb for the '**ti**' form or '**wch**' for the '**chi**' form.
- Finding the stem of a verb is covered on page 28.
- Here are some examples showing how the command is formed:

verb		stem	ti command	chi command
ysgrifennu	to write	**ysgrifenn**	**Ysgrifenna!**	**Ysgrifennwch!**
gwisgo	to wear	**gwisg**	**Gwisga!**	**Gwisgwch!**
rhoi	to give	**rho**	**Rho!**	**Rhowch!**
dysgu	to learn	**dysg**	**Dysga!**	**Dysgwch!**
trafod	to discuss	**trafod**	**Trafoda!**	**Trafodwch!**
siarad	to speak	**siarad**	**Siarada!**	**Siaradwch!**
eistedd	to sit	**eistedd**	**Eistedda!**	**Eisteddwch!**
darllen	to read	**darllen**	**Darllena!**	**Darllenwch!**
meddwl	to think	**meddyli**	**Meddylia!**	**Meddyliwch!**

- *Irregular* verbs have their own forms:

verb		ti command	chi command
mynd	to go	**Cer!**	**Ewch!**
dod	to come	**Dere!**	**Dewch!**
bod	to be	**Bydd!**	**Byddwch!**

Enghreifftiau Examples:

• **Trafodwch mewn grŵp.**	Discuss in a group.
• **Darllenwch y llythyr.**	Read the letter.
• **Meddyliwch am syniadau newydd.**	Think of new ideas.
• **Byddwch yn dawel, os gwelwch yn dda!**	Be quiet, please!
• **Cer i'r gwely nawr!**	Go to bed now!
• **Dewch i Gymru!**	Come to Wales!

Key Point

Formal or plural commands always end in **wch**.

Rhaid   Have to/Must

- **Beth mae rhaid i ti wisgo i'r gwaith?**   What do you have to wear to work?
- **Mae rhaid i fi wisgo dillad smart.**   I have to wear smart clothes.

- '**Rhaid**' (have to/must) is followed by '**i**' which runs according to *who* is involved:

Mae rhaid i fi ...	I have to ...	**Mae rhaid i ni ...**	We have to ...
Mae rhaid i ti ...	You have to ...	**Mae rhaid i chi ...**	You have to ...
Mae rhaid iddo fe ...	He has to ...	**Mae rhaid iddyn nhw ...**	They have to ...
Mae rhaid iddi hi ...	She has to ...		
Mae rhaid i Lisa ...	Lisa has to ...		

- The '**i**' after each of these forms causes a Soft Mutation (**Treiglad Meddal**).

Enghreifftiau   Examples:

- **Mae rhaid i fi ddechrau am naw o'r gloch.**   I have to start at nine o'clock.
- **Mae rhaid iddo fe drefnu'r cyfarfod.**   He has to organise the meeting.
- **Mae rhaid iddi hi brynu cot newydd.**   She has to buy a new coat.
- **Mae rhaid i Lisa gerdded adre.**   Lisa has to walk home.
- **Mae rhaid i ni _weithio heno.**   We have to work tonight.

Negyddol   Negative

- To form the negative form of '**rhaid**' change '**mae**' to '**does dim**':

  Mae rhaid i fi fynd.   I have to go.
  Does dim rhaid i fi fynd.   I don't have to go.

Gofyn Cwestiwn   Asking a Question

- To ask a question, change '**mae**' to the question word '**oes**':

  Mae rhaid i ti fynd.   You have to go.
  Oes rhaid i ti fynd?   Do you have to go?

Amseroedd y Ferf   Tenses

- You can change the tense of a '**rhaid**' phrase simply by changing the word '**mae**' at the beginning:

Present Tense:	**Mae rhaid i fi fynd i'r gwaith.**	I have to go to work.
Imperfect Tense:	**Roedd rhaid i fi fynd i'r gwaith.**	I had to go to work.
Conditional Tense:	**Basai rhaid i fi fynd i'r gwaith.**	I would have to go to work.
Future Tense:	**Bydd rhaid i fi fynd i'r gwaith.**	I will have to go to work.

Key Vocab

trafod	to discuss
syniadau	ideas
erthygl	article

1 **Darllenwch y paragraff a rhowch y ffurfiau cywir yn y bylchau:**

Read the paragraph and fit the correct forms in the spaces: [10 marks]

gyda hi	roeddwn i'n meddwl	ces i	arhoson ni	roedd
roedden nhw	es i	treulion ni	aethon ni	gwelon ni'r

Dros hanner tymor _____ gyda Dad i Gaerdydd. _____ gyda fy

modryb yn y Bae. Mae fflat smart iawn _____ yn edrych dros y môr. Ar y noson

gyntaf _____ i Ganolfan y Mileniwm i weld sioe sgiliau syrcas,

_____ ei bod hi'n ardderchog. _____ dros ugain o berfformwyr yn

y sioe ac _____ i gyd yn dalentog dros ben! _____ ddydd Mercher

yn yr Amgueddfa Genedlaethol; _____ deinosoriaid wrth gwrs a'r gwaith

celf. _____ amser gwych achos roedd arddangosfa ffotograffiaeth du a gwyn

ymlaen.

2 **Cysylltwch y cwestiynau â'r atebion cywir:**

Connect the questions to the correct answers: [8 marks]

(i)	Est ti i'r dref ddydd Sadwrn?
(ii)	Gest ti amser da neithiwr?
(iii)	Pryd cafodd Julien Macdonald ei eni?
(iv)	Wyt ti wedi clywed am Andrew?
(v)	Beth wnest ti dros y gwyliau?
(vi)	Fwynheaist ti'r llyfr?
(vii)	Welaist ti Steffan yn yr ysgol heddiw?
(viii)	Ydy Jacob wedi gorffen ei arholiadau nawr?

(a)	Do, roedd e'n siarad gyda Mr Jones.
(b)	Es i i Lundain, arhosais i gyda fy mam-gu.
(c)	Ydy, gorffennodd e ddoe!
(ch)	Naddo, roedd hi'n ddiflas a dweud y gwir.
(d)	Do, roeddwn i'n meddwl ei fod e'n anhygoel!
(dd)	Do, es i gyda Jim a Mike.
(e)	Cafodd e ei eni ym mil naw saith un.
(f)	Nac ydw, beth sydd wedi digwydd?

3 **Darllenwch y brawddegau a thiciwch y llun cywir bob tro.**

Read the sentences and tick the correct picture each time. [5 marks]

(i)	Codais i am chwarter wedi saith.					
(ii)	Ces i wy i frecwast.					

(iii)	Y wers gyntaf heddiw oedd gwyddoniaeth.			
(iv)	Es i i ymarfer côr am ugain munud i ddau.			
(v)	Cyrhaeddais i adre am bum munud ar hugain i bump			

4 Darllenwch ddyddiadur Llew o'i daith i Efrog Newydd. Ticiwch y blychau i ddangos os yw'r brawddegau yn gywir neu'n anghywir.

Read Llew's diary of his trip to New York. Tick the boxes to show whether the sentences are true or false. [6 marks]

> Howdî o Efrog Newydd! Ddydd Gwener teithion ni am dair awr a hanner o Landrindod i Heathrow ac wedyn roedden ni'n hedfan am wyth awr cyn cyrraedd Maes Awyr JFK. Ddydd Sadwrn aethon ni ar daith fws o gwmpas y ddinas, roedd popeth yn wych wrth gwrs ond roeddwn i'n meddwl bod y Statue of Liberty yn anhygoel. Ddydd Sul aethon ni lan yr Empire State Building, pob un o'r cant a dau lawr!
>
> Y diwrnod nesaf seiclon ni o gwmpas Central Park, mae e'n enfawr! Yn y nos gwelon ni sioe ar Broadway. Roedd popeth yn wefreiddiol, y canu, y dawnsio, roeddwn i wrth fy modd! Heddiw, rydyn ni wedi cael amser i siopa. Rydw i wedi prynu anrhegion i'r teulu i gyd a nawr rydw i'n mynd i chwilio am rywbeth i fy hun i gofio gwyliau arbennig iawn!

		Cywir	Anghywir
(i)	Hedfanodd Llew o Landrindod i Efrog Newydd.		
(ii)	Doedd Llew ddim yn hoffi'r Statue of Liberty.		
(iii)	Mae dros 100 llawr yn yr Empire State Building.		
(iv)	Aeth Llew i Central Park ddydd Sul.		
(v)	Roedd nos Lun yn noson dda.		
(vi)	Mae Llew wedi mwynhau'r daith.		

1 **Am bob gorchymyn rhowch rif y llun sy'n cyd-fynd:**

For each command give the number of the picture that matches: [6 marks]

- Cysylltwch
- E-bostiwch
- Rhowch
- Ffoniwch
- Gwisgwch
- Anfonwch

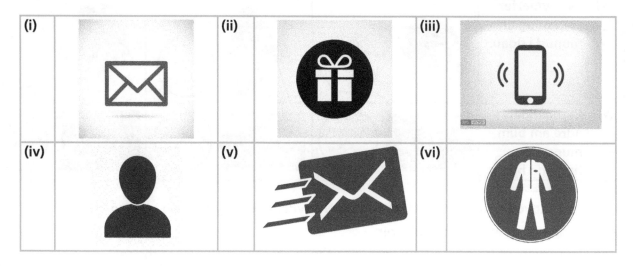

2 **Ysgrifennwch frawddeg yr un i esbonio beth hoffai'r bobl fod yn y dyfodol.**

Write a sentence for each person to explain what they would like to be in the future. [5 marks]

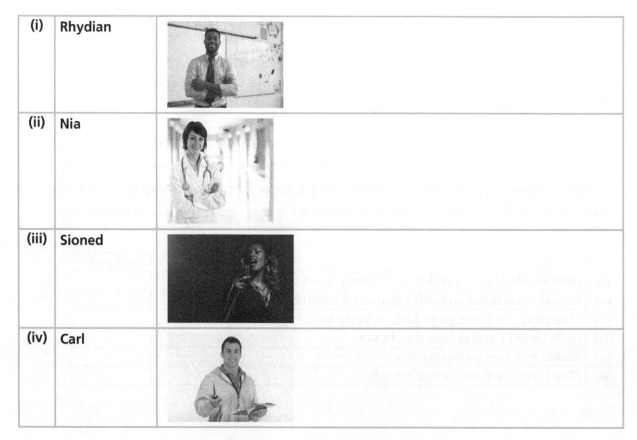

(v)	Ti! Beth hoffet ti fod?	

3 Darllenwch am sefyllfa y bobl yma a chysylltwch â'r cyngor gorau.

Read about these people's situations and connect with the best advice. [5 marks]

(i)	Hoffwn i astudio meddygaeth yn y brifysgol.
(ii)	Mae'r arholiad llafar ddydd Llun nesaf.
(iii)	Does dim llaeth gyda ni.
(iv)	Dw i wedi colli fy ngwaith cartref.
(v)	Dw i'n credu fy mod i wedi torri fy mraich.

(a)	Rhaid i ti fynd i'r ysbyty!
(b)	Dylet ti fynd i'r siop.
(c)	Dylet ti ddweud wrth dy athro.
(ch)	Dylet ti ddewis Lefel A cemeg.
(d)	Bydd rhaid i ti ymarfer gyda dy grŵp.

4 Darllenwch lythyr cais Ceri am le ar gwrs mecaneg ceir ac amlygwch y ffurfiau hyn mewn tri lliw gwahanol:

- **Amser Amodol**
- **Amser Dyfodol**
- **Gorchmynion**

Read Ceri's application letter for a place on a car mechanics course and highlight these forms in three different colours:

- Conditional Tense
- Future Tense
- Commands [15 marks]

Hoffwn i wneud cais i fynd ar gwrs mecaneg ceir yn y coleg achos rydw i'n dwlu ar beiriannau ac yn y dyfodol hoffwn i fod yn fecanydd. Hoffwn i ddysgu sut i drwsio ceir a lorïau ac wedyn bydda i'n gallu gweithio mewn garej fawr. Yn ddelfrydol hoffwn i weithio i gwmni mawr a baswn i wrth fy modd yn teithio.

Mae'r cwrs yn swnio'n wych i fi. Bydd gweithio ar geir yn ddiddorol wrth gwrs ond bydd hi'n gyffrous iawn gweithio ar beiriannau mawr hefyd.

Dylwn i basio pump o bynciau TGAU gyda graddau A*–C. Bydd mathemateg, Saesneg, Cymraeg, technoleg a gwyddoniaeth yn saff ond hefyd hoffwn i gael gradd dda mewn hanes ac ymarfer corff.

Cofiwch gysylltu â fi os ydych chi angen mwy o wybodaeth. E-bostiwch neu ffoniwch, bydda i'n hapus iawn i ateb eich cwestiynau.

Yn gywir iawn

Ceri Davies

Ymarfer Sgiliau Gwrando
Practising Listening Skills

You must be able to:

- Watch a Welsh video clip and understand the gist of what is being said
- Pick out basic facts and information.

Arholiadau Llafar Grŵp — Group Oral Exams

- You will sit two Group Oral exams as part of your Welsh GCSE: Unit 1 and Unit 2.
- Both Unit 1 and Unit 2 will last roughly the same length of time:
  - 6–8 minutes for a group of 2 students; *or*
  - 8–10 minutes for a group of 3 students

N.B. Details for Unit 2 are given on page 58.

Fformat Uned 1 — Unit 1 Format

- For Unit 1 your group will have 10 minutes preparation time during which you will watch a 2-minute video clip (twice) and make any notes you want on a grid provided.
- The video clip will be based on a topic from any of the following broad themes:

Cyflogaeth	Employment
Cymru a'r Byd	Wales and the World
Ieuenctid	Youth

- At the end of the preparation time you will go into the exam room and your teacher will ask you to discuss the content of the video clip. Make sure you take your grid and notes with you as they will be a big help in the exam.
- There are 50 marks for Unit 1: 30 for Listening and 20 for Speaking. To achieve a good mark for Listening you need to show in your group discussion that you have understood the video clip. You will need to give your opinions on what people say and say whether you agree or disagree with them.

Clipiau Cymraeg — Welsh Clips

- Throughout your GCSE course get into the habit of watching Welsh-language clips. Here are a few suggestions of where to find clips:
  - Welsh-language programmes on S4C, in particular *Dal Ati* Welsh learners' programmes. These are also available as catch-up on S4C Clic and on BBC iPlayer
  - Golwg360 website: www.golwg360.cymru
  - Welsh-language DVDs
  - WJEC website: www.wjec.co.uk
  - Ciwb website: www.ciwb.org
  - BBC Bitesize for GCSE Welsh Second Language
  - Welsh-language clips on YouTube
- In the exam your video clip will only be 2 minutes long so when you are practising just choose short clips.
- Search for clips with people talking and giving information. Your ideal practice clips will have 2 or 3 people talking and giving information but even if there is only 1 person in the clip it will still give you very good practice.

Key Point

Search for and practise watching short Welsh-language video clips.

Ymarfer Gwylio   Practising Watching

- When you have selected a clip play it through a couple of times without any sound.
- You can get a lot of clues about what's going on just by watching carefully. For example:
  - What sort of age are the people?
  - Where are they?
  - Are they happy?
  - Are they cross?
- You might well be able to guess what the people are talking about without even hearing a word of the conversation!

Gwylio a Gwrando   Watching and Listening

- Now watch the clip again but this time with the sound *on*.
- Watch the clip a few times and see if you can get the basic gist of what is being said.

Gwneud Nodiadau   Making Notes

- Each time you watch the clip try to jot down more details about the content.
- Listen out for any basic information about the people, such as:
  - **enw**   name
  - **oed**   age
  - **byw**   live
  - **teulu**   family
  - **gwaith**   work
  - **hobi**   hobby
  - **barn**   opinions

Gweithio fel Grŵp   Working as a Group

- If possible practise watching video clips as a group.
- After each viewing of the clip compare notes with each other.
- Help each other out and gradually build up more information about the content of the clip as a group.

Nodi Barn   Noting Opinions

- The clip you watch in the exam will include people expressing their opinions on a topic.
- Try to find clips that include opinions, for example **Y Newyddion** (The News) and children's news programmes.
- You then need to find ways of noting down people's opinions. This can be in words, pictures, emojis – anything actually!

Quick Test

1. Watch and listen to 2 or 3 people having a short conversation *in English*. This could be something like the news or it could be friends chatting. Jot down quickly the opinions they express and find a method of making notes that works for you.

Cofnodi Gwybodaeth o Glip
Recording Information from a Clip

You must be able to:

- Record the basic factual content of a video clip
- Work as a group to note down information on a grid.

Cwblhau'r Grid   Completing the Grid

- For the Unit 1 group exam you will have 10-minute preparation time as a group together.
- You will each be given a grid to record information on about the video clip. The grid will be tick boxes but there will also be space for any extra information you can pick out.
- Before you watch the clip look over the grid, which will give you lots of clues about the clip.
- You will see on the grid who is in the clip and by reading the tick-box categories you will get an idea about the content of the clip even before you see anything on screen!

- Decide as a group how you are going to use the sheet.
  - For example, for the first time you watch the clip you could each concentrate on one person's details. Then compare notes and for the second watching you can all concentrate on filling in gaps as well as trying to pick out any extra information.
  - Alternatively, you could all work individually the first time you watch the clip. Then compare notes and for the second watching you could each concentrate on filling in the gaps in one person's details.
- Names and pictures of the people speaking in the clip will be shown on the side of the screen throughout the clip to help you remember who is who.

Key Point

In your group help each other by sharing information. This will help everyone!

Enghraifft Example:

If you look at this example of a grid you know that you are going to see three people talking: Olwen, Cai and Gethin. You know where they live and their ages, you know that they are studying and that they all speak Welsh. You know their ambitions for the future, their opinions about keeping fit and their opinions about the Welsh language. Of course, what you don't know until you watch the clip is who matches each piece of information!

However, you do know what to listen out for which is a lot easier than starting from scratch without any information.

Below the tick boxes there is extra space labelled '**Gwybodaeth ychwanegol**' (Additional Information) where you can write any other pieces of information you can pick out. Use this space to note the main points of the discussion in the clip. You can also use this space to make a plan for your group discussion.

		Olwen ✓	Cai ✓	Gethin ✓
Byw	Abertawe Wrecsam Y Rhyl			
Oed	16 19 24			
Astudio	Lefelau A Bioleg Cymraeg			
Siarad Cymraeg	Gyda'r teulu Gyda ffrindiau Yn y swyddfa			
Uchelgais at y dyfodol	Dysgu mewn ysgol Gymraeg Teithio'r byd Chwarae dros Gymru			
Barn am gadw'n heini	Hwyl gyda ffrindiau Yn bwysig i bawb Rhy ddiog weithiau			
Barn am y Gymraeg	Sgil defnyddiol Yn bwysig yn y gwaith Mwynhau siarad ieithoedd			
Gwybodaeth ychwanegol				

1 **Ad-drefnwch y geiriau i wneud brawddegau:**

Re-arrange the words to form sentences: [5 marks]

(i) deithio i Gwlad Thai ar Lefelau A ôl Fietnam a i hoffwn

(ii) yn ddydd y bydd Sadwrn chwarae yn Alex gêm

(iii) heno grac dylwn Mam lanhau i neu yn ystafell fy bydd

(iv) nos i'r dewch Sadwrn sioe o hwyl hi'n bydd llawer

(v) â'r fwy cysylltwch fanylion am o swyddfa

2 **Cysylltwch y cwestiynau â'r atebion cywir:**

Connect the questions to the correct answers: [8 marks]

(i)	Beth hoffet ti wneud ar ôl TGAU?	(a)	Baswn i'n symud i Barbados.
(ii)	Faset ti'n cymryd cyffuriau mewn parti?	(b)	Bydda, bydda i'n eistedd gyda fy nheulu.
(iii)	Pwy fydd yn y tîm nos Fawrth?	(c)	Hoffwn i fynd ar wyliau gyda fy ffrindiau.
(iv)	Beth ddylen ni wneud i helpu'r amgylchedd?	(ch)	Na hoffwn, dim diolch! Mae'n well gyda fi cemeg a ffiseg.
(v)	Beth faset ti'n gwneud pe baset ti'n ennill y loteri?	(d)	Bydd Catrin, Tim, Ben, Jan a Gareth yn chwarae.
(vi)	Hoffet ti astudio drama am Lefel A?	(dd)	Bydd e yn neuadd yr ysgol am hanner awr wedi saith.
(vii)	Fyddi di'n gwylio'r gêm fory?	(e)	Na faswn, byth!
(viii)	Ble fydd y cyngerdd nos Sadwrn?	(f)	Dylen ni ailgylchu sbwriel a defnyddio llai o ddŵr.

3 **Llenwch y bylchau yn y brawddegau gan ddewis y gair cywir o'r dewis o 3:**

Fill in the gaps in the sentences below by choosing the correct word from the 3 choices: [5 marks]

(i) _____ Tomos yn chwarae rygbi dros Gymru yn y dyfodol dw i'n siŵr!

Bydda / Bydd / Baswn

(ii) Pe baswn i'n gallu siarad Sbaeneg _____ i'n symud i Sbaen.

bydda / bydd / baswn

(iii) Yn y dyfodol _____ i fod yn bensaer.

bydda / baswn / hoffwn

(iv) Mae prawf cemeg ddydd Gwener felly dw i'n credu _____ i adolygu heno.

baswn / hoffwn / dylwn

(v) _____ Lisa yn hapus i helpu gyda'r cyngerdd dw i'n gwybod.

hoffai / dylwn / basai

4 **Llenwch orchmynion addas yn y bylchau yn y poster hwn:**
Fill in appropriate commands in the gaps in this poster:

[5 marks]

_____ i ymuno â

Chlwb Rhedeg y Dyffryn

Bob nos Lun 7:00–8:30

Parc y Dyffryn

_____ esgidiau rhedeg a dillad cynnes a llac

Am fwy o fanylion _____ ein gwefan:

clwbrhedegydyffryn.com

_____: johnjones@hotmail.co.uk

neu

_____: 07785 945123

Go to the *Golwg360* clip 'Enillydd Medal y Dysgwyr' at: www.collins.co.uk/page/collinsgcserevision/flashcards and click on the link 'WJEC GCSE Welsh'.

 Paratoi – Preparation

- **Cyn i chi wylio**
  Before you watch: [5 marks]

  (i) Pwy sydd yn y clip?   [1]
  Who is in the clip?

  (ii) Tua faint ydy oed y ferch?   [1]
  Approximately how old is the girl?

  (iii) Beth ydych chi'n meddwl mae hi wedi gwneud?   [1]
  What do you think she has done?

  (iv) Ble mae'r clip yn digwydd?   [1]
  Where is the clip happening?

  (v) Am beth ydych chi'n meddwl bydd y sgwrs?   [1]
  What do you think the conversation will be about?

 Cliwiau heb Sain – Clues without Sound

- **Gwyliwch y clip ddwywaith heb y sain**
  Watch the clip twice without the sound: [6 marks]

  (i) Sut mae'r ferch yn teimlo?   [1]
  How is the girl feeling?

  (ii) Pa fath o sgwrs ydy hi?   [1]
  What kind of conversation is it?

  (iii) Pan dydy'r ferch ddim yn siarad beth mae hi'n gwneud?   [1]
  When the girl isn't talking what is she doing?

(iv) Beth sy'n digwydd yn y cefndir? [1]
What's happening in the background?

(v) Allwch chi ddyfalu mwy am y sefyllfa nawr? [2]
Can you guess more about the situation now?

③ Gyda Sain – With Sound

- **Nawr gwyliwch y clip gyda'r sain**
  Now watch the clip with the sound on: [3 marks]

  (i) Beth ydy enw'r ferch? [1]
  What is the girl's name?

  (ii) Ydy hi'n hapus? Pam? [2]
  Is she happy? Why?

④ Cynnwys y Sgwrs – Content of the Conversation

- **Nawr gwyliwch y clip ddwywaith eto. Ticiwch y geiriau pan ydych chi'n clywed nhw:**
  Now watch the clip twice more. Tick the words when you hear them mentioned: [9 marks]

dysgu siarad Cymraeg	cerddoriaeth	saith oed
Mam	S4C	adre
agor drysau	blwyddyn un ar ddeg	coleg

⑤ Mwy o Gynnwys – More Content

- **Gwyliwch y clip ddwywaith eto. Ticiwch y geiriau pan ydych chi'n clywed nhw:**
  Watch the clip twice again. Tick the words when you hear them mentioned: [9 marks]

ysgol gynradd	ennill	yn hyderus
yn Saesneg	yn enwedig	cerddorfa
yn bendant	aros yng Nghymru	ateb

6 | **Deall Geiriau ac Ymadroddion** – Understanding Words and Phrases

- **Mae'r geiriau a'r ymadroddion hyn i gyd yn cael eu defnyddio yn y clip. Beth ydy eu hystyron yn Saesneg?**
  Gwyliwch y clip eto i'ch helpu chi i weithio allan yr ystyron.
  These words and phrases are all used in the clip. What are their English meanings?
  Watch the clip again to help you work out the meanings. [16 marks]

  (i) dysgu siarad Cymraeg

  (ii) saith oed

  (iii) ysgol gynradd

  (iv) blwyddyn un ar ddeg

  (v) aros yng Nghymru

  (vi) cerddoriaeth

  (vii) coleg

  (viii) agor drysau

  (ix) yn enwedig

  (x) adre

  (xi) yn Saesneg

  (xii) ateb

  (xiii) yn bendant

  (xiv) cerddorfa

  (xv) ennill

  (xvi) yn hyderus

7 | **Cwestiynau Trafodaeth** – Discussion Questions

- **Dewiswch hyd at bump o gwestiynau hoffech chi ddefnyddio mewn trafodaeth am y clip.**
  Choose up to five questions you would like to use in a discussion about the clip. [10 marks]

- **Rhowch eich atebion i'r cwestiynau rydych chi wedi dewis yn Gymraeg.**
  Give your answers to the questions you have chosen in Welsh.

Beth mae Alice Howell wedi gwneud?	Hoffet ti siarad Cymraeg yn rhugl? Pam?	Sut bydd ennill y fedal yn helpu Alice yn y dyfodol?
Yn dy farn di ydy hi'n bwysig bod pawb yn dysgu Cymraeg?	Beth ydy prif ddiddordeb Alice?	Ble rwyt ti'n gallu defnyddio'r Gymraeg tu allan i'r ysgol yn dy ardal di?
Ble mae Alice yn dweud bod llawer o gyfle i siarad Cymraeg?	Ydy cystadleuaeth dysgu Cymraeg yn syniad da?	Ydy Alice yn meddwl bydd dysgu Cymraeg yn helpu hi gyda gwaith yn y dyfodol?

8 Profiadau – Experiences

- **Yn y clip mae Alice yn disgrifio ei phrofiadau yn dysgu Cymraeg.**
  In the clip Alice describes her experiences of learning Welsh. [8 marks]

- **Darllenwch ei disgrifiadau ac am bob un dwedwch yn Gymraeg sut mae'n cymharu â'ch profiad eich hunan:**
  Read her descriptions and for each one say in Welsh how it compares to your own experience:

	Profiad Alice	Eich profiad chi
(i)	"Dechreuais i ddysgu Cymraeg pan oeddwn i tua saith oed yn yr ysgol gynradd."	
(ii)	"Roeddwn i'n dysgu pethau syml fel rhifau a lliwiau."	
(iii)	"Weithiau mae Mam yn gofyn cwestiwn i fi yn Saesneg a dw i'n ateb yn Gymraeg ac mae'n ddoniol achos dydy hi ddim yn deall."	
(iv)	"Does neb yn siarad Cymraeg yn fy nheulu i."	

9 Cynllun Trafodaeth – Discussion Plan

- **Gwnewch Gynllun Trafodaeth yn seiliedig ar y clip o Alice Howell.**
  Make a Discussion Plan based on the clip of Alice Howell. [10 marks]

- **Bydd 2 neu 3 pherson yn y drafodaeth.**
  There will be 2 or 3 people in the discussion.

- **Cofiwch fod rhaid i chi ddangos yn eich trafodaeth eich bod chi wedi deall pethau o'r clip.**
  Remember that you must show in your discussion that you have understood things from the clip.

- **Dylech chi hefyd ymestyn y drafodaeth i faterion ehangach, er enghraifft, dysgu Cymraeg, gweithio yng Nghymru, cystadlaethau, S4C.**
  You should also extend your discussion to wider issues, for example, learning Welsh, working in Wales, competitions, S4C.

- **Trwy gydol y drafodaeth mae'n bwysig iawn mynegi a chyfiawnhau eich barn.**
  Throughout the discussion it is very important to express and justify your opinions.

Dechrau Sgwrs
Starting a Conversation

You must be able to:

- Make a quick plan for a group discussion
- Start a discussion.

Arholiadau Llafar Grŵp   Group Oral Exams

- You will sit two Group Oral Exams as part of your Welsh GCSE: Unit 1 and Unit 2.
- Both Unit 1 and Unit 2 last roughly the same length of time:
  - 6–8 minutes for a group of 2 students; *or*
  - 8–10 minutes for a group of 3 students

> N.B. The details of preparation for Unit 1 are given on page 48. For help with your group discussion in Unit 1 turn to page 60.

Uned 2   Unit 2

- The stimulus for Unit 2 is an exam paper.
- Your group will be given an exam paper with 3 possible discussion topics from which you will have to choose 1 topic to discuss.
- Each of these topics will come from any of the following broad themes:

Cyflogaeth	Employment
Cymru a'r Byd	Wales and the World
Ieuenctid	Youth

- Each of the 3 choices will be presented with pictures, information and different people's viewpoints.
- During the 10-minute preparation time your group must choose which option you are going to discuss and you should then make a plan/notes to help you.

Cynllun Trafod   Discussion Plan

- As a group make a plan for your discussion noting down the points you want to cover. Add in useful vocabulary for each point.
- For example, for a discussion on **'Cadw'n heini'** (Keeping fit) your plan might look something like this:

> **Key Point**
>
> Aim to make a discussion plan in less than 5 minutes. Make sure the plan gives everyone plenty of ideas and things to say.

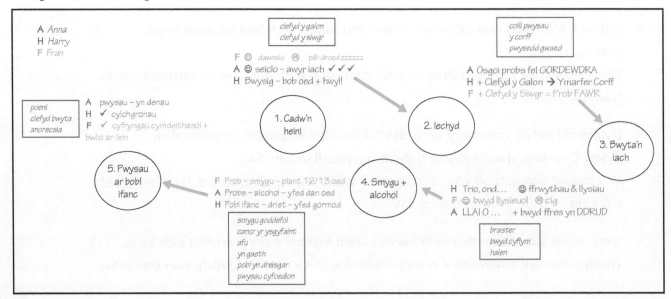

Dechrau Siarad   Getting Started

- To start your discussion one of your group can ask an easy question such as:
  'Wyt ti'n hoffi cadw'n heini?'   Do you like keeping fit?
- Don't ever worry that a question is too simple because you can answer on many different levels. For example your answer could be:

  – **Ydw, dw i'n hoffi chwarae pêl-rwyd bob wythnos.** *Or*
  – **Ydw, rydw i'n chwarae pêl-rwyd yn yr ysgol bob wythnos gyda fy ffrindiau ond hefyd dw i'n rhedeg ar y penwythnos gyda fy mam. Mae Mam yn rhedeg Hanner Marathon bob blwyddyn!** *Or*
  – **Ydw, rydw i'n meddwl ei bod hi'n bwysig iawn cadw'n heini ond hefyd mae'n hwyl! Dw i'n mwynhau chwarae pêl-rwyd, rhedeg, nofio a seiclo ond fy hoff chwaraeon ydy pêl-rwyd achos mae'n gêm gyflym a dw i wrth fy modd yn chwarae mewn tîm.**

Lluniau   Pictures

- On the topic you have chosen there will be a selection of pictures to give you ideas about things you could discuss.
- The pictures are there to help you so be sure to use them!

Beth sydd yn y lluniau?	What's in the pictures?
• **Mae ...**	• There's ...
Beth ydy hwnna?	What's that?
• **... ydy e**	• It's ...
Wyt ti wedi ... erioed?	Have you ever ...?
Beth rwyt ti'n feddwl am ...?	What do you think about ...?

Darnau Darllen   Reading Texts

- The topic you choose will also include short texts or comments. For example on the topic of **'Swyddi rhan-amser'** (Part-time jobs) you might have a speech bubble like the one on the right.
- You could start your discussion by asking one of your group:
  'Oes swydd ran-amser gyda ti?' *Or*
  'Pam mae Rhiannon yn hoffi gweithio yn y caffi?'
- Here are some more easy questions to help you start any discussion:

Dw i'n hoffi gweithio yn y caffi i ennill arian.
(Rhiannon)

Wyt ti ...?	Do you ...?

Wyt ti'n hoffi ...?	Do you like ...?
• **Ydw, rydw i'n hoffi ... achos ...**	• Yes, I like ... because ...
• **Nac ydw, dydw i ddim yn hoffi ... achos ...**	• No, I don't like ... because ...

Beth rwyt ti'n feddwl am ...?	What do you think about ...?
• **Rydw i'n meddwl bod ... yn ...**	• I think that ... is ...

Wyt ti'n cytuno gyda ...?	Do you agree with ...?
• **Ydw, rydw i'n cytuno achos ...**	• Yes I agree because ...
• **Nac ydw, rydw i'n anghytuno achos ...**	• No I disagree because ...

Quick Test

1. Say in Welsh:
   a) What do you think about holidays in Wales?
   b) Do you like watching soap operas?
   c) Do you smoke?
2. Make a discussion plan for three people on the topic 'Mae'r Gymraeg i bawb' (Welsh is for everyone).

Key Vocab

pwysig	important
llun/lluniau	picture/s
hwnna	that (thing or person)
erioed	ever

Gofyn ac Ateb Cwestiynau
Asking and Answering Questions

You must be able to:

- Ask a variety of questions on any topic
- Agree and disagree with other people's opinions
- Try to answer 'Yes' and 'No' correctly.

Gofyn Cwestiynau   Asking Questions

- Of course you know *lots* of questions in Welsh but trying to think of some on the spot can be surprisingly difficult! Question Words will help you get started.
- Have a look at the list on page 10 and try to ask any questions you can using the Question Words as starters.

Cwestiynau ac Atebion   Questions and Answers

- For Unit 1 many of your questions will be about the content of the film clip you have watched.
- Here are some useful questions for discussing the clip:

Pwy oedd yn y clip?	Who was in the clip?
Beth oedd e'n wneud?/Beth oedd hi'n wneud?	What was he doing?/What was she doing?
Beth ddwedodd Laura?	What did Laura say?
Beth roeddet ti'n feddwl am Rhodri?	What did you think of Rhodri?
Pam oedd Megan yn ...?	Why was Megan ...?
Beth oedd barn Hannah am ...?	What was Hannah's opinion of ...?
Beth oedd Dafydd eisiau gwneud?	What did Dafydd want to do?
Wyt ti'n cytuno gyda Gwyn neu gyda Steffan?	Do you agree with Gwyn or with Steffan?

- In Unit 2 you will need to ask questions about the pictures, information and reading texts on the topic you have chosen on the exam paper.
- Some useful questions might include:

Beth rwyt ti'n feddwl am ...?	What do you think about ...?
Wyt ti'n cytuno gyda ...?	Do you agree with ...?
Wyt ti'n cytuno bod ...?	Do you agree that ...?

Beth mae'r lluniau yn dangos?	What do the pictures show?
Ydy'r lluniau yn gwneud i ti feddwl?	Do the pictures make you think?
Pam mae llun o ...?	Why is there a picture of ...?

Gosodiad a Chwestiwn   Statement and Question

- Within a discussion you can also make a statement that leads on to a question. For example:
  Dw i'n mynd ar fy ngwyliau i Sbaen eleni. Wyt *ti'n* mynd i ffwrdd?
  I'm going on holiday to Spain this year. Are *you* going away?

Enwau   Names

- It can be very helpful to use each other's names when you ask questions.
- In a group of 3 it will help to make sure the person you are asking is listening to you! Also, remember that your teacher will need to record your discussion for assessment so using names makes it a lot easier for other people to know who is speaking.

Ateb Cwestiynau   Answering Questions

- In any discussion it is vital to *listen* to what other people are saying.
- Make sure that you try to answer any question you are asked, even if it's not necessarily the question you were hoping for! Remember that the other students in your group are under pressure too!

Geiriau Allweddol   Key Words

- In any question listen out for the Key Words. These are:
  - *Question Words* – Make sure you know these. They are given on page 10.
  - *Clue Words* – Any words that give you a clue as to the meaning of the question.
    For example:
    Ble mae'r Gemau Olympaidd nesaf?
    In this example the Question Word is **'Ble'** (Where) and the Clue Words are **'Gemau Olympaidd'** (Olympic Games). So now you can have a go at the answer!

Atebion   Answers

- Try your best to answer Yes/No questions with the correct form. This means listening carefully particularly to the *beginning* of the question!
- Most questions in a group discussion will be to 'You' so you will use the 'I' form in your answer. This table gives the most common Yes and No questions you will come across.

QUESTION	YES	NO
Amser Presennol – Present Tense		
Wyt ti ...?	**Ydw**	**Nac ydw**
Oes ...?	**Oes**	**Nac oes**
Ydy ...?	**Ydy**	**Nac ydy**
Amser Perffaith – Perfect Tense		
Wyt ti wedi ...?	**Ydw**	**Nac ydw**
Amser Gorffennol – Past Tense		
All questions e.g.		
Est ti ...?	**Do**	**Naddo**
Gest ti ...?	**Do**	**Naddo**
Welaist ti ...?	**Do**	**Naddo**
Gafodd e ...?	**Do**	**Naddo**

QUESTION	YES	NO
Amser Amherffaith – Imperfect Tense		
Oeddet ti ...?	**Oeddwn**	**Nac oeddwn**
Oedd ...?	**Oedd**	**Nac oedd**
Amser Amodol – Conditional Tense		
Faset ti ...?	**Baswn**	**Na faswn**
Hoffet ti ...?	**Hoffwn**	**Na hoffwn**
Ddylet ti ...?	**Dylwn**	**Na ddylwn**
Amser Dyfodol – Future Tense		
Fyddi di ...?	**Bydda**	**Na fydda**
Fydd e ...?	**Bydd**	**Na fydd**
Fydd hi ...?	**Bydd**	**Na fydd**

Quick Test

1. Ask in Welsh:
   a) Why was Nia talking on the phone?
   b) Do you agree that Welsh music is cool?
   c) What do you think of the pictures?
2. Identify the Question Words and the Clue Words in these questions:
   a) Ble mae pobl yn dysgu Cymraeg yn yr ardal?
   b) Faint mae tymheredd y môr yn codi?
   c) Beth ydy peryglon goryfed i bobl ifanc?

Key Point

Try your best to give the correct Yes/No answer to a question but if you're stuck just use Ie/Na. It's better to keep the discussion going than worry too much over one answer.

Key Vocab

dweud	to say
eisiau	to want
dangos	to show

Cyfeirio at Wybodaeth
Referring to Information

You must be able to:

- Refer to information provided in the exam
- Give your opinion on the information and justify your opinions.

Cyfeirio at Wybodaeth   Referring to Information

- In both Group Oral exams, Unit 1 and Unit 2, you will need to refer to information provided in the exam.
- For Unit 1 you will need to refer to the content of the video clip.
- For Unit 2 you will need to refer to your group's choice from the exam paper. This will include pictures, facts and statistics and other people's viewpoints.

Cyfeirio at y Clip Fideo (Uned 1)   Referring to the Video Clip (Unit 1)

- For the Unit 1 Group Oral exam you will watch a video clip of approximately 2 minutes.
- You will be allowed to watch the film twice.
- In your group discussion you will need to refer to the content of the clip and show that you have understood it. You should also compare yourself and people you know to what is said in the film.
- To refer to the clip:

Yn y clip gwelon ni ...	In the clip we saw ...
Roedd ...	There was/were ...
Roedd Elinor yn dweud ...	Elinor was saying ...
Dwedodd Elinor ...	Elinor said ...
Roedd y ffilm yn dangos ...	The film showed ...
... fel yn y clip	... like in the clip
Yn wahanol i'r ffilm ...	Unlike the film ...
Fel Ryan dw i'n ...	Like Ryan I ...
Yn wahanol i Maria dw i ddim yn ...	Unlike Maria I don't ...
Yn ôl Ali ...	According to Ali ...

Cyfeirio at y Lluniau (Uned 2)   Referring to the Pictures (Unit 2)

- In the Unit 2 Group Oral exam your choice of discussion topic will be presented with pictures, facts and statistics, and other people's views.
- To refer to the pictures:

Yn y lluniau mae ...	In the pictures there is/are ...
Mae'r lluniau yn dangos ...	The pictures show ...
Mae'r llun o anifeiliaid yn dangos ...	The picture of animals shows ...
... fel yn y lluniau	... like in the pictures
Yn wahanol i'r lluniau ...	Unlike the pictures ...

Ffeithiau ac Ystadegau   Facts and Statistics

- Your Unit 2 topic may also include some facts and statistics.
- These might be presented in a **graff** (graph) or **tabl** (table).
- Try to use this information in your discussion too.

Mae'r graff yn dangos ...	The graph shows ...
Yn y tabl mae'n dweud ...	In the table it says ...
Mae mwy o bobl yn ...	More people ...
Mae llai o bobl yn ...	Fewer people ...
Mae deg y cant yn hoffi ...	Ten per cent like ...

Darnau Darllen/Swigod   Reading Texts/Bubbles

- For any question in Unit 2 there will also be short reading texts and speech bubbles included.
- They may accompany pictures or they may be separate. In order to refer to what people have said in the speech bubbles you will need to use the third person form.

For example, having read this speech bubble ...

> *Rydw i'n meddwl bod ailgylchu yn wastraff amser. Rydw i'n taflu popeth mewn un bin.*
> Cara

I think that recycling is a waste of time. I throw everything in one bin.
Cara

- ... you could say:
  'Mae Cara yn meddwl bod ailgylchu yn wastraff amser. Mae hi'n taflu popeth mewn un bin.'
  'Cara thinks that recycling is a waste of time. She throws everything in one bin.'
- Try also to use the speech bubble to give your own point of view. For example:
  'Mae Cara yn meddwl bod ailgylchu yn wastraff amser ond rydw i'n anghytuno, rydw i'n credu bod ailgylchu yn bwysig iawn.'
  'Cara thinks that recycling is a waste of time but I disagree, I believe that recycling is very important.'
- To go a step further remember to *justify* your opinion:
  'Mae Cara yn meddwl bod ailgylchu yn wastraff amser ond rydw i'n anghytuno. Rydw i'n credu bod ailgylchu yn bwysig iawn. Dylai pawb helpu i ofalu am yr amgylchedd ac mae pethau bach yn bwysig.'
  'Cara thinks that recycling is a waste of time but I disagree. I believe that recycling is very important. Everyone should help to look after the environment and little things are important.'

Key Point

During your group discussions for Unit 1 and Unit 2 you *must* refer to and give your opinions about the clip (Unit 1) and pictures, information and reading texts provided in the exam paper (Unit 2).

Quick Test

1. Say in Welsh:
   a) In the clip we saw two boys talking on the bus.
   b) Unlike Gwen, I enjoy shopping.
   c) Would you wear jeans to an interview?
2. Change these Welsh sentences to third person forms:
   a) Rydw i'n hoffi gwyliau ar y traeth. (Megan)
   b) Rydw i'n meddwl bod ysmygu yn arferiad ffiaidd. (Alun)
   c) Dw i ddim yn poeni am yr ysgol achos rydw i'n meddwl bod yr athrawon yn dwp. (Bethan)

Key Vocab

gwybodaeth	information
dangos	to show
fel	like
yn wahanol i	unlike
lluniau	pictures
ffeithiau	facts
ystadegau	statistics
graff	graph
tabl	table
y cant	per cent

Datblygu'r Drafodaeth
Developing the Discussion

You must be able to:

- Extend a discussion
- Change the direction of a conversation
- Speak naturally and confidently.

Ymestyn y Drafodaeth Extending the Discussion

- You can probably hold a very basic conversation on any topic now but to get good marks in the exam you will need to extend your discussion.
- There are three areas where you can develop your discussions.

1. **Rhoi Mwy o Wybodaeth** Giving More Information
   - Give more details about your own experiences or knowledge.
   - So, rather than just saying '**Dw i'n mwynhau chwarae hoci**' try to develop this further, e.g. '**Dw i'n mwynhau chwarae hoci yng Nghlwb Hoci Pen-y-bont. Rydw i'n chwarae yn yr amddiffyn ond sgoriais i gôl unwaith!**' (I enjoy playing hockey in Bridgend Hockey Club. I play in defence but I did score a goal once!)
   - Help one another with this by asking each other for more details, e.g. **Ble? Pryd? Gyda phwy? Pam?**

2. **Cyfiawnhau eich Barn a Rhoi Enghreifftiau** Justifying your Opinions and Giving Examples
   - Each time you give an opinion be sure to justify it by saying *why* you think as you do.
   - When someone else gives an opinion help them by asking '**Pam?**' (Why?)
   - Then try to go further by backing up your opinions with *examples* that help to explain your point of view.

   > For example: '**Rydw i'n meddwl ei bod hi'n bwysig iawn dysgu'r Gymraeg. Mae'r Gymraeg yn unigryw i Gymru a dylen ni helpu i gadw'r iaith yn fyw. Mae teulu Mam yn byw yn Awstralia a dydyn nhw ddim yn deall pam dydyn ni ddim i gyd yn siarad Cymraeg felly rydw i eisiau bod yn rhugl!**'
   >
   > 'I think it's very important to learn Welsh. Welsh is unique to Wales and we should help to keep the language alive. Mum's family live in Australia and they don't understand why we don't all speak Welsh so I want to be fluent!'

3. **Defnyddio Gwahanol Amseroedd y Ferf** Using a Variety of Tenses
   - When you are practising with your group use a tick list to help you remember to use different tenses. You can even include one on your Discussion Plan in the exam:

Present ✓	Imperfect ✓
Perfect ✓	Conditional ✓
Past ✓	Future ✓

Newid Cyfeiriad Sgwrs Changing the Direction of a Conversation

- At some point you will need to change the direction of a conversation in your exams.
- Using your Group Discussion Plan it may be time to move on to a new topic or you may just have run out of things to say! Either way it is important to know how to change direction.
- Try these phrases and choose some to practise using regularly:

Ond hefyd ...	But also ...
Cofiwch hefyd ...	Remember too ...
Ond beth am ...?	But what about ...?
Mae ... yn bwysig hefyd	... is important too
Ar y llaw arall ...	On the other hand ...
Wyt ti wedi meddwl am ...?	Have you thought about ...?
Hoffwn i siarad am ... nawr	I'd like to talk about ... now
Eto i gyd ...	Then again ...
Dylen ni ystyried ... hefyd	We should also consider ...

> **Key Point**
>
> Remember that the Oral Exams are Group Exams so to help yourself you need to *work together* as a group.

Defnyddio Iaith Naturiol Using Natural Language

- Try your best to sound as natural as possible in your discussion, even though you know you're taking an exam!
- You can prepare for this by using ordinary everyday phrases whenever you practise on your own or with your group. Then you will be used to using them when it comes to the exam.

Wir?	Really?	**Yn bendant**	Definitely
Wyt ti?	Do you?/Have you?	**Ddim o gwbl!**	Not at all!
Falle	Maybe	**Byth!**	Never!
Diddorol	Interesting	**Anhygoel!**	Amazing!
Ti'n jocan!	You're joking!	**Dw i ddim yn gwybod**	I don't know
Beth amdanat ti?	What about you?	**Dw i ddim yn siŵr**	I'm not sure
A ti?	And you?	**Dw i ddim yn deall, sori**	I don't understand, sorry
A fi	And me	**Wrth gwrs**	Of course
Fi hefyd	Me too	**'Sdim ots**	It doesn't matter
Felly ...	So ...	**Beth bynnag**	Anyway/Whatever

- Practise using Idioms as well to help your Welsh sound more natural. You can find some on page 11.

 Quick Test

1. Say in Welsh:
   a) Helping other people is important too.
   b) But what about working in Wales?
2. Make a Group Discussion Plan on the topic 'Problemau pobl ifanc' (Young people's problems) and develop it with further information, justifying opinions and different tenses.

> **Key Vocab**
>
> | unwaith | once |
> |---|---|
> | unigryw | unique |
> | rhugl | fluent |
> | cofiwch | remember |
> | eto i gyd | then again |
> | Ti'n jocan! | You're joking! |
> | deall | to understand |

- Go to the *Golwg360* clip 'Senedd Ieuenctid Cymru' at:
  www.collins.co.uk/page/collinsgcserevision/flashcards and click on the link 'WJEC GCSE Welsh'.

Creu Senedd Ieuenctid i Gymru

... syniad da?

1 **Paratoi** – Preparation

- **Gwyliwch y clip ddwywaith:**
  Watch the clip twice: [5 marks]

  (i) **Ble mae'r clip yn digwydd?** [1]
  Where does the clip take place?

  (ii) **Tua faint ydy oed y bobl ifanc?** [1]
  Approximately how old are the young people?

  (iii) **Sawl pwnc llosg maen nhw'n trafod?** [1]
  How many issues do they discuss?

  (iv) **Am beth mae Nest Jenkins yn siarad?** [1]
  What does Nest Jenkins talk about?

  (v) **Am beth mae Elin Jones yn siarad?** [1]
  What does Elin Jones talk about?

2 **Cynnwys y Clip** – Clip Content

- **Gwyliwch y clip ddwywaith eto. Ticiwch y geiriau hyn pan rydych chi'n clywed nhw:**
  Watch the clip twice more. Tick these words when you hear them mentioned: [6 marks]

prifysgolion	pobl ifanc	dyfodol
yn bwysig	poeni	llais

3 • **Gwyliwch y clip ddwywaith eto. Ticiwch y bocsys i ddangos pwy sy'n trafod pa bynciau llosg:**

Watch the clip two more times. Tick the boxes to show who discusses which issues: [6 marks]

	Addysg	Trafnidiaeth ardal wledig	Iechyd	Ffioedd dysgu	Pleidlais 16 oed	Economi a thlodi
Lleucu						
Hari						
Alpha						
Ffion						
Cyffin						
Briallt						

4 | **Mwy o Gynnwys** – More Content ⟩

• **Gwyliwch y clip ddwywaith eto. Ticiwch y geiriau hyn pan rydych chi'n clywed nhw:**

Watch the clip twice more again. Tick these words when you hear them mentioned: [6 marks]

barn	dadlau	cyllid
cwricwlwm	senedd ieuenctid	atal

5 | **Deall Geiriau ac Ymadroddion** – Understanding Words and Phrases

- **Mae'r geiriau a'r ymadroddion hyn i gyd yn cael eu defnyddio yn y clip.** [12 marks]
  Beth ydy eu hystyron yn Saesneg? Gwyliwch y clip eto i'ch helpu chi i weithio allan yr ystyron.

  These words and phrases are all used in the clip. What are their English meanings? Watch the clip again to help you work out the meanings.

  (i)   prifysgolion   (vii) barn

  (ii) pobl ifanc   (viii) dadlau

  (iii) dyfodol   (ix) cyllid

  (iv) yn bwysig   (x)   cwricwlwm

  (v)   poeni   (xi) senedd ieuenctid

  (vi) llais   (xii) atal

6 | **Cwestiynau Trafodaeth** – Discussion Questions

(i)   **Dewiswch hyd at bump o gwestiynau hoffech chi ddefnyddio mewn trafodaeth am y clip.**
      Choose up to five questions you would like to use in a discussion about the clip.   [10 marks]

(ii) **Rhowch eich atebion i'r cwestiynau rydych chi wedi dewis yn Gymraeg.**
      Give your answers to the questions you have chosen in Welsh.

Beth mae'r bobl ifanc yn trafod yn y clip?	Beth ydy'r pwnc llosg pwysicaf i ti?	Beth ydy dy farn di am senedd ieuenctid i Gymru?
Wyt ti'n cytuno gyda Hari?	Faint ydy'r ffioedd i fynd i'r brifysgol?	Beth mae Briallt yn dweud?
Beth roeddet ti'n feddwl am y bobl ifanc?	Hoffet ti fod yn aelod o senedd ieuenctid? Pam?	Hoffet ti fynd i'r brifysgol?

7 | Cynllun Trafodaeth – Discussion Plan 〉

(i) **Gwnewch Gynllun Trafodaeth yn seiliedig ar y clip.**
Make a Discussion Plan based on the clip. [10 marks]

(ii) **Bydd 2 neu 3 pherson yn y drafodaeth.**
There will be 2 or 3 people in the discussion.

(iii) **Cofiwch fod rhaid i chi ddangos yn eich trafodaeth eich bod chi wedi deall peth cynnwys o'r clip.**
Remember that you must show in your discussion that you have understood some content of the clip.

(iv) **Dylech chi hefyd ymestyn y drafodaeth i faterion ehangach, er enghraifft, barn pobl ifanc, gwleidyddiaeth, byw yn y wlad neu mewn dinas, ac ati.**
You should also extend your discussion to wider issues, for example, young people's opinions, politics, living in the country or in a city, etc.

(v) **Trwy gydol y drafodaeth mae'n bwysig iawn mynegi a chyfiawnhau eich barn.**
Throughout the discussion it is very important to express and justify your opinions.

1   **Ymarfer dechrau sgwrs – Practising starting a conversation**

Dwedwch yn Gymraeg:

Say in Welsh: [6 marks]

(i)   Do you like your area?

(ii)   What's in the pictures?

(iii)   What do you think about young people drinking alcohol?

(iv)   Do you play sport?

(v)   Have you ever skied?

(vi)   Do you agree with Charlotte that social media causes lots of problems for young people?

2   **Trafod clip – Discussing a clip**

Dwedwch yn Gymraeg:

Say in Welsh: [6 marks]

(i)   Who was in the clip?

(ii)   What was Tom's problem?

(iii)   What did Sarah say?

(iv)   What did you think of Ed?

(v)   Do you agree with Harriet or with Danny?

(vi)   What did Ben think about the new swimming pool?

3   **Ateb cwestiynau – Answering 'yes' and 'no'**

Atebwch y cwestiynau yn Gymraeg:

Answer the questions in Welsh: [6 marks]

(i)   **Wyt ti'n hoffi gwylio ffilmiau?**

(ii)   **Ydy Owen yn hoffi profiad gwaith?**

(iii)   **Oeddet ti'n hoffi'r ysgol gynradd?**

(iv)   **Wyt ti wedi bod yn America?**

(v)   **Faset ti'n gweithio yn Llundain?**

(vi)   **Hoffet ti fyw tramor?**

4 **Cyfeirio at wybodaeth** – Referring to information

Dwedwch yn Gymraeg:

Say in Welsh: [6 marks]

(i) What does the table show?

(ii) What do you think of the graph?

(iii) What is Ryan's opinion?

(iv) In the clip we saw three people talking.

(v) There was an interview with a woman called Kate.

(vi) Amy Pugh said that she wants to speak Welsh fluently.

5 **Cyfeirio at luniau** – Referring to pictures

Edrychwch ar y lluniau hyn:

Look at these pictures:

Dwedwch yn Gymraeg:

Say in Welsh: [6 marks]

(i) Is keeping fit important to you?

(ii) What's the difference between games and sports?

(iii) Do you agree with horse racing?

(iv) Do you think it's cruel?

(v) Do you prefer team sports or individual sports?

(vi) What new sports would you like to try?

6 **Dwedwch y cwestiynau yn Gymraeg:**

Say the questions in Welsh: [6 marks]

(i) What does the graph show?

(ii) How many young people speak Welsh?

(iii) Why are there more young people speaking Welsh?

(iv) What are the advantages of speaking Welsh?

(v) Would you choose Welsh-medium education for your children?

(vi) What do your parents think about Welsh education?

7 **Cysylltwch y Gymraeg â'r Saesneg cywir:**

Connect the Welsh to the correct English: [10 marks]

(i)	Yn y tabl mae'n dweud bod pris hedfan wedi gostwng.		(a)	Families want cheap holidays.
(ii)	Mae'r hysbyseb yn dangos gwyliau cyffrous mewn llefydd diddorol iawn.		(b)	Fewer people are travelling by train.
(iii)	Mae dau ddeg pump y cant o'r bobl yn aros gartre.		(c)	50% go to Europe.
(iv)	Mae'r graff yn dangos bod pobl yn mynd ar wyliau yn fwy aml.		(ch)	The information shows that holidays at home are still popular.
(v)	Mae mwy o bobl yn teithio tramor.		(d)	They're asking people to go on adventure holidays with the company.
(vi)	Mae teuluoedd eisiau gwyliau rhad.		(dd)	In the table it says that the cost of flying has gone down.
(vii)	Mae pum deg y cant yn mynd i Ewrop.		(e)	The advert shows exciting holidays in very interesting places.
(viii)	Maen nhw'n gofyn i bobl fynd ar wyliau antur gyda'r cwmni.		(f)	More people are travelling abroad.
(ix)	Mae llai o bobl yn teithio ar drên.		(ff)	25% of the people are staying at home.
(x)	Mae'r wybodaeth yn dangos bod gwyliau gartre yn boblogaidd o hyd.		(g)	The graph shows that people go on holiday more often.

8 **Darllenwch y swigod ac atebwch y cwestiynau:**
Read the speech bubbles and answer the questions: [6 marks]

> Rydw i'n poeni am yr amgylchedd. Mae llygredd yn broblem fawr mewn dinasoedd mawr fel Llundain.
> Abi

> Mae cynhesu byd-eang yn broblem i bawb. Mae'n achosi rhew yr Arctig i doddi ac mae'r môr yn codi.
> Hasan

> Dylai pawb drio helpu'r amgylchedd. Hoffwn i gael car trydan ond mae Mam a Dad yn dweud eu bod nhw'n rhy ddrud.
> Matilda

> Mae rhaid i ni ffeindio ffyrdd newydd o greu ynni. Mae glo ac olew yn rhedeg allan ac maen nhw'n frwnt iawn.
> Grace

(i) Beth mae Abi yn meddwl am yr amgylchedd?

(ii) Wyt ti'n cytuno gyda Hasan? Pam?

(iii) Sut mae Matilda eisiau helpu?

(iv) Beth ydy barn Grace?

(v) Sut rwyt ti'n helpu'r amgylchedd?

(vi) Ydy pobl yn gwneud digon i wella'r amgylchedd?

9 **Ymestyn trafodaeth** – Extending a discussion

Darllenwch y pwyntiau hyn mewn trafodaeth ar 'Gwella'r Ardal' a thriwch ddatblygu'r drafodaeth ymhellach:
Read these points in a discussion on 'Improving the Area' and try to develop the discussion further:

[10 marks]

(i) Y pethau gorau yn yr ardal ydy ...

(ii) Mae angen pethau newydd yn yr ardal. Hoffwn i weld ...

(iii) Rydw i'n meddwl bod yr ardal yn lle da i fyw achos ...

(iv) Yn fy marn i dylai'r cyngor ...

(v) Mae'n bwysig bod pethau i bawb yn yr ardal. Mae rhai pobl eisiau ...

Testunau Darllen
Reading Texts

You must be able to:

- Read and understand a variety of genres of text
- Understand tasks and questions.

Uned 3 ac Uned 4   Unit 3 and Unit 4

- **Darllen** (Reading) is assessed in the Unit 3 and Unit 4 Reading and Writing papers. Each of these are 1.5 hours.
- The Reading element accounts for:
  - 60% of Unit 3; *and*
  - 40% of Unit 4
- The topics for Unit 3 and Unit 4 will come from any of the following broad themes:

Cyflogaeth	Employment
Cymru a'r Byd	Wales and the World
Ieuenctid	Youth

Mathau o Destunau Darllen   Types of Reading Texts

- You will come across a wide variety of types of Reading texts in your Welsh GCSE course and in the exams themselves. These will include:

cerdd	poem	**llythyr**	letter
stori fer	short story	**nodyn**	note
detholiad o nofel	excerpt from a novel	**neges**	message
adolygiad	review	**blog**	blog
erthygl	article	**poster**	poster
hysbyseb	advert	**tabl**	table
taflen wybodaeth	information sheet	**graff**	graph
llyfryn	booklet	**gwefan**	website
e-bost	e-mail	**ffurflen**	form

- You need to be aware of what type of text you are reading but in general the genre will not affect your understanding.
- However, there is some genre specific vocabulary it is worth being aware of. For example:

cerdd		llythyr		e-bost	
pennill	verse	**cyfeiriad**	address	**at**	to
llinell	line	**dyddiad**	date	**oddi wrth**	from
gair	word	**annwyl**	dear	**testun**	subject
odl	rhyme	**yn gywir**	yours sincerely	**anfon**	send
graff/tabl		gwefan		poster	
y cant	per cent	**amdanon ni**	about us	**dewch**	come (*command*)
cyfartaledd	average	**cysylltwch**	contact (*command*)	**croeso i bawb**	all welcome
mwy	more	**e-bostiwch**	e-mail (*command*)	**ar gael**	available
llai	less	**hafan**	home	**pris**	price

Deall Cwestiynau   Understanding Questions

- The most important part of understanding questions is knowing the meaning of Question Words:
- By understanding the question word you will know immediately what *type* of information you are looking for in the answer.
- For example, if the question starts with **Pwy**, you know you are looking for a person's name.
- It is also important to identify the Clue Words in a sentence. These are the main vocabulary words that give you an idea about what to look for.

Beth?	What?	Pa?	Which?
Sut?	How?	Pa fath o ...?	What kind of ...?
Pwy?	Who?	Faint o'r gloch?	What time?
Ble?	Where?	Sawl ...?	How many?
Pryd?	When?	Faint o ...?	How many?
Pam?	Why?		

Question Words are also on page 10

- For example, in the question:
  Pwy sy'n trwsio'r peiriannau ar y penwythnos?

You know that **'Pwy'** means 'Who' and the Clue Words **'ar y penwythnos'** mean *'on the weekend'* so you can now look for the answer even if you're not sure about the meaning of the rest of the question.

Cwestiynau am Ddata   Questions about Data

- You may be asked questions about a set of information provided and need to make deductions from the data. The questions could include, for example:

y talaf	the tallest	yn fwy na	bigger/more than	pwyntiau da	good points
y byrraf	the shortest	yn llai na	smaller/less than	pwyntiau cadarnhaol	positive points
y mwyaf	the biggest/the most	yn well na	better than	pwyntiau negyddol	negative points
y lleiaf	the smallest/the least	yn waeth na	worse than	problemau	problems
yr hynaf	the oldest	yn debyg i	similar to		
yr ifancaf	the youngest	yn wahanol i	different to		

Cysyllteiriau   Connectives

- Understanding the little words, 'connectives', that link sentences is very important for reading questions.
- Without connectives it can be very difficult to make sense of a text! Here are some useful examples:

a/ac	and	bob	every	gyda	with	os	if
am	at/about	cyn	before	heb	without	sef	which is
ar ôl	after	fel	such as	hefyd	also	tua	approximately
achos	because	felly	so/therefore	ond	but	wedyn	then

- There are more Connectives on page 11.

Quick Test

1. What do the Question Words and Clue Words (shown in red) mean in these questions?
   a) **Ble** mae Jake yn treulio'r **gwyliau** eleni?
   b) **Pryd** ymddangosodd Steph ar **y teledu?**
2. Write these questions in English:
   a) Faint o bobl sy'n byw yn y pentref?
   b) Pa fath o fwyd rwyt ti'n hoffi?

Key Point

Write out useful connectives on cards with their English meanings on the back so that you can test yourself.

Ffeindio Gwybodaeth
Finding Information

You must be able to:

- Find specific information in a reading text
- Fill in information you are asked for.

Technegau Darllen   Reading Techniques

- When you are looking for information in a reading text there are different techniques you can use to help your understanding:
- Context – Make sure you read the *introduction* to the task. This will set the context for you by telling you what genre of text it is (e.g. letter, website, review, etc.) and give basic information about the background to the text.
- Skimming – Start by looking over the text fairly quickly to get the general gist. Don't stop to worry about the meaning of individual words. You will get clues from any headings, pictures, diagrams, graphs and tables. Concentrate on what you *do* understand rather than worrying too much about the bits you don't understand. If you have enough time it is worth skimming the text for a second time as you will get a much better idea of the content.
- Scanning – Identify Key Words in the questions and then look for these in the text. Be ready for different words being used in the text for the same thing. For example, the question might ask about **'y penwythnos'** (the weekend) but the text could say **'dydd Sadwrn a dydd Sul'** (Saturday and Sunday) instead.

Geiriau wedi'u Treiglo   Mutated Words

- Words that have been mutated can cause confusion in a reading text so make sure you're ready for them!
- The more you read in Welsh the easier this will become so practise reading Welsh as much as possible.
- It doesn't matter what you read: road signs, posters, websites, books, magazines ... whatever is to hand and whatever takes your fancy, it will all be good practice!

- There are two techniques that will help you cope with mutated words:

1. Read beyond the first letter – It is only the first letter of the original spelling of a word which mutates so get in the habit of looking *past* the first letter. These common words have all been mutated:

Mutated word	Original spelling	Mutated word	Original spelling
barti	(parti)	ngwlad	(gwlad)
dŷ	(tŷ)	frawd	(brawd)
geffyl	(ceffyl)	thîm	(tîm)
waith	(gwaith)	nillad	(dillad)
physgod	(pysgod)	nghath	(cath)
ferch	(merch)	mhen-blwydd	(pen-blwydd)
lyfr	(llyfr)	ngeni	(geni)

2. Think what the word was originally – By knowing the mutation rules (page 9) and working backwards you can work out what the word was originally. For example if you read the word **'waith'** and you know that a Soft Mutation causes **'g'** to drop off the beginning of a word you can work out that the original word was **'gwaith'** (work).

Ffeindio Atebion Finding Answers

- To answer questions about the content of a reading text first scan through the text to look for the Key Words from the question.
- Often (but not always) the order of the questions will be the same as the order of the information you are searching for in the text. So, if you have found the answers to Question 1 and Question 3 the answer to Question 2 is probably in the text in between.
- Once you have found the Key Words in the text don't panic if you can't understand every word in the sentence or section. You may well be able to find the correct part of the text to use in your answer without understanding the whole meaning.

Ateb Cwestiynau Answering Questions

- You can often use a lot of a question in order to answer it. Look at these examples:

  - **Pam** mae Liam yn mynd i'r cyfarfod**?**   Why is Liam going to the meeting?
    Mae Liam yn mynd i'r cyfarfod **achos ...**   Liam is going to the meeting because ...
  - **Ble** dysgodd Jessica Gymraeg**?**   Where did Jessica learn Welsh?
    Dysgodd Jessica Gymraeg **yn ...**   Jessica learned Welsh in ...
  - **Beth** mae Poppy yn dweud **am seiclo?**   What does Poppy say about cycling?
    Mae Poppy yn dweud **...**   Poppy says ...

Marciau Marks

- Take care when answering a question to note how many marks the answer is worth.
- If an answer is worth 1 mark it is for *one* piece of information and could even be a one-word answer.
- For an answer worth 2 marks the examiners are looking for *two* pieces of information or a response in two parts, for example your opinion *and* a reason for your opinion.

Cwblhau Ffurflenni Completing Forms

- After reading a text you may be required to complete a form.
- Examples of a form could include a job application form, a hotel reservation form or an activity registration form.
- Often the questions on a form will not be in full sentences. Sometimes they will be single words, such as '**Byw**' (Lives), '**Oed**' (Age) or '**Barn**' (Opinion). Sometimes they will be short phrases, such as '**Hoffi am y clwb**' (Like about the club), '**Pris tocynnau**' (Ticket price) or '**Problemau yn yr ysgol**' (Problems in school).

> ### Key Point
>
> Make sure you look to see how many marks a question is worth. This will tell you how much information you need to provide in your answer.

Quick Test

1. What is the original Welsh spelling of these mutated words? What are their English meanings?
   a) dref   b) bont   c) dair   ch) fara   d) bobl
   dd) fam   e) redeg   f) thost   ff) mhlant   g) nannedd
2. How would you start the answers to these questions?
   a) Pryd mae'r ffair yn dechrau?
   b) Ble arhosodd Alex nos Sadwrn?
   c) Pam roedd Will eisiau mynd i Lundain?

Ymateb i Destun
Responding to a Text

You must be able to:

- Respond to a reading text
- Give opinions about the content of the text.

Ymateb i Ddarllen   Responding to Reading

- Sometimes the exam paper question will ask you to respond to a reading text.
- The question might ask for your opinion, ask if you agree or disagree with someone in the text, ask you to compare two sets of information – for example about two people – or you could be asked to compare information in the text to your own experiences.
- Here are some suggestions:

Giving an opinion on something in the text	• **Rydw i'n meddwl bod ...** • **Yn fy marn i ...**	I think that ... In my opinion ...
Agree or disagree with someone in the text	• **Rydw i'n cytuno gyda Dan achos ...** • **Rydw i'n anghytuno gyda Rhys achos ...**	I agree with Dan because ... I disagree with Rhys because ...
Comparing two people or two sets of information	• **Mae Rhiannon yn hoffi pêl-droed ond dydy Paul ddim.** • **Roedd Huw yn teimlo'n nerfus ar y llwyfan ond doedd Jenny ddim yn poeni o gwbl.**	Rhiannon likes football but Paul doesn't. Huw felt nervous on stage but Jenny wasn't worried at all.
Comparing yourself to a person in the text	• **Fel Rachel ...** • **Yn wahanol i Rachel ...**	Like Rachel ... Unlike Rachel ...

Ymateb gyda'ch Barn   Responding with your Opinion

- When you are asked to respond to a reading text with your opinion make sure you state your opinion clearly *and* justify your opinion.
- For example after reading a text about jobs you could be asked for your opinion about work experience:

Yn fy marn i mae profiad gwaith yn syniad da iawn achos dydw i ddim yn gwybod beth hoffwn i wneud yn y dyfodol felly hoffwn i drio swyddi gwahanol nawr.

In my opinion work experience is a very good idea because I don't know what I'd like to do in the future so I'd like to try different jobs.

- You may also be asked whether you agree or disagree with someone's opinion in the text. Your answer might be:

Rydw i'n cytuno gyda Rhodri achos rydw i'n meddwl bod y Gymraeg yn ddiddorol ac rydw i eisiau siarad Cymraeg yn rhugl.

I agree with Rhodri because I think that the Welsh language is interesting and I want to speak Welsh fluently. *Or*

Rydw i'n anghytuno gyda Rhodri achos rydw i'n meddwl bod y Gymraeg yn anodd a dydw i ddim yn 'nabod pobl sy'n siarad Cymraeg yn fy ardal i.

I disagree with Rhodri because I think that Welsh is difficult and I don't know people who speak Welsh in my area.

Ymateb i Ffurfiau Negyddol   Responding to Negative Forms

- It can be particularly difficult to understand and respond to someone's opinion in a reading text if it is a *negative* opinion. For example:

   'Dw i ddim yn meddwl bod cyffuriau yn broblem fawr mewn ysgolion achos mae'r athrawon yn 'nabod pawb ac mae cynghorwyr ar gael i helpu ym mhob ysgol.' (Seren)

- You could be asked whether you agree or disagree with Seren and to give a reason.
  1. First, check that you understand Seren's viewpoint and make a note of this in the margin if you like: *She doesn't think that drugs are a big problem in schools.*
  2. Second, work out what her reason is for her opinion: *Because the teachers know everyone and there are counsellors available to help in every school.*

- So, to answer the question:
  1. Do you agree or disagree with Seren?
     - **Rydw i'n cytuno gyda Seren ...** *Or*
     - **Rydw i'n anghytuno gyda Seren ...**
  2. Give a reason for your viewpoint:
     - **Rydw i'n cytuno gyda Seren,** does dim problem cyffuriau yn fy ysgol i ac mae'r athrawon yn hapus i helpu pawb. *Or*
     - **Rydw i'n anghytuno gyda Seren,** mae problem cyffuriau ym mhob ysgol a dydy'r athrawon ddim yn gwybod am bopeth sy'n mynd ymlaen.

Gofyn Cwestiynau   Asking Questions

- After reading a text the task might also require you to ask questions. You need to think of questions which are:
  - relevant to the text; and
  - to which the answers are not already provided.
- This is not always as easy as it might sound! The key is to ask *simple* questions that you can be confident of asking correctly. For example, after reading a text about a family moving from abroad to live in Wales, you could ask a question such as: **'Pam mae'r plant yn hoffi byw yng Nghymru?'** as long as the answer is not already provided in the text.

Key Point

If you are required to ask a question to someone in a reading text make sure that the answer to your question is not already provided.

> ## Quick Test
>
> 1. Write in Welsh:
>   a) Geraint plays the piano but Owain doesn't.
>   b) Like Gwen I have worked in a cafe.
>   c) Unlike Dylan I enjoyed primary school.
> 2. Write in Welsh:
>   a) I agree with Catrin because smoking is very dangerous and it's a disgusting habit.
>   b) I disagree with Tomos, passive smoking is bad for everyone's health. I hate breathing other people's smoke.

Newid i'r Trydydd Person
Changing to the Third Person

You must be able to:

- Read a text written in the first person and answer questions about it in the third person
- Understand and use mutations after Possessive Pronouns correctly.

Y Trydydd Person   The Third Person

- When someone writes from their own point of view using forms such as 'I am ...', 'I think ...', 'I was ...' etc. they are writing in the first person. Texts such as a diary, blog, letter or e-mail are usually written in the first person.
- When you are asked questions about a text like this you will be asked questions using he, she or the person's name, i.e. in the third person. So, to answer a question you will need to find what the person has said (in the first person) and change it to the correct third person form.
- The verb form is the same for each of the third persons so it doesn't matter whether you are writing about **e** (he), **hi** (she) or anyone or anything named.

Key Point

When you are asked a question about a text written in the first person the answer you provide will need to be in the third person form.

Ffurfiau Trydydd Person   Third Person Forms

- This table summarises examples of first person forms in different tenses and how to change them to third person forms:

Tense	First person: I		Third person: He	Third person: She	Third person: Gareth (anyone or anything named)
Present	Rydw i or Dw i	I/I'm	Mae e	Mae hi	Mae Gareth
	Dydw i ddim	I don't/I'm not	Dydy e ddim	Dydy hi ddim	Dydy Gareth ddim
Perfect	Rydw i wedi	I have	Mae e wedi	Mae hi wedi	Mae Gareth wedi
Past	Gwelais i	I saw	Gwelodd e	Gwelodd hi	Gwelodd Gareth
	Es i	I went	Aeth e	Aeth hi	Aeth Gareth
	Ces i	I got	Cafodd e	Cafodd hi	Cafodd Gareth
Imperfect	Roeddwn i	I was	Roedd e	Roedd hi	Roedd Gareth
	Doeddwn i ddim	I wasn't	Doedd e ddim	Doedd hi ddim	Doedd Gareth ddim
Conditional	Baswn i	I would	Basai e	Basai hi	Basai Gareth
	Hoffwn i	I'd like	Hoffai e	Hoffai hi	Hoffai Gareth
	Dylwn i	I should	Dylai e	Dylai hi	Dylai Gareth
	Gallwn i	I could	Gallai e	Gallai hi	Gallai Gareth
Future	Bydda i	I will	Bydd e	Bydd hi	Bydd Gareth

Enghreifftiau   Examples:

(Dewi)	**Rydw i'n byw yn y Rhyl.**	→	**Mae e'n byw yn y Rhyl.**
(Sali)	**Roeddwn i'n arfer chwarae pêl-rwyd.**	→	**Roedd hi'n arfer chwarae pêl-rwyd.**
(John)	**Hoffwn i fynd i'r coleg i astudio Saesneg.**	→	**Hoffai John fynd i'r coleg i astudio Saesneg.**
(Grace)	**Bydda i'n hwyr i'r cyfarfod heno.**	→	**Bydd Grace yn hwyr i'r cyfarfod heno.**

Rhagenwau Meddiannol Possessive Pronouns

- When you are changing a sentence from the first person to the third person you also need to be careful to change any Possessive Pronouns correctly.

- Possessive Pronouns in Welsh are in two parts and come before *and* after the possession:

singular		plural	
fy ... i	my	ein ... ni	our
dy ... di	your	eich ... chi	your
ei ... e	his	eu ... nhw	their
ei ... hi	her		

- For example, to show possession of a friend:

singular		plural	
fy **ffrind** i	my friend	ein **ffrind** ni	our friend
dy **ffrind** di	your friend	eich **ffrind** chi	your friend
ei **ffrind** e	his friend	eu **ffrind** nhw	their friend
ei **ffrind** hi	her friend		

- Singular Possessive Pronouns cause mutations to the first letter of the next word, for example: Your dog (ci) = '**Dy gi di**'.
- These are the mutations that follow singular Possessive Pronouns along with examples of mutated words:

rhagenw pronoun		+ mutation	examples		
			ci (dog)	pen (head)	tad (father)
fy	my	**Treiglad Trwynol** (Nasal)	fy nghi i	fy mhen i	fy nhad i
dy	your	**Treiglad Meddal** (Soft)	dy gi di	dy ben di	dy dad di
ei	his	**Treiglad Meddal** (Soft)	ei gi e	ei ben e	ei dad e
ei	her	**Treiglad Llaes** (Aspirate)	ei chi hi	ei phen hi	ei thad hi

- Details of all letter changes for each mutation are shown on page 9.

Details of all letter changes for each mutation are shown on page 9.

Quick Test

1. Change these sentences from the first person to the third person:
   a) Rydw i'n mwynhau cadw'n heini a dw i'n hoffi gwrando ar gerddoriaeth. (Scott)
   b) Roeddwn i'n teimlo'n gyffrous iawn ond doeddwn i ddim yn nerfus. (Elin)
   c) Es i i'r cyngerdd nos Iau gyda Tim, fy mrawd. (Jenny)
2. Say/write in Welsh:
   a) my children
   b) his girlfriend
   c) her family

1 **Rydych chi wedi cael y lluniau hyn fel sbardun i drafodaeth grŵp ar 'Amser Hamdden'.**

You have been given these pictures for your group discussion on 'Leisure Time'.

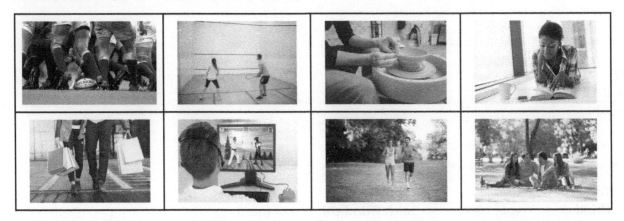

Gwnewch Gynllun Trafodaeth i 3 o bobl ar y thema hon. Mae'r cynllun wedi'i ddechrau i chi:

Make a Discussion Plan for 3 people on this topic. The plan has been started for you: [10 marks]

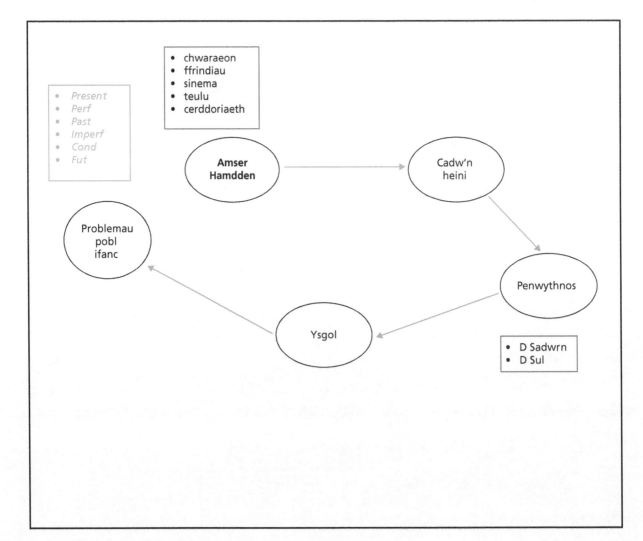

2 **Dechrau sgwrs** – Starting a conversation

Cysylltwch y cwestiynau Cymraeg â'r Saesneg cywir:

Connect the Welsh questions to the correct English translations: [8 marks]

(i)	Beth mae'r lluniau yn dangos?	(a)	Do you agree with this?
(ii)	Oes swydd ran-amser gyda ti?	(b)	Do you enjoy sports?
(iii)	Pam mae cymaint o bobl yn yfed?	(c)	What does the graph show?
(iv)	Beth mae'r graff yn dangos?	(ch)	Have you got a part-time job?
(v)	Ydy teulu yn bwysig i ti?	(d)	What is your opinion about the statistics?
(vi)	Wyt ti'n mwynhau chwaraeon?	(dd)	Why do so many people drink?
(vii)	Wyt ti'n cytuno gyda hyn?	(e)	What do the pictures show?
(viii)	Beth ydy dy farn di am yr ystadegau?	(f)	Is family important to you?

3 **Iaith sgwrs** – Conversation language

Dwedwch yn Gymraeg:

Say in Welsh: [10 marks]

(i)   What about you?

(ii)   Do you agree with what Jason says?

(iii)   On the other hand there is a lot of pressure on young people today.

(iv)   But what about drugs?

(v)   I don't understand, sorry.

(vi)   Have you thought about going to Patagonia?

(vii)   What would you like to study for A Level?

(viii) Remember too that pollution is a big problem in rivers and the sea.

(ix)   Exercise is important too.

(x)   Using the Internet can cause problems.

4 **Darllenwch y swigod ac am bob un gofynnwch gwestiwn trafodaeth grŵp a rhowch ateb:**

Read the speech bubbles and for each one ask a group discussion question and answer it: [8 marks]

(i) Gwirfoddoli

> Rydw i'n helpu mewn siop elusen yn y dref ar ddydd Sadwrn. Mae'r bobl yn neis iawn ac rwy'n helpu achos da.
>
> **Caitlin**

- Cwestiwn:

- Ateb:

(ii) Technoleg

> Dw i'n defnyddio fy ffôn am bopeth – baswn i ar goll hebddo fe!
>
> **Rhodri**

- Cwestiwn:

- Ateb:

(iii) Problemau Pobl Ifanc

> Mae llawer o bobl yn yr ysgol o dan bwysau. Mae gormod o waith cartref ac mae pawb yn disgwyl canlyniadau da.
>
> **Emily**

- Cwestiwn:

- Ateb:

(iv) Teithio

> Hoffwn i deithio'r byd! Ar ôl gadael yr ysgol dw i eisiau mynd i Tsieina a Hong Kong.
>
> **Chris**

- Cwestiwn:

- Ateb:

5 **Ad-drefnwch y brawddegau hyn i wneud trafodaeth am y Gymraeg a Chymreictod:**

Re-arrange these sentences to make a discussion about the Welsh language and Welsh identity:

[10 marks]

Steve	Mae'r graff yn dangos bod 19% o bobl yng Nghymru yn siarad Cymraeg ond mae 42% o blant 10–14 oed yn siarad Cymraeg.
	Pam wyt ti'n meddwl bod mwy o bobl ifanc yn siarad Cymraeg, Rhys?
Rhys	Mae lluniau o Gymru ac mae lluniau o blant yn gwisgo lan ar Ddydd Gŵyl Dewi.
Steve	Nac ydw, ces i fy ngeni yn Lloegr. Symudon ni i Gymru pan oeddwn i'n naw oed, ond fel arfer dw i'n cefnogi Cymru hefyd achos dw i'n byw yng Nghymru ac weithiau dw i'n teimlo fel Cymro!
	Wyt ti'n cytuno gyda'r daflen bod llawer o bobl dim ond yn teimlo'n wladgarol ar ddiwrnod gêm?
Rhys	Ydw, yn bendant! Dw i'n meddwl ei bod hi'n bwysig bod yn Gymro bob dydd achos mae Cymru yn wlad fach ac mae'r Gymraeg yn bwysig iawn hefyd. Beth mae'r ystadegau yn dweud am siaradwyr Cymraeg?
Steve	Na hoffwn! Dw i ddim yn siarad Cymraeg yn dda iawn. Hoffet ti?
Rhys	Dw i ddim yn gwybod a dweud y gwir. Efallai basai'n dda. Mewn ysgolion Cymraeg mae pawb yn siarad Cymraeg a Saesneg yn rhugl.
Steve	Beth sydd yn y lluniau?
Rhys	Ydw, dw i'n falch iawn o fod yn Gymro, dw i'n cefnogi Cymru yn y rygbi a'r pêl-droed. Beth amdanat ti?
Steve	Wyt ti'n dod o Gymru?
Rhys	Achos mae llawer o blant yn mynd i ysgolion Cymraeg. Hoffet ti fynd i ysgol Gymraeg, Steve?

1 Geiriau wedi'u treiglo – Mutated words

Beth ydy sillafiad gwreiddiol y geiriau hyn? Beth ydy eu hystyr Saesneg?

What is the original Welsh spelling of these words? What are their English meanings?   [20 marks]

• blant	• lythyr	• wisg ysgol	• bum
• ddinas	• gi	• bethau	• fis
• fwyd	• nheulu	• wers	• gerdd
• wlad	• ddisgyblion	• wyliau	• bris
• fechgyn	• bawb	• gadair	• bynciau

2 Treigladau – Mutations

Mae angen treiglad ar bob un o'r ymadroddion hyn. Ysgrifennwch yn Gymraeg:

Each of these phrases needs a mutation. Write in Welsh: [10 marks]

(i) your house

(ii) two girls

(iii) her family

(iv) nursery school

(v) his opinion

(vi) the town

(vii) his work

(viii) my party

(ix) in Cardiff

(x) favourite book

3 Trydydd person – Third person

Newidiwch y brawddegau i'r ffurfiau trydydd person:

Change the sentences to the third person forms: [8 marks]

(i) Rydw i'n meddwl bod operâu sebon yn ddiflas iawn.   (Melissa)

(ii) Dechreuais i chwarae'r piano pan oeddwn i'n chwech oed.   (Huw)

(iii) Hoffwn i fynd i Wlad yr Iâ i weld y geysers!   (Habiba)

(iv) Dydw i ddim wedi prynu tocyn i'r sioe eto.   (Rhys)

(v) Gwyliais i'r gêm rygbi gyda Mam a Dad ddydd Sadwrn.   (Helen)

(vi) Bydda i'n brysur iawn ar y penwythnos.   (Nia)

(vii) Roeddwn i'n dost neithiwr ond dw i'n teimlo'n well nawr.   (Rafi)

(viii) Dw i wedi bod yn Llundain yn aml.   (Colin)

4 **Rhagenwau Meddiannol** – Possessive Pronouns

Ysgrifennwch yn Gymraeg:

Write in Welsh: [6 marks]

(i) my birthday

(iii) her family

(v) my work

(ii) his family

(iv) their wedding

(vi) her party

5 **Darllenwch y tabl am chwaraewyr enwog o Gymru. Atebwch y cwestiynau yn Gymraeg.**

Read the table about famous Welsh sports people. Answer the questions in Welsh. [8 marks]

Enw	Owain Fôn	Jade Jones
Dyddiad geni	17-3-87	21-3-93
Byw	Yr Alban	Y Fflint
Camp	Pêl-droed	Taekwondo
Taldra	1.93 m	1.56 m
Pwysau	77 cilo	57 cilo
Cyflawniadau	Golwr Inverness a Chymru	Medal Aur Gemau Olympaidd 2012 a 2016
Arwr	Peter Schmeichel	Kelly Holmes
Dilynwyr ar Drydar	8,400	73,300
Hobïau	Peintio	Siopa

(i) Pryd mae pen-blwydd Owain Fôn? _____ [1]

(ii) Pwy yw'r hynaf – Owain neu Jade? _____ [1]

(iii) Pwy yw'r trymaf – Owain neu Jade? _____ [1]

(iv) Beth sy'n debyg rhwng Owain a Jade? _____

_____ [2]

(v) Beth sy'n wahanol rhwng Owain a Jade? _____

_____ [2]

(vi) Pwy yw'r un mwyaf poblogaidd ar Drydar? _____ [1]

6 **Darllenwch y gerdd 'Sbwriel' gan Zac Davies.**
Read the poem 'Sbwriel' by Zac Davies.

> Sbwriel
>
> Mae 'na sbwriel ar y bysiau
> Mae 'na sbwriel ar y stryd
> Ai chi sy'n gollwng sbwriel
> O hyd ac o hyd?
>
> Hen bapurau siocled
> O flaen drysau'r tai
> Peidiwch, peidiwch, peidiwch
> dweud
> 'Nid arna i mae'r bai'.
>
> Pwy biau'r tuniau?
> Pwy biau'r papur tships?
> Pwy ar iard yr ysgol
> Sy'n taflu bagiau crisps?
>
> Mae 'na sbwriel ar y bysiau
> Mae 'na sbwriel ar y stryd
> Ai chi sy'n gollwng sbwriel
> O hyd ac o hyd?
>
> *Zac Davies*

(i) Ticiwch y 3 llun sy'n addas i roi ar boster o'r gerdd.
Tick the 3 pictures that are suitable for a poster of the poem. [3 marks]

(ii) Ticiwch yr atebion cywir:
Tick the correct answers: [3 marks]

a) Sawl cwestiwn sydd yn y gerdd?	tri	pedwar	pump	chwech
b) Ble mae'r sbwriel?	ysgol a stryd	ceir a bysiau	siopau a sinema	parc ac eglwys
c) Beth sydd yn y gerdd ddwy waith?	pennill 2	siocled	creision	pennill 1

(iii) Ydych chi'n hoffi'r gerdd? _____ [1 mark]

Rhowch 2 reswm yn Gymraeg.

Give 2 reasons in Welsh.

Rheswm 1: _____

_____ [2 marks]

Rheswm 2: _____

_____ [2 marks]

7 Darllenwch y neges am sioe yn Dan-yr-Ogof a llenwch y manylion angenrheidiol yn y ffurflen isod.

Read the message about a show at Dan-yr-Ogof and fill in the required details in the form below.

[3 marks]

Sioe Hwyl Dan-yr-Ogof

Mae Sioe Hwyl yn dod i Ganolfan Dan-yr-Ogof unwaith eto. Mae'r sioe ymlaen Gorffennaf un deg saith am chwech o'r gloch. Bydd canu, dawnsio a gymnasteg yn y sioe! Pris y tocynnau ydy chwe phunt pum deg. Rydych chi'n gallu prynu tocynnau o'r ganolfan ac ar y we.

Sioe Hwyl Dan-yr-Ogof

Dyddiad y sioe: ....

Amser: ....

Cost: ....

---

8 Darllenwch y poster a thiciwch y 3 llun mwyaf addas i gyd-fynd â'r poster.

Read the poster and tick the 3 most suitable pictures to go with the poster. [3 marks]

Taith i Lan-llyn

Penwythnos yng Nglan-llyn i Flwyddyn 10

Ebrill 23–25

Bws yn gadael yr ysgol am dri o'r gloch prynhawn dydd Gwener ac yn dod nôl am bedwar o'r gloch prynhawn dydd Sul

Cyfle i ddringo, nofio, canŵio, merlota ac wrth gwrs siarad Cymraeg!

Pris: £175

Cwestiynau Ysgrifenedig Byr
Short Written Questions

You must be able to:
- Write in a variety of genres
- Give full answers to short written questions.

Ysgrifennu   Writing

- **Ysgrifennu** (Writing) is assessed in the Unit 3 and Unit 4 Reading and Writing papers. Each of these are 1.5 hours.
- The Writing element accounts for:
  - 40% of Unit 3; *and*
  - 60% of Unit 4
- The topics for Unit 3 and Unit 4 will come from any of the following broad themes:

Cyflogaeth	Employment
Cymru a'r Byd	Wales and the World
Ieuenctid	Youth

Ffurfiau Ysgrifennu   Writing Genres

- In the Unit 3 and 4 exam papers you will be asked to write for a variety of purposes and in a variety of genres.
- For example:

e-bost	e-mail
dyddiadur	diary
poster	poster
blog	blog
portread	portrait/biography
llythyr	letter
erthygl	article
stori	story
adolygiad	review
disgrifiad	description

Cwestiynau Ysgrifenedig Byr Short Written Questions

- Some of the Writing questions, particularly in Unit 4 (where there are more Writing questions), will only require short answers. For example:

  – Ydych chi'n hoffi cadw'n heini?
    Rhowch 2 reswm **yn Gymraeg**.   [5]
    Do you like keeping fit? Give 2 reasons in Welsh.

- You can see that this question is worth *5 marks*. This gives us an idea of what is expected.

  – First, answer the question itself:
    Ydych chi'n hoffi cadw'n heini?
    ➜ **Ydw, dw i'n hoffi cadw'n heini** ...   = 1 mark
  – Second, give your 2 reasons:
    ... achos dw i wrth fy modd gyda chwaraeon tîm fel pêl-droed a rygbi ...   = 2 marks
    ... a rydw i'n meddwl ei bod hi'n bwysig gofalu am y corff.   = 2 marks
  – So, answering the question was worth *1 mark* and the reasons were worth *2 marks* each. Each of the reasons gained 2 marks because they were *full* answers:

  Ydw, dw i'n hoffi cadw'n heini[1] achos dw i wrth fy modd gyda chwaraeon tîm fel pêl-droed a rygbi[2] a rydw i'n meddwl ei bod hi'n bwysig gofalu am y corff[2].   = 5

- On the other hand, if you only give simple, short reasons you will only gain *1 mark* for each reason. For example:

  – **Ydych chi'n hoffi cadw'n heini?**
    ➜ **Ydw, dw i'n hoffi cadw'n heini** ...   = 1 mark
    ... achos dw i'n hoffi pêl-droed...   = 1 mark
    ... a rydw i'n hoffi rygbi.   = 1 mark

  Ydw, dw i'n hoffi cadw'n heini[1] achos dw i'n hoffi pêl-droed[1] a rydw i'n hoffi rygbi[1].   = 3

Key Vocab

portread	portrait/ biography
erthygl	article
adolygiad	review
rheswm	reason

Cwestiynau Ysgrifenedig Canolig
Medium-length Written Questions

You must be able to:

- Use a variety of sentence patterns in a written answer
- Give opinions and reasons for your opinions in a written answer.

Cwestiynau Ysgrifenedig Canolig
Medium-length Written Questions

- For medium-length written questions you will be asked to write a text and you will be given a series of questions to answer.
- For example:

Disgrifiwch beth rydych chi'n hoffi gwneud yn eich amser hamdden.	**[5 + ✓ = 5] = [10]**
(i) Beth rydych chi'n hoffi gwneud yn eich amser hamdden?	(1)
(ii) Gyda phwy?	(1)
(iii) Ble?	(1)
(iv) Beth ydy eich hoff ddiddordeb chi?	(1)
(v) Pam?	(1)
Describe what you like doing in your leisure time.	
(i) What do you like doing in your leisure time?	*(1)*
(ii) Who with?	*(1)*
(iii) Where?	*(1)*
(iv) What is your favourite interest?	*(1)*
(v) Why?	*(1)*

- You will see that in this example there are **5 marks** given for answering the five questions. These are the **Content** marks.
- There are a further 5 marks awarded for **Expression**, i.e. how well and how correctly you write. These marks are shown on the question by the tick: **✓ = 5**

- In order to gain a good mark for Expression it is important to use a *variety* of sentence patterns, to express your *opinions* clearly and to give full *reasons* for your opinions.
- This is how the Expression marks are graded:

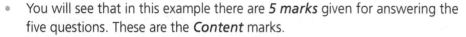

5/5	Interesting description including at least 3 *different sentence patterns*, opinion expressed effectively and confident reasoning.
4/5	Good description including at least 3 *different sentence patterns*, opinion expressed effectively and good reasoning.
3/5	Simple description including at least 2 *different sentence patterns*, opinion expressed well and good reasoning.
2/5	Attempt at writing a paragraph including at least 2 *different sentence patterns* and attempt at expressing an opinion.
1/5	Basic sentences, bitty with no obvious structure.

Key Point

Always aim to use a *variety* of sentence patterns in your written answers, e.g. Present tense, Past tense, first person, third person, questions and negatives.

Ysgrifennu Ateb Ardderchog   Writing an Excellent Answer

- To gain the full 5 marks for Expression you need to:
  - use at least 3 different sentence patterns
  - express opinions effectively; *and*
  - give reasons for your opinions confidently.

Amrywiaeth o Gystrawennau   Variety of Sentence Patterns

- To use a variety of sentence patterns you can use any sentence forms but it makes sense to use those you are most confident with in order to get the most possible marks.
- You are probably very confident using:
  - Present tense
  - Past tense
  - Questions ← (But don't worry about answering your own questions!)
  - Negatives
- Of course, make sure that you use sentence patterns that are appropriate to the question.

Ateb y Cwestiwn   Answering the Question

- Here is an example answer to the question. Content marks are shown in red:

Yn fy amser hamdden rydw i'n hoffi dawnsio, gymnasteg a rhedeg[1] achos rydw i'n meddwl eu bod nhw'n hwyl ac rydw i'n hoffi cadw'n heini. Rydw i'n mynd i Glwb Dawnsio Star bob nos Lun[1] gyda fy ffrindiau Ilid a Gwennan[1]. Fy hoff ddiddordeb ydy gymnasteg[1] achos mae'n wahanol i ymarfer corff yn yr ysgol[1]. Dydw i ddim yn mwynhau chwaraeon tîm fel pêl-rwyd a hoci ac mae'n gas gyda fi rownderi, mae'n well gyda fi ymlacio yn yr haul! Wyt ti'n mwynhau torheulo?

Content marks: We can see that a full 5 marks have been awarded for Content as each of the 5 questions have been answered.

Expression marks: Different sentence patterns have been ticked in blue and there are at least 3 different sentence patterns in the answer. It is an *interesting description*, opinions have been *expressed effectively* and reasons for opinions have been given *confidently*. Therefore 5 marks are awarded for Expression.

Total marks: 5 + 5 = **10**

Key Vocab

diddordeb	interest
gwahanol	different
ymlacio	to relax
haul	sun
torheulo	to sunbathe

Ysgrifennu Estynedig 1
Extended Writing 1

You must be able to:

- Plan your written answers logically
- Include a wide variety of language forms in a piece of extended writing
- Write a letter in Welsh.

Ysgrifennu Estynedig   Extended Writing

- There will be *one* extended writing question in Unit 3 and *two* in Unit 4. Extended writing questions are always marked for Content and for Expression.
- As always it is important to read the question very carefully. Make sure that you answer the question you are being asked, even if it's not necessarily the one you were hoping for!
- The question will be structured with points to include. Read carefully to see whether you *have to* include these points or whether they are points you *could* include. Of course, if the question says you must include certain points then you must write to that structure.

Cynnwys   Content

- Half (or just over half) of the marks for extended writing are given for 'Content'. This includes:
  - The structure of your answer, does it develop logically and have you covered the topic comprehensively
  - A variety of ideas and opinions
  - Expressing opinions and giving reasons to support your opinions
  - When the question says that you must or should include certain points these will be assessed within the Content marks.

Cynllunio Ateb   Planning an Answer

- Although time will be tight in the exam it is worth investing two minutes to make a quick plan of your answer.
- This can be in any form that makes sense to you: Welsh, English, pictures, flowchart, etc.
- Plan to make a series of 5 or 6 points.
- For example, a plan to write an article about 'The Welsh language in your area' might look something like this:

> - *Intro – W in Pembs, traditionally in N*
> - *Menter Iaith*
> - *W schools + new + OPINION + REASON*
> - *2nd lang schools + OP + REAS*
> - *Adults learning*
> - *Future? + OP + REAS*

- You will then be able to follow your plan as you write. This will help to structure your answer logically and save you valuable time.

Mynegiant Expression

- In order to gain good marks for Expression you need to include:
  - Opinions and reasons for your opinions
  - **Hoff** (favourite)
  - Third person
  - Third person opinions
  - Agree/disagree
  - Negatives
  - Different tenses: Present, Past, Imperfect, Conditional, Future
  - Questions
  - Connectives
  - Idioms
- You will also be marked on how **correct** your Welsh is, including spelling and punctuation.
- The secret to this is to write simply but correctly. Write what you can, rather than what you wish you could!

Ffurfiau Ysgrifennu Writing Genres

- Of course, it is very important to read the question carefully so that you know *exactly* what you are being asked to write about and in what genre.
- Writing questions are provided in Welsh and in English but do remember to read the question in *both* languages as you will get some very useful vocabulary just by reading the question.
- Whatever the genre you are asked to write it is always important to *structure* your answer clearly, but for certain genres, such as a letter or a poster, there are specific requirements.

> **Key Point**
>
> In an extended writing question it is important to use a **wide variety** of language including opinions, different persons and different tenses.

Sut i Ysgrifennu Llythyr How to Write a Letter

- Whatever the topic of the letter the basic structure is the same:

  - **eich cyfeiriad chi**   your address (on the right-hand side)
  - **cyfeiriad y person arall**   the other person's address (on the left-hand side)
  - **dyddiad**   date – with the month as a word
  - **Annwyl ...**   Dear ...
  - **Rydw i'n ysgrifennu i ...**   I am writing to ...
  - **Diolch yn fawr iawn am ddarllen fy llythyr.** Thank you very much for reading my letter.
  - **Rydw i'n edrych ymlaen at glywed oddi wrthoch chi.** I'm looking forward to hearing from you.
  - **Yn gywir iawn**   Yours sincerely

> **Quick Test**
>
> 1. Write in Welsh:
>   a) I am writing to ask about the job on your website.
>   b) I am 16 years old and I have passed eight GCSEs.
>   c) In the future I would like to be a nurse.
> 2. Write a basic plan (like something you could jot down in two minutes in an exam) for a blog on 'Work Experience'.

> **Key Vocab**
>
> | cyfeiriad | address |
> | --- | --- |
> | annwyl | dear |
> | yn gywir iawn | yours sincerely |

Ysgrifennu Estynedig 2
Extended Writing 2

You must be able to:

- Write a poster for an event
- Write a portrait of someone you know or someone famous
- Write a review.

Sut i Ysgrifennu Poster   How to Write a Poster

- The main thing to remember with writing a poster is to use Commands, for example **'Dewch'** (Come), **'Cysylltwch'** (Contact) and **'Ffoniwch'** (Phone). If you are giving an instruction to other people you need to use the Command form in Welsh. This will always end with **'wch'**. There is more help with vocabulary on a poster on page 105.
- You may also need to ask short questions on a poster, such as **'Mwynhau sgïo?'** (Enjoy skiing?) or **'Profiad o weithio mewn caffi?'** (Experience of working in a cafe?)
- If you are asked to write a poster you are likely to be given a specific list of information that you are required to include on the poster. This will be provided in Welsh and in English. Make sure you read the Welsh instructions carefully as there will be vocabulary that will be useful to you.

Sut i Ysgrifennu Portread   How to Write a Portrait

- To write a portrait of a person you need to describe them in every way: what they look like, their personality, how you know them, your opinion of them, what they do, their achievements. Do you have anything in common? Are you similar or very different to each other?
- You won't be asked to write a portrait of a specific person in the exam so think ahead about who you would like to write about if this question comes up.
- You can practise writing a portrait thoroughly in advance. Plan your portrait in paragraphs with each paragraph covering a different aspect of the person you have chosen. For example:

> Portread o Nigel Owens – PLAN
> 1. Dyfarnwr rygbi o Gymru.
> 2. Geni – 1971, Mynydd Cerrig. Dechrau dyfarnu 16 oed
> 3. Bach, gwallt byr brown. Siarad Cymraeg
> 4. Proffesiynol, profiadol + doniol – ar y teledu
> 5. Barn – gwych, dyfarnwr rhynglwadol, Chwe Gwlad + Cwpan y Byd = 2015 Seland Newydd v Awstralia

Key Point

Practise writing a portrait of someone in advance and ask your teacher to look over your work. If this question comes up in the exam you will be ready for it!

Sut i Ysgrifennu Adolygiad   How to Write a Review

- You could be asked to review something on the exam paper, for example a visitor attraction, a story, or a publicity booklet. This would be linked to a Reading question.
- Or, you could be asked to review something that you personally have experienced. This would be a Writing question alone and could be about any experience such as a film you have seen, a gig, a book you have read or a website you have visited.
- When writing a Review you are giving information to other people so it is very important to be clear. You need to say what happened and give your views on different aspects.
- Here is an example of a plan for a review of a performance of *Romeo and Juliet*:

Adolygiad o Romeo a Juliet – PLAN

1. Nos Fercher, R & J – Theatr Clwyd, yr Wyddgrug – gyda'r ysgol barn = ardderchog
2. Stori – 2 deulu = Montague + Capulet. R & J cwympo mewn cariad + priodi. J yn cysgu, R yn meddwl – marw. R yn lladd ei hun, J yn lladd ei hun
3. Actorion R = Sam Robinson, J = Helena Evans – Bendigedig – ifanc iawn, mewn cariad
4. Gwisgoedd – creadigol + diddorol, du a gwyn
5. Set – Symud ar draws y llwyfan, balconi = coeden
6. Barn – perfformiad ardderchog. Gwell na darllen yn yr ysgol!

Key Vocab

portread	portrait
dyfarnwr	referee
proffesiynol	professional
rhyngwladol	international
adolygiad	review
perfformiad	performance
cwympo	to fall
priodi	to marry
marw	to die
lladd	to kill

Quick Test

1. Write in Welsh:
   a) He was born in Llangollen.
   b) She lives in Aberystwyth.
   c) He has two children.
   ch) I think that she is a brilliant actor.
2. Write a basic plan (like something you could jot down in two minutes in an exam) for a portrait on someone you know or someone famous.

Prawfddarllen 1
Proofreading 1

You must be able to:

- Correct mistakes in a text
- Identify and correct simple spelling mistakes.

Prawfddarllen   Proofreading

- Unit 3 will include one Proofreading task. You will be required to correct 10 mistakes in a short reading text. The mistakes will include:
  - **gwallau sillafu**   spelling mistakes
  - **gwallau atalnodi**   punctuation mistakes
  - **gwallau gramadeg**   grammar mistakes
- The 10 mistakes will be clearly underlined and you will have to provide the corrections.

Y Dasg Prawfddarllen   The Proofreading Task

- Your exam task might look something like this e-mail message:

Cyfarfod trefnu'r ffair

Mae cyfarfod ddydd **sadwrn** i siarad am y ffair haf. Bydd paned o **coffi** ar gael wrth gwrs! Dewch â syniadau os **gwewlch** yn dda. Bydd athrawon Ysgol **coedbach** yn trefnu **pel-droed** ar y cae yn y bore ac mae **pimp** o ysgolion wedi cytuno i ddod. Gobeithio bydd pawb yn **mywnhau**!

Mae Dafydd wedi bwcio'r neuadd am 11 **or** gloch i ddechrau addurno. Pwy sy'n gallu helpu gyda'r gwaith_

Os oes problem **ffonio** fi ar 784557 cyn y penwythnos.

Diolch

1	2	3	4	5
6	7	8	9	10

- It is likely that you won't understand every word in the task but try not to worry! Concentrate on the 10 mistakes and write the corrections in the boxes underneath.
- You do not have to list them in order. As you deal with each mistake tick it off within the text so that you know which mistakes you have left.
- Here are the correct answers to the task:

1 Sadwrn	2 goffi	3 gwelwch	4 Coedbach	5 pêl-droed
6 pump	7 mwynhau	8 o'r	9 ?	10 ffoniwch

Key Point

There will be 10 mistakes in the Proofreading task. It doesn't matter what order you write the correct answers in the boxes.

Sillafu Spelling

- Some of the mistakes in the text will be spelling mistakes. These will be in common words that you have seen many times before.

Gwallau Cyffredin Common Mistakes

- Here are some common words that are often spelt incorrectly. They are spelt correctly here!

ae	Caerdydd, Cymraeg, chwaer, chwarae, mae
ch	achos
ff	ffrind, hoff
ng	yng Nghaerdydd, yng Nghymru
i	siopa
ll	colli, gwallt, llawer, lliw, llyfr, llyfrau, llythyr, ystafell
nn	cannoedd, dannedd, ennill, hanner, ysgrifennu, ysgrifennwch
r	cartref, chwarter, Chwefror, Mawrth
u	canu, cysgu, dysgu, helpu, pump, teledu, teulu
w	gwrando
wy	blwyddyn, bwyd, bwyta, dwy, hwyl, mwynhau, pen-blwydd, pêl-rwyd, pwy, pwysig, swyddfa, wyth, wythnos
y	Cymru, gwylio, mynd, prynu, rygbi, wedyn
yw	byw

- Ask someone to test you on spelling common words. If there are some you get stuck on it is a good idea to write them on cards with the English meaning on the back so that you can test yourself.

To Bach Little Roof

- A common mistake in Welsh is missing out the ^ above a letter. This is called a **'to bach'** (little roof). Here are some common words that have a to bach:

cân	song	**gŵyl**	festival	**siarad â**	to speak to
cŵl	cool	**hŷn**	older	**siŵr**	sure
cwrdd â	to meet	**môr**	sea	**sŵn**	noise
dod â	to bring	**mynd â**	to take	**tân**	fire
ffôn	phone	**pêl**	ball	**trên**	train
gêm	game	**pêl-droed**	football	**tŷ**	house
glân	clean	**pêl-rwyd**	netball	**tŷ bach**	toilet
grŵp	group	**sgôr**	score	**tŷ bwyta**	restaurant

Dim To Bach! No Roof!

- There is no ^ in these words:

bach	small	**nod**	objective	**siop**	shop
cost	cost	**pob**	every	**tad**	father
haf	summer	**ras**	race	**twp**	stupid

> ### Quick Test
>
> 1. Correct the spelling of these words:
>   a) gwalt   b) gwilio   c) bywd   ch) llythr   d) ysgol gufun
> 2. Write in Welsh:
>   a) I'm going on the train.
>   b) Are you playing in the game tonight?
>   c) I think that horror films are stupid!

Prawfddarllen 2
Proofreading 2

You must be able to:

- Identify and correct punctuation mistakes
- Identify and correct grammar mistakes.

Atalnodi   Punctuation

- Some of the mistakes in the Proofreading task will be punctuation mistakes.
- These will be everyday aspects of punctuation such as:

atalnodi – punctuation		where used
.	full stop	end of a sentence
?	question mark	end of a question
P	capital letter	start of sentence personal name place-name day month
'	apostrophe	For example: **a'r** **mae'n** **â'r** **mae e'n** **dw i'n** **mae hi'n** **gyda'r** **maen nhw'n** **i'r** **rydw i'n** **mae'r**
@	at	e-mail addresses, e.g. john.evans@cymru.org
#	hashtag	Twitter, e.g. #dysguCymraeg

Key Point

Punctuation mistakes can be easy to miss so look carefully and think why the mistake has been underlined.

Gramadeg   Grammar

- Finally, some of the mistakes in the proofreading text will be grammar mistakes. Here are some possibilities:

Gorchmynion   Commands

- Any instruction or command in a formal text must end with **'wch'**. Commands are explained on page 42.
- For example:

Dewch	Come!	**Gofynnwch**	Ask!
Ewch	Go!	**Mwynhewch**	Enjoy!
Cofiwch	Remember!	**Talwch**	Pay!
Ffoniwch	Phone!	**Darllenwch**	Read!
Cysylltwch	Contact!	**Ysgrifennwch**	Write!
Cysylltwch â Simon	Contact Simon	**Gwrandewch**	Listen!
E-bostiwch	E-mail!		

Enwau Lluosog Plural Nouns

- Take care to spot where the plural form of a noun should be used rather than the singular.
- Some very common nouns and their plurals are:

singular	plural		singular	plural	
athro/athrawes	athrawon	teachers	merch	merched	girls
bachgen	bechgyn	boys	oedolyn	oedolion	adults
dosbarth	dosbarthiadau	classes	plentyn	plant	children
enw	enwau	names	pwnc	pynciau	subjects
ffrind	ffrindiau	friends	siop	siopau	shops
gwers	gwersi	lessons	swydd	swyddi	jobs
hobi	hobïau	hobbies	tŷ	tai	houses
iaith	ieithoedd	languages	ystafell	ystafelloedd	rooms

Negyddol Negatives

- To say something negative you need to use the negative verb form *and* the word **'ddim'**. (The most common mistake is to use a positive verb form with 'ddim'.)

X Incorrect	✓ Correct
Rydw i ddim	**Dydw i ddim**
Mae e ddim	**Dydy e ddim**
Mae hi ddim	**Dydy hi ddim**
Mae Gareth ddim	**Dydy Gareth ddim**

Blwyddyn Year

- **'Blwyddyn'** (year) is a tricky word to use correctly!
- We use the word 'Blwyddyn' to mean one year but to count on further the word changes to **'blynedd'**.
- There are also some mutations depending on the number!

1	blwyddyn	6	chwe blynedd
2	dwy flynedd	7	saith mlynedd
3	tair blynedd	8	wyth mlynedd
4	pedair blynedd	9	naw mlynedd
5	pum mlynedd	10	deng mlynedd

Quick Test

1. Correct the 5 underlined mistakes in this message from Ben to his friends:

> Bore da bawb
>
> Ydych chi'n dod i'r gig nos Wener_ Maen dechrau am naw o'r gloch. Mae Josh yn trefnu'r tocynnau, ond mae e ddim yn dod tan hanner awr wedi naw felly dw i'n casglu enws pawb. Os ydych chi eisiau dod cysylltu â fi cyn nos Wener.
>
> Hwyl
>
> Ben

Prawfddarllen 3
Proofreading 3

You must be able to:

- Identify and correct grammar mistakes, including mistakes with mutations.

Gramadeg   Grammar

- As we have seen, some of the mistakes in the proofreading text will be grammar mistakes.
- Below are some more possibilities in addition to those on pages 100–101:

Enwau a Berfau   Nouns and Verbs

- It is easy to mix up nouns and verbs sometimes.
- Here are a few common examples that can be confused:

enw	noun	berf	verb
bwyd	food	**bwyta**	to eat
e-bost	an e-mail	**e-bostio**	to e-mail
ffôn	a phone	**ffonio**	to phone
gwaith	work	**gweithio**	to work
help	help	**helpu**	to help
siop	a shop	**siopa**	to shop

Arddodiaid   Prepositions

- Some verbs *must* be followed by a specific preposition. For example:

cwrdd â	to meet	**gwrando** ar	to listen to
edrych ar	to look at	**siarad** â	to speak to
gofalu am	to look after	**ysgrifennu** at	to write to
gofyn i	to ask		

- There are also some verbs that have a specific meaning when followed by a preposition. For example:

dweud	to say	**dweud** wrth	to tell
mynd	to go	**mynd** â	to take
dod	to come	**dod** â	to bring

- Some prepositions, for example **am**, **at**, **i** and **o**, *run* when followed by a pronoun. You will know some of these forms already!

am = about		at = to		i = to		o = of/from	
amdana i	amdanon ni	ata i	aton ni	i fi	i ni	ohono i	ohonon ni
amdanat ti	amdanoch chi	atat ti	atoch chi	i ti	i chi	ohonot ti	ohonoch
amdano fe	amdanyn nhw	ato fe	atyn nhw	iddo fe	iddyn nhw	ohono fe	chi
amdani hi		ati hi		iddi hi		ohoni hi	ohonyn
am Gareth		at Gareth		i Gareth		o Gareth	nhw

- For example:
  Beth amdanat **ti?**   What about you?

Y/Yr/'r   The

- Another common mistake is mixing up different forms of the word for 'the' in Welsh. Here is the rule:
  - **y** before a word beginning with a consonant, e.g. **y bachgen** (the boy)
  - **yr** before a word beginning with a vowel, e.g. **yr afal** (the apple)
  - **'r** after a word that ends with a vowel, e.g. **gyda'r bobl** (with the people)

Treigladau   Mutations

- One of the reasons we all love Mutations so much is that there are many ways to get them mixed up!

Treiglad Meddal   Soft Mutation

- There is a **Treiglad Meddal**:

after these prepositions: **am**, **ar**, **at**, **gan**, **heb**, **i**, **o**, **dan**, **dros**, **trwy**, **wrth**, **hyd**
after **dau** or **dwy** (= two), e.g. **dau fachgen**, **dwy ferch**
after '**dy**' (= your), e.g. **dy ddosbarth**, **dy dad**, **dy feic**
after '**ei**' (= his), e.g. **ei fam**, **ei deulu**, **ei ginio**
on a feminine noun after 'the', e.g. **y gadair**, **y ferch**, **y dref**
on an adjective after 'yn', e.g. **yn bert**, **yn dwp**, **yn ddiflas**
on an adjective after a feminine noun, e.g. **cadair goch**, **ysgol fawr**
on a noun when an adjective comes before it, e.g. **hen ddyn**

All Mutation letter changes are shown on page 9.

- There is NO **Treiglad Meddal**:

on a verb after the word '**yn**', e.g. **yn mynd**, **yn bwyta**, **yn gweithio**

Treiglad Trwynol   Nasal Mutation

- There is a **Treiglad Trwynol**:

after **yn** when it means 'in', e.g. **yng Nghymru**, **ym Mangor**
after '**fy**' (= my), e.g. fy **mhen-blwydd**, fy **nghyfeiriad**, fy **nhad**

Treiglad Llaes   Aspirate Mutation

- There is a **Treiglad Llaes**:

after **a** (and), e.g. **coffi a the**, **dawnsio a chanu**
after **ei** (her), e.g. **ei thad**, **ei thŷ**, **ei chi**, **ei phen-blwydd**
after **â**, e.g. **siarad â phawb**
after **gyda** (with), e.g. **gyda phobl**, **gyda chlwb**
after **tua** (approximately), e.g. **tua phump o'r gloch**
after **tri** (three), e.g. **tri chi**, **tri phlentyn**

> ### Key Point
>
> Verbs do not mutate after 'yn'. To remember this rule think of simple sentences that you know well such as:
>
> **Dw i'n mynd i'r parti.**
> I'm going to the party.
>
> **Dw i'n cerdded i'r ysgol.**
> I walk to school.

Quick Test

1. In each of these sentences there is a mistake that has been underlined. Re-write the sentences correctly:
   a) Bydda i'n un deg wyth oed ar fy <u>ben-blwydd</u> i.
   b) Mae Dad yn dod i'r ysgol tua <u>tri</u> o'r gloch.
   c) Mae dau <u>ci</u> gyda ni, Arthur a Benji.
   ch) Roeddwn i'n meddwl <u>am</u> ti heddiw.
   d) Tynnodd Dad lun <u>o</u> hi ar ei ffôn.
   dd) Dw i'n <u>fynd</u> i Sbaen eleni gyda'r teulu.

Cyfieithu 1
Translating 1

You must be able to:

- Read a short English text and identify the key structures and tenses
- Translate a short text accurately from English into Welsh.

Cyfieithu   Translating

- In the Unit 3 Reading and Writing paper you will be asked to translate a short text of 25–35 words from English to Welsh. As it is a short text it is likely to be a message, announcement, e-mail, advert or poster.
- The aim is to write exactly the same piece in Welsh as is given in English. However, if you are stuck on a word or phrase it is always better to have a go and write something that is as close as possible to the original meaning.
- Whatever you do, don't leave anything blank. Guessing is good!

Dechrau'r Dasg   Starting the Task

- Start by reading the English text carefully and try to identify the forms and tenses used. Look out particularly for:
  - Questions
  - Future tense forms
  - Commands
- These words have been highlighted in the following text:

> Like running? There will be a new running club starting every Saturday at ten o'clock.
>
> It will cost three pounds a session. All welcome.
>
> Contact Jackie in the office for more details.

Cwestiynau   Questions

- The English text could include short questions:
  Like running?
  → **Hoffi rhedeg?**
- Other useful questions:

Enjoy dancing?	**Mwynhau dawnsio?**
Like Italian food?	**Hoffi bwyd Eidalaidd?**
Want to travel?	**Eisiau teithio?**

- You may also come across full-length questions that include the word 'you'.
  You will need to use the formal/plural **'chi'** form of 'you':

Do you like running?	=	**Ydych chi'n hoffi rhedeg?**
Do you enjoy dancing?	=	**Ydych chi'n mwynhau dawnsio?**
Do you like Italian food?	=	**Ydych chi'n hoffi bwyd Eidalaidd?**
Do you want to travel?	=	**Ydych chi eisiau teithio?** (Before **'eisiau'** (want) there is no **'yn'** or **'n**.)
Would you like to go to Russia?	=	**Hoffech chi fynd i Rwsia?**

Amser Dyfodol Future Tense

- If you see the word 'will' in the English text you know that it is written in the Future tense:
  - There will be a new running club starting every Saturday at nine o'clock.
  - There will be = **Bydd**
  - There won't be/There will be no ... = **Fydd dim**
  - **Bydd clwb rhedeg newydd yn dechrau bob dydd Sadwrn am naw o'r gloch.**

Gorchmynion Commands

- Look out carefully in the English text for instructions. You will need to use the command form for these:
  - Contact Jackie in the office for more details.
  - Contact = **Cysylltwch â**
  - **Cysylltwch â Jackie yn y swyddfa am fwy o fanylion.**

- Other useful commands include:

Bring	**Dewch â**
Come to	**Dewch i**
Contact	**Cysylltwch â**
Don't	**Peidiwch â**
E-mail	**E-bostiwch**
Go to	**Ewch i**
Phone	**Ffoniwch**
Send to	**Anfonwch at**
Take	**Ewch â**
Text	**Tecstiwch**
Wait for	**Arhoswch am**
Write to	**Ysgrifennwch at**

> ### Key Point
>
> One of the most difficult forms to spot in an English text is the command form. Read and think carefully about the English text. If you are being given an instruction, if you are being told to do something, then you need to use the command form. This will always end in **'wch'**.

> ### Key Vocab
>
> | | |
> |---|---|
> | **Bydd** | There will be |
> | **Fydd dim** | There won't be/ There will be no ... |
> | **Cysylltwch â** | Contact |
> | **E-bostiwch** | E-mail |

Cyfieithu 2
Translating 2

You must be able to:

- Translate common phrases from English into Welsh
- Translate a short text accurately from English into Welsh.

Ymadroddion Defnyddiol   Useful Phrases

- Other phrases that might be useful for translating a text are:

All welcome	**Croeso i bawb**
Exciting news!	**Newyddion cyffrous!**
Important news!	**Newyddion pwysig!**
Jobs news	**Newyddion swyddi**
Important!	**Pwysig!**
Look!	**Edrychwch!**
Read!	**Darllenwch!**
New opportunity	**Cyfle newydd**
What about ...?	**Beth am ...?**
Closing date	**Dyddiad cau**
If interested	**Os oes diddordeb**
Must speak Welsh	**Rhaid siarad Cymraeg**
Free	**Am ddim**
Wanted	**Yn eisiau**
Vacant post/job	**Swydd wag**
Open	**Ar agor**
Closed	**Ar gau**
Everyone to meet ...	**Pawb i gwrdd ...**
Available	**Ar gael**

Amser   Time

bore	morning
prynhawn	afternoon
nos	evening/night

- To say Friday morning or Friday afternoon we just put the appropriate word in front of **'dydd Gwener'**:

bore dydd Gwener	Friday morning
prynhawn dydd Gwener	Friday afternoon

- The word for evening/night, **'nos'**, is a feminine noun so there is a **Treiglad Meddal** (Soft Mutation) on the next word:

– **nos Lun**	Monday evening/night		– **nos Wener**	Friday evening/night
– **nos Fawrth**	Tuesday evening/night		– **nos Sadwrn**	Saturday evening/night
– **nos Fercher**	Wednesday evening/night		– **nos Sul**	Sunday evening/night
– **nos Iau**	Thursday evening/night			

- Other useful phrases are:

on Saturday	**ddydd Sadwrn**
on Saturdays	**ar ddydd Sadwrn**
every Saturday	**bob dydd Sadwrn**

> ### Key Point
>
> Practise translating sentences and short texts into Welsh regularly. When you come across a phrase you're not sure of, have a go at translating as accurately as you can before you check the correct answer.

Gwybodaeth Information

- At the end of an advert or a message you may be invited to get more details:

For details	**Am fanylion**	For information	**Am wybodaeth**
More details	**Mwy o fanylion**	More information	**Mwy o wybodaeth**
For more details	**Am fwy o fanylion**	For more information	**Am fwy o wybodaeth**

Arian Money

- The word for 'pound' – **'punt'** (pronouced *pin-t*) is a feminine noun and so two, three and four pounds all have feminine forms:

£1	**punt**	£8	**wyth punt**
£2	**dwy bunt**	£9	**naw punt**
£3	**tair punt**	£10	**deg punt**
£4	**pedair punt**	£20	**ugain punt/dau ddeg punt**
£5	**pum punt**	£50	**hanner can punt/pum deg punt**
£6	**chwe phunt**	£100	**can punt**
£7	**saith punt**		

N.B. For 'one pound' in Welsh we just say **'punt'** on its own. The same is true for **'ceiniog'** (one penny) and **'blwyddyn'** (one year).

- If people have to pay per item, just use the word for 'the' = **y** (before a consonant) or **yr** (before a vowel):

Two pounds per item	**Dwy bunt yr eitem**
Three pounds per class	**Tair punt y dosbarth**
Four pounds per day	**Pedair punt y dydd**
Five pounds per meeting	**Pum punt y cyfarfod**
Six pounds per session	**Chwe phunt y sesiwn**
Ten pounds per hour	**Deg punt yr awr**

- To return to the example English text on page 104, which you can now translate accurately and in full:

Like running? There will be a new running club starting every Saturday at ten o'clock.

It will cost three pounds a session. All welcome.

Contact Jackie in the office for more details.

Hoffi rhedeg? Bydd clwb rhedeg newydd yn dechrau bob dydd Sadwrn am ddeg o'r gloch.

Bydd yn costio tair punt y sesiwn. Croeso i bawb.

Cysylltwch â Jackie yn y swyddfa am fwy o fanylion.

Quick Test

1. Translate the following job advert:

   Wanted: Staff for new restaurant in town.

   Open 6–11 every evening. Eight pounds an hour. Must speak Welsh.

   If interested, contact Mrs Jane Owen for details.

   Closing date: 18 July

Key Vocab

Croeso i bawb	All welcome
Dyddiad cau	Closing date
Yn eisiau	Wanted
Mwy o wybodaeth	More information
Punt	One pound

1 | Geiriau cwestiwn a geiriau allweddol – Question words and key words

Beth ydy ystyr y geiriau cwestiwn (coch) a'r geiriau allweddol (glas) yn y cwestiynau hyn?
What are the English meanings of the question words (red) and the key words (blue) in these
questions? [8 marks]

(i)   Pryd mae cyngerdd y clwb canu?

(ii)   Faint o bobl sy'n yfed gormod?

(iii)   Sut mae Jan yn teithio i'r jamborî?

(iv)   Ble bydd y teulu yn mynd ar eu gwyliau eleni?

(v)   Pwy sy'n byw drws nesaf i Martin Phillips?

(vi)   Pa fath o weithgareddau sydd ar gael yng Nghanolfan Brynderi?

(vii)   Faint o'r gloch mae'r rhaglen gomedi ar y teledu?

(viii) Pam mae Suzanne yn poeni am y cwis?

2 | Cysyllteiriau – Connectives

Beth ydy ystyr Saesneg y cysyllteiriau mewn coch yn y brawddegau hyn?
What are the English meanings of the connectives in red in these sentences? [8 marks]

(i)   Dw i'n mwynhau actio ond mae'n well gyda fi gyfarwyddo.

(ii)   Mae fferm fy nhad-cu dros y mynydd.

(iii)   Prynais i lawer o ddillad yn y dref ddydd Sadwrn felly does dim arian gyda fi nawr!

(iv)   Roedd Amelia yn hoff iawn o ddawnsio, yn arbennig dawnsio tap.

(v)   Mae Fatima wedi bod yn casglu recordiau ers tair blynedd, mae tua saith deg gyda hi erbyn hyn.

(vi)   Rhwng yr ysgol a mynd adre aethon nhw i'r dref.

(vii)   Roedd Jac yn dwlu ar chwarae pêl-fasged er bod y tîm yn colli pob gêm!

(viii) Hoffai Ben chwarae offerynnau mawr fel bas dwbl a drymiau.

3 | Ateb cwestiynau – Answering questions

Dechreuwch yr ateb i'r cwestiynau hyn:
Start the answer to these questions: [6 marks]

(i)   Pam mae Chloe yn cysgu mewn pabell?

(ii)   Ble fydd Leo yn byw y flwyddyn nesaf?

(iii)   Pam roedd Lucas yn meddwl bod y tocynnau yn rhad iawn?

(iv)   Faint gwariodd Olivia yn yr ŵyl?

(v)   Pwy mae Yasmin yn hoffi yn y band?

(vi)   Ble hoffai Eric fynd ar ôl gadael y brifysgol?

4 **Ironman Cymru**

Darllenwch y wybodaeth am Ironman Cymru. Ticiwch y 3 llun addas ar gyfer poster:
Read the information about Ironman Cymru. Tick the 3 suitable pictures for a poster: [3 marks]

Ironman Cymru		
Mae deiet athletwyr yn bwysig iawn. Rhaid i chi fwyta ac yfed yn iach: ffrwythau, llysiau a dŵr.	Mae angen ymarfer pum dydd yr wythnos. Mae angen nofio, seiclo a rhedeg.	Mae'n bwysig iawn cysgu'n rheolaidd bob nos. Mae athletwyr angen cysgu 8–9 awr bob nos.

5 **Trydydd person** – Third person

Newidiwch y brawddegau hyn i'r ffurfiau trydydd person:
Change these sentences to the third person forms: [8 marks]

(i)   Anfonais i decst at bawb yn y teulu.   (Xian)

(ii)   Roeddwn i'n arfer mwynhau gwersi bale.   (Eirian)

(iii)   Dw i'n teimlo'n gryf iawn dros yr iaith.   (Val)

(iv)   Bydda i'n pysgota gyda fy ffrindiau ddydd Sul.   (Ethan)

(v)   Dydw i ddim eisiau astudio mathemateg o gwbl!   (Yassin)

(vi)   Hoffwn i ddringo yn yr Himalayas.   (Daisy)

(vii) Doeddwn i ddim yn teimlo'n dda ddoe.   (Noa)

(viii) Roeddwn i wedi clywed y Gymraeg pan oeddwn i'n fach.   (Elise)

6 **Darllenwch am yr atyniad Zip World:**
Read about the Zip World attraction:

Zip World

www.zipworld.co.uk

Mae Zip World yn Eryri yng ngogledd Cymru.

Rydyn ni ar agor bob dydd o 9:30 y bore tan 4:00 y prynhawn.

Rhaid bwcio eich tocynnau ymlaen llaw trwy ein gwefan. Pris tocynnau: £60.

Mae diogelwch yn bwysig iawn i ni yn Zip World felly mae rhai rheolau gyda ni. Mae'n rhaid bod o leiaf deg oed ac mae isafswm taldra o 120 cm i fynd ar Zip World.

Zip World, Chwarel Penrhyn, Bethesda, Gwynedd, LL57 4YG. Ffôn: 01248 601444

Am fwy o wybodaeth e-bostiwch gwybodaeth@zipworld.com

Darllenwch y pwyntiau isod. Ticiwch y grid i ddangos beth sy'n gywir neu'n anghywir.
Read the points below. Tick the grid to show what is correct or incorrect.

	Cywir	Anghywir	
Mae Zip World yn Lloegr.			[1]
Mae hen bobl yn gallu mynd ar Zip World.			[1]
Mae Zip World ar gau ar ddydd Sul.			[1]
Dydy plant o dan 120 cm o daldra ddim yn gallu mynd ar Zip World.			[1]
Rydych chi'n gallu prynu tocyn dros y We.			[1]

7 **Trydydd person – Third person**

Newidiwch y brawddegau hyn i'r ffurfiau trydydd person yn ôl geiriau yn y cromfachau:
Change these sentences to the third person forms according to the words in brackets: [8 marks]

(i) Rydw i'n mynd i'r coleg ar y bws bob dydd. (she)

(ii) Dydw i ddim yn meddwl bod gwersi Saesneg yn bwysig. (he)

(iii) Roeddwn i'n chwarae rygbi yn saith oed. (he)

(iv) Dydw i ddim yn cofio dysgu darllen. (she)

(v) Rydyn ni'n byw mewn bwthyn ar lan y môr. (they)

(vi)   Bydda i ar y teledu dros y Nadolig.   (he)

(vii)   Hoffen ni brynu tŷ yng Nghymru.   (they)

(viii) Dylwn i dalu am y tocynnau cyn dydd Sadwrn.   (she)

8 **Darllenwch yr adolygiadau hyn o Zip World:**
Read these reviews of Zip World:

Cawson ni amser gwych yn Zip World. Roedd y staff i gyd yn gwrtais iawn ac roedd y golygfeydd yn fendigedig. Diolch yn fawr iawn i bawb!	Yn fy marn i mae Zip World yn gyffrous iawn ac mae popeth yn drefnus iawn. Hoffwn i gael mwy o amser tro nesaf!	Roedd yr ymweliad yn siomedig iawn a dweud y gwir. Roedd gormod o bobl yno ac roedd y tocynnau yn rhy ddrud yn fy marn i.	Roedd popeth yn iawn ar ein trip ac roeddwn i'n teimlo'n ddiogel iawn yn hedfan ond doedd dim lle parcio i ni. Dw i'n credu bod angen meysydd parcio ychwanegol.
Dylan James	Kate Smith	Ann Marston	Rob Walker

(i) **Nodwch 3 phwynt da am yr atyniad** yn Gymraeg.
Note 3 positive points about the attraction in Welsh.

Pwyntiau da am Zip World:
a)
b)
c)

[2]

[2]

[2]

(ii) **Nodwch 3 problem gyda'r atyniad** yn Gymraeg.
Note 3 problems with the attraction in Welsh.

Problemau gyda Zip World:
a)
b)
c)

[2]

[2]

[2]

1 | Sillafu – Spelling

Rhowch sillafiad cywir y geiriau hyn:
Give the correct spelling of these words: [10 marks]

(i) mea   **(ii)** gwalt   **(iii)** catref   **(iv)** ysgriffenu

(v) oeth   **(vi)** llyfyr   **(vii)** coli   **(viii)** pêl-roed

(ix) pimp   **(x)** teledi

2 | To bach – Little roof

Oes to bach neu beidio yn y geiriau hyn?
Is there a little roof or not in these words?   [10 marks]

• **bach**	• small
• **tren**	• train
• **haf**	• summer
• **siarad a**	• to speak to
• **cwl**	• cool
• **siop**	• shop
• **pel-droed**	• football
• **twp**	• stupid
• **siwr**	• sure
• **ty**	• house

3 | Cywiro brawddegau – Correcting sentences

Mae un camgymeriad ym mhob brawddeg. Ail-ysgrifennwch y brawddegau yn gywir:
There is one mistake in each sentence. Re-write the sentences correctly: [5 marks]

(i) Dw i'n byw **yn Cymraeg** ers deng mlynedd.

(ii) Mae Mam yn **gwaith** yn yr ysbyty.

(iii) **Dod** i'r parti am wyth o'r gloch!

(iv) Mae llawer **o** nhw yn y siop.

(v) Mae Mam-gu yn gwrando **i'r** radio trwy'r dydd.

4 **Prawfddarllen** – Proofreading

Mae 10 camgymeriad yn y neges yma. Nodwch y cywiriadau yn y grid isod.
There are 10 mistakes in this message. Note the corrections in the grid below. [10 marks]

Diwrnod Plant mewn Angen

Hoffech **ti** helpu gyda Diwrnod Plant mewn Angen_ Mae llawer o **gwaith** ar gael! **byddwch** chi'n **help** pobl ac yn cael hwyl! Bydd **siôp** yn gwerthu cacennau **gydar** arian i gyd yn mynd i Pudsey! Bydd **Blyddyn** Saith i gyd yn **wisgo** siwtiau babis!

Os oes diddordeb **cysylltu** â'r swyddfa.

1	2	3	4	5
6	7	8	9	10

5 **Cyfieithwch y cwestiynau hyn i'r Gymraeg:**
Translate these sentences into Welsh: [8 marks]

(i) Like cooking?

(ii) Enjoy singing?

(iii) Want to travel?

(iv) Do you like cartoons?

(v) Do you want to learn Spanish?

(vi) Speak Welsh?

(vii) Would you like to sing in a choir?

(viii) Do you enjoy new food?

6 **Cyfieithwch i'r Gymraeg:**
Translate into Welsh: [6 marks]

(i) There will be a meeting tonight.

(ii) Must speak Welsh.

(iii) Must be able to drive.

(iv) Must e-mail for tickets.

(v) There will be a new choir.

(vi) There will be no cost.

7 **Gorchmynion** – Commands

Cyfieithwch y brawddegau hyn i'r Gymraeg:
Translate these sentences into Welsh: [6 marks]

(i) Come to the summer fair.

(ii) Write to the manager.

(iii) Don't phone before ten o'clock.

(iv) Contact Jenny in the office.

(v) Come to the school concert.

(vi) Bring sandwiches and a drink.

8 **Cyfieithu** – Translation

Mae'r neges isod wedi'i chyfieithu i'r Gymraeg ond mae yn y drefn anghywir. Ad-drefnwch yr ymadroddion i ffurfio'r neges gywir.
The message below has been translated into Welsh but it is in the incorrect order.
Re-arrange the phrases to form the correct message.   [10 marks]

Enjoy cycling? There will be a new cycling club starting every Wednesday at six o'clock. It will cost two pounds a night. All welcome. Phone for more details on 07711 611611.

- **yn dechrau**

- **ffoniwch am fwy o fanylion**

- **am chwech o'r gloch**

- **bydd clwb seiclo newydd**

- **dwy bunt y noson**

- **mwynhau seiclo**

- **bob nos Fercher**

- **croeso i bawb**

- **ar 07711 611611**

- **bydd yn costio**

9 **Ysgrifennu** – Writing

Ydych chi'n mwynhau eich amser hamdden? [5 marks]
Rhowch 2 reswm yn Gymraeg.

Do you enjoy your leisure time?
Give 2 reasons in Welsh.

10 **Ysgrifennu** – Writing

Disgrifiwch eich ysgol: [5 + ✓ = 5] = [10 marks]

(i) **I ba ysgol rydych chi'n mynd?** [1]

(ii) **Ble mae'r ysgol?** [1]

(iii) **Beth rydych chi'n hoffi am yr ysgol?** [1]

(iv) **Beth dydych chi ddim yn hoffi am yr ysgol?** [1]

(v) **Beth ydy eich barn am yr ysgol?** [1]

Describe your school:

(i) Which school do you go to? [1]

(ii) Where is the school? [1]

(iii) What do you like about school? [1]

(iv) What don't you like about school? [1]

(v) What is your opinion of school? [1]

Prawfddarllen – Proofreading

1 **Mae 10 camgymeriad yn y neges yma. Nodwch y cywiriadau yn y grid isod.**
There are 10 mistakes in this message. Note the corrections in the grid below. [10 marks]

Chwilio am swydd ran-amser_

Person egnïol i **gweithio** yn 'Delun Draig' **mewn** Aberaeron.

- Dydd Llun–Dydd **Merched** trwy wyliau'r haf
- **Pimp** awr y dydd
- Rhaid gallu:
  - Delio gyda llawer o **plant**!
  - siarad **cymraeg**
- Bydd o fantais gallu **cogino**
- I ddechrau yn ystod ail wythnos mis **Gorffenaf**

Am fwy o fanylion **ffonio** Debbie – 01545 161234

1	2	3	4	5
6	7	8	9	10

2 **Mae 10 camgymeriad yn y neges yma. Nodwch y cywiriadau yn y grid isod.**
There are 10 mistakes in this message. Note the corrections in the grid below. [10 marks]

Annwyl **Sir**

Dw i eisiau bwcio amser sglefrio i **Clwb** Ieuenctid **aberhonddu** nos **Mercher** Tachwedd 22. Bydd **un deg nawr** o bobl yn **ddod**. Ga i ofyn faint ydy pris y tocynnau_

Fy rhif **ffon** ydy 01874 644113 neu **e-bostio** l.wilm@clwb.com. Diolch yn fawr am eich **helpu**.

Lorna Williams

1	2	3	4	5
6	7	8	9	10

3 **Mae 10 camgymeriad ar y poster yma. Nodwch y cywiriadau yn y grid isod.**

There are 10 mistakes on this poster. Note the corrections in the grid below. **[10 marks]**

CANOLFAN HAMDDEN Y LLI

<u>Maer</u> haf wedi cyrraedd! Cyrsiau <u>**newyd**</u> ar gael!

Hoffech chi gadw'n heini_

<u>Dosbath</u> newydd i bob oed yn dechrau nos <u>**Llun**</u> 15 Mehefin

Lle i un deg <u>**pimp**</u> o bobl

Am fwy o fanylion <u>**ffonio**</u> Jan yn y dderbynfa <u>**am**</u> 01972 457811. Bydd hi'n hapus i <u>**help**</u>.

Croeso i <u>**pawb!**</u>

1	2	3	4	5
6	7	8	9	10

Cyfieithu – Translation

4 **Cyfieithwch y neges hon i'r Gymraeg:**

Translate this message into Welsh: **[10 marks]**

> Exciting news! There will be a new climbing course every Monday evening at half past
> seven in the sports hall. It will cost four pounds per session. Contact David in the office today!

5 **Cyfieithwch y neges hon i'r Gymraeg:**

Translate this message into Welsh: **[10 marks]**

> Important news! There is a new job available in the youth centre.
>
> Must speak Welsh.
>
> 25 hours per week.
>
> If interested e-mail John Stevens for more details.
>
> Closing date: 30 September

6 **Cyfieithwch y neges hon i'r Gymraeg:**

Translate this message into Welsh: [10 marks]

Would you like to travel?

Want to see Canada and America?

There will be an exciting trip in the summer!

Come to a meeting in Room 30 at half past eleven tomorrow.

Everybody welcome.

For more details speak to Amy in the main office.

Ysgrifennu – Writing

7 **Ysgrifennwch boster i hysbysebu cyngerdd neu gig codi arian.**

Write a poster to advertise a fundraising concert or gig. [10 + ✓ = 10] = [20 marks]

Dylech chi gynnwys:

You should include:

- **manylion am yr achos codi arian** – details of the fundraising cause
- **manylion y perfformwyr** – details of the performers
- **dyddiad** – date
- **amser** – time
- **lleoliad** – location
- **pris tocynnau** – ticket price
- **sut i gael tocynnau** – how to get tickets
- **pam dylai pobl ddod** – why people should come

8 **Ysgrifennwch lythyr at reolwr y ganolfan ieuenctid i ymgeisio am swydd.**
Write a letter to the manager of the youth club to apply for a job. [8 + ✓ = 7] = [15 marks]

Mae rhaid i chi:
You must:

- **gyflwyno eich hunan** – introduce yourself
- **esbonio pam rydych chi'n ysgrifennu** – explain why you are writing
- **dweud pam rydych chi eisiau'r swydd** – say why you want the job
- **siarad am eich sgiliau** – talk about your skills
- **siarad am eich profiad** – talk about your experience
- **gosod eich llythyr yn briodol** – set out your letter appropriately

9 **Ysgrifennwch bortread o berson enwog**
Write a portrait of a famous person [12 + ✓ = 13] = [25 marks]

Dylech chi gynnwys:
You should include:

- **manylion personol** – personal details
- **sut maen nhw'n enwog** – how they are famous
- **disgrifiad corfforol** – physical description
- **personoliaeth** – personality
- **diddordebau** – interests
- **eich barn chi** – your opinion
- **barn pobl eraill** – other people's opinions

10 **Ysgrifennwch adolygiad am ffilm rydych chi wedi'i gweld yn ddiweddar.**
Write a review of a film you have seen recently. [13 + ✓= 12] = [25 marks]

Dylech chi gynnwys:
You should include:

- **teitl** – title
- **y math o ffilm** – the type of film
- **pryd a ble welsoch chi'r ffilm** – when and where you saw the film
- **y stori** – the story
- **sêr y ffilm** – stars in the film
- **eich barn chi** – your opinion
- **eich awgrym i bobl eraill** – your recommendation to other people

1 Darllenwch y wybodaeth am y cantorion enwog o Gymru, Katherine Jenkins a Bryn Terfel.

Atebwch y cwestiynau yn Gymraeg.

Read the information about the famous Welsh singers, Katherine Jenkins and Bryn Terfel.

Answer the questions in Welsh. [10 marks]

Enw	Katherine Jenkins	Bryn Terfel
Dyddiad geni	29-6-80	9-11-65
Geni	Castell-nedd	Pant Glas
Taldra	1.65 m	1.93 m
Teulu	Un ferch: Aaliyah	Tri mab: Tomos, Morgan a Deio Siôn
Ysgol Uwchradd	Ysgol Dŵr-y-Felin, Castell-nedd	Ysgol Dyffryn Nantlle, Penygroes
Llais Canu	Mezzo-soprano	Baritôn-bas
Albymau wedi rhyddau	29	11
Dilynwyr ar Drydar	297,000	18,200
Hobïau	Rhedeg, coginio a dawnsio	Golff, pêl-droed a physgota

(i) Pryd mae pen-blwydd Bryn Terfel? .... [1]

(ii) Pwy yw'r ifancaf – Katherine neu Bryn? .... [1]

(iii) Pwy yw'r talaf – Katherine neu Bryn? .... [1]

(iv) Beth sy'n debyg rhwng Katherine a Bryn? ....

.... [2]

(v) Beth sy'n wahanol rhwng Katherine a Bryn? ....

.... [2]

(vi) Pwy ydych chi'n meddwl yw'r canwr mwyaf poblogaidd? .... [1]

(vii) Pam? ....

.... [2]

2 **Prawfddarllen** – Proofreading

Mae 10 camgymeriad yn y neges yma. Nodwch y cywiriadau yn y grid isod.

There are 10 mistakes in this message. Note the corrections in the grid below.   [10 marks]

Annwyl **Rheolwr**

Hoffwn i **trefnu** parti plant i fy merch yn y ganolfan hamdden **Mawth** 18. Bydd fy merch yn **dri** oed. Bydd **un deg chech** o blant yn **ddod**. Ga i ofyn faint ydy pris y neuadd_

Fy rhif **ffon** ydy 07887 887887 neu **e-bostio** peterroberts@cymru.wlad. Diolch yn fawr am eich **helpu**.

Pete Roberts

1	2	3	4	5
6	7	8	9	10

3 **Ysgrifennu** – Writing

Disgrifiwch eich teulu chi yn Gymraeg.   [5 + ✓ = 5] = [10 marks]

(i)   Faint o bobl sy yn eich teulu chi?   [1]

(ii) Pwy ydyn nhw?   [1]

(iii) Beth ydych chi'n hoffi gwneud gyda'ch teulu chi?   [1]

(iv) Disgrifiwch rywbeth wnaethoch chi'n ddiweddar gyda'ch teulu chi.   [1]

(v) Beth ydych chi'n meddwl am eich teulu chi?   [1]

Describe your family in Welsh.

(i)   How many people are in your family?   [1]

(ii) Who are they?   [1]

(iii) What do you like doing with your family?   [1]

(iv) Describe something you did recently with your family.   [1]

(v) What do you think of your family?   [1]

4 **Darllenwch fanylion Tŷ'r Gwrhyd ac atebwch y cwestiynau sy'n dilyn:**

Read the details about Tŷ'r Gwrhyd and answer the questions that follow: [5 marks]

<table>
<tr><td colspan="2" align="center">**Tŷ'r Gwrhyd**
Stryd Holly, Pontardawe, Abertawe SA8 4ET
Ffôn: 01639 763818
Ar agor Llun i Sadwrn</td></tr>
<tr><td>**Beth ydy Tŷ'r Gwrhyd?**</td><td>Canolfan Gymraeg Pontardawe yw Tŷ'r Gwrhyd. Dechreuodd y ganolfan yn 2016 i helpu i gadw'r iaith Gymraeg yn fyw yn ardal Pontardawe.

Yn y ganolfan mae siop Gymraeg sy'n gwerthu llyfrau a chardiau Cymraeg. Hefyd mae ystafelloedd ar gael i'w llogi lle rydych chi'n gallu cynnal cyfarfod i'ch clwb neu'ch cymdeithas. Mae maes parcio ar gael hefyd.</td></tr>
<tr><td>**Beth sydd ymlaen?**</td><td>Mae llawer o bethau'n digwydd yn y ganolfan. Bob bore mae cylch meithrin i blant dwy i bedair oed. Mae'r plant yn chwarae, canu a siarad Cymraeg! Mae clybiau a dosbarthiadau ymlaen bob dydd hefyd fel clwb darllen, dosbarth coginio, cylch canu a dosbarth ioga. Yn y nos mae clwb ieuenctid, clwb drama, côr a dosbarthiadau Cymraeg. Hefyd mae dosbarth hanes leol lle rydych chi'n gallu dysgu am hanes yr ardal a hanes y Gymraeg.

Ar ddydd Sadwrn mae dosbarth animeiddio a chlwb gwyddoniaeth. Mwynhau rygbi? Dewch i wylio gemau Cymru gyda ni! Bydd cerddoriaeth fyw a bwyd ar gael.</td></tr>
<tr><td>**Parti, parti, parti!**</td><td>Eisiau trefnu parti? Mae'n bosibl llogi ystafell yn y ganolfan. Cysylltwch â'r rheolwr am fwy o wybodaeth.</td></tr>
<tr><td>**Profiad pobl leol**</td><td>"Es i i gig yn Nhŷ'r Gwrhyd ym mis Mai, ces i amser gwych. Mae'r ganolfan yn lle da i bobl o bob oed." *(Elwyn Davies)*

"Dw i ddim yn mwynhau gigs ond dw i wrth fy modd yn darllen llyfrau Cymraeg. Dw i'n mynd i'r Clwb Darllen yn Nhŷ'r Gwrhyd bob bore dydd Mawrth a dw i wedi gwneud ffrindiau hyfryd." *(Rachel Davies)*</td></tr>
</table>

Ticiwch yr ateb cywir:

Tick the correct answer:

(i)	Ar agor: sawl diwrnod yr wythnos?	5	6	7	[1]
(ii)	Pwrpas y ganolfan?	Helpu'r Gymraeg	Cynnal siop	Cael partïon	[1]
(iii)	Oed plant y cylch meithrin?	1–3 oed	2–3 oed	2–4 oed	[1]
(iv)	I blant ar y penwythnos. Beth?	Gymnasteg	Animeiddio	Actio	[1]
(v)	Rachel wedi mwynhau. Beth?	Gig Cymraeg	Parti	Clwb darllen	[1]

5 | **Cwestiwn Trafodaeth Grŵp (Uned 2)** – Group Discussion Question (Unit 2)

Astudiwch y wybodaeth hon am waith gwirfoddol a chynlluniwch drafodaeth i 2 neu 3 o bobl.

Study this information about voluntary work and plan a discussion for 2 or 3 people. [10 marks]

GWAITH GWIRFODDOL

Mae pawb yn meddwl amdanyn nhw eu hunain heddiw. Mae'n bwysig meddwl am bobl eraill hefyd.

Rydw i'n gwneud gwaith gwirfoddol ar ddydd Sadwrn yn siop Oxfam yn y dref. Mae'r gwaith yn ddiddorol iawn a dw i'n helpu achos da.

- Mae 900,000 o bobl yn gwirfoddoli yng Nghymru.

- Mae 9,000 o elusennau yng Nghymru

- Mae gwaith gwirfoddol yn werth £3.2 biliwn

- Mae Llywodraeth Cymru yn rhoi £290 miliwn i elusennau

Dylai'r Llywodraeth helpu pobl mewn angen. Mae digon o arian o gwmpas.

Mae gwaith gwirfoddol yn iawn fel syniad ond mae gormod o waith cartref gyda fi ar y penwythnos.

6 **Darllenwch am y gantores Kizzy Crawford, o Ferthyr Tudful.**
Read about the singer Kizzy Crawford, from Merthyr Tydfil. [7 marks]

Helo, Kizzy Crawford ydw i a dw i'n byw ym Merthyr Tudful gyda fy nghi, Mabli. Ces i fy ngeni ym mil naw naw chwech yn Lloegr ond es i i'r ysgol gynradd yn Aberaeron. Dw i wedi canu yn Glastonbury, Tafwyl a Womex ac wedi rhyddhau pum record. Yn 2016 canais i gyda'r Manic Street Preachers i groesawu Tîm Pêl-droed Cymru adref o Euro 2016. Dw i'n dwlu ar ganu caneuon jazz yn Gymraeg ac yn Saesneg. Dw i'n chwarae'r ffidil, y piano a'r gitâr. Fy hoff fwyd ydy cyri o Barbados ond mae'n gas gyda fi salad. Mae dwy chwaer gyda fi ac mae Eady, sy'n ddwy flynedd yn ifancach na fi, yn canu hefyd. Canodd hi yng nghystadleuaeth Cân i Gymru yn 2016 a 2017.

(i) Ticiwch ✓ y bocs priodol: [3 marks]

Mae Kizzy yn byw gyda:	chwaer	cath	ci
Hoff fwyd Kizzy:	salad	bwyd poeth	bwyd Eidalaidd
Cafodd Kizzy ei geni:	yn Aberaeron	ym Merthyr Tudful	ym 1996

(ii) Pa un sy'n gywir? Rhowch ✓ i ddangos yr ateb cywir [2 marks]

	✓
Mae un chwaer gyda Kizzy.	
Mae Eady yn ddwy oed.	
Mae Kizzy a'i chwaer yn canu.	

(iii) Pa un sy'n gywir? Rhowch ✓ i ddangos yr ateb cywir [2 marks]

	✓
Mae Kizzy yn canu yn Gymraeg yn unig.	
Mae Kizzy yn canu yn Saesneg yn unig.	
Mae Kizzy yn canu yn ddwyieithog.	

7 | **Cyfieithu** – Translation

Cyfieithwch y poster hwn i'r Gymraeg:

Translate this poster into Welsh: [10 marks]

> Want to try a new sport?
>
> There will be a new Basketball Club every Wednesday at half past four. It will cost three pounds per session.
>
> Girls and boys welcome.
>
> For more details e-mail john.hamdden@aber.cymru.

8 | **Ysgrifennu** – Writing

Ysgrifennwch erthygl fer yn Gymraeg ar 'Yr Amgylchedd' (tua 150 gair). [10 + ✓ = 10] = [20 marks]

Gallwch chi gynnwys:

- **disgrifiad o'ch ardal**
- **problemau'r amgylchedd**
- **beth gallen ni wneud i helpu'r amgylchedd yn lleol**
- **beth dylen ni wneud i helpu i achub y blaned**
- **eich barn chi am yr amgylchedd yng Nghymru.**

Write a short article in Welsh on 'The Environment' (approximately 150 words).

You can include:

- a description of your area
- environmental problems
- what we can do to help the environment locally
- what we should do to help save the planet
- your opinion about the environment in Wales.

9 | **Gwylio Clip a Thrafodaeth Grŵp (Uned 1)** – Watching a Clip and Group Discussion (Unit 1) [10 marks]

> (i) **Gwyliwch glip Cymraeg ar y We neu ar DVD (tua 2 funud o hyd) a gwnewch nodiadau am y cynnwys.**
>
> (ii) **Gwnewch gynllun trafodaeth grŵp i 2 neu 3 o bobl.**
>
> (i) Watch a Welsh clip on the Internet or on DVD (approximately 2 minutes long) and make notes about the content.
>
> (ii) Make a group discussion plan for 2 or 3 people.

10 | Cwestiwn ysgrifennu – Writing question

Rydych chi wedi bod ar daith ddiddorol.
Ysgrifennwch flog am eich profiadau.
Mae rhaid i chi:

[8 + ✓ = 7] = [15 marks]

- **siarad am ble rydych chi wedi bod** [2]
- **siarad am beth rydych chi wedi'i wneud** [2]
- **siarad am y bobl rydych chi wedi cwrdd â nhw** [2]
- **siarad am eich cynlluniau am deithiau yn y dyfodol** [2]

You have been on an interesting trip.
Write a blog about your experiences.
You must:

- talk about where you have been [2]
- talk about what you have done [2]
- talk about the people you have met [2]
- talk about your plans for trips in the future [2]

11 **Darllenwch y gerdd 'Mae'n fore Gwener' gan Gwyn Morgan:**

Read the poem 'Mae'n fore Gwener' by Gwyn Morgan:

[10 marks]

> **Mae'n fore Gwener**
>
> Mae'n fore Gwener eto –
> Un diwrnod hir o'm blaen,
> Un diwrnod hir o ysgol
> Sy'n mynd yn groes i'r graen.
>
> Mae cloch yr hen gloc larwm
> Yn fy ngyrru i yn grac!
> Mae'n bryd mynd tua'r ysgol
> Mae'n bryd i hel fy mhac.
>
> "Ble rwyt ti'n mynd?" medd Dadi,
> "I'r ysgol!" medde fi.
> "I'r ysgol? Rwyt ti'n wallgo!
> Dydd Sadwrn ydy hi!"
>
> *Gwyn Morgan*

(i) Ticiwch y 3 llun sy'n addas i roi ar boster o'r gerdd.

Tick the 3 pictures that are suitable for a poster of the poem. [3]

(ii) Ticiwch yr atebion cywir:

Tick the correct answers: [2]

a) Ble mae'r odl?	eto/ysgol	blaen/graen	larwm/ysgol	wallgo/hi
b) Pa ddiwrnod ydy hi yn y gerdd?	**Dydd Gwener**	**Dydd Sadwrn**	**Dydd Sul**	**Dydd Llun**

(iii) Ydych chi'n meddwl bod y plentyn yn hoffi'r ysgol? _____ [1]

Rhowch 2 reswm yn Gymraeg.

Do you think that the child enjoys school?

Give 2 reasons in Welsh.

Rheswm 1: _____

_____ [2]

Rheswm 2: _____

_____ [2]

12 **Cyfieithu** – Translation

Cyfieithwch y neges hon i'r Gymraeg:

Translate this message into Welsh: [10 marks]

> Important news! There will be a new First Aid course every Tuesday evening at quarter past seven in the leisure centre.
>
> There will be no cost.
>
> Phone Mark in the office for more details.
>
> All are welcome!

13 | Cwestiwn ysgrifennu – Writing question

Ysgrifennwch lythyr at berson enwog o Gymru rydych chi'n ei edmygu (tua 150 gair).

Gallwch chi gynnwys: [12 + ✓ = 13] = [25 marks]

- eich manylion chi
- eich rhesymau dros ddewis y person
- pam rydych chi'n edmygu'r person
- barn eich teulu neu'ch ffrindiau am y person
- gofyn am fanylion am eu cynlluniau tuag at y dyfodol

Cofiwch osod eich llythyr yn briodol.

Write a letter to a famous Welsh person you admire (approximately 150 words).

You can include:

- your own details
- your reasons for choosing the person
- why you admire the person
- your family's or friends' opinions of the person
- ask for details about their future plans

Remember to set your letter out appropriately.

1. (i)   Fran ydw i.
    (ii) Rydw i'n un deg pedwar oed.
    (iii) Mae fy mhen-blwydd i ar Hydref 15.
    (iv) Rydw i'n byw yn Llanfyllin.
    (v)   Rydw i'n mynd i Ysgol Uwchradd Llanfyllin.
    (vi) Dw i'n hoffi bwyta mefus a hufen.
    (vii) Dydw i ddim yn hoffi bwyta blodfresych.
    (viii) Mae pedwar o bobl yn fy nheulu i.
    (ix) Fy mam, fy nhad, fy mrawd Rhodri, a fi.
    (x)   Rydw i'n mwynhau chwarae pêl-rwyd, nofio
          a chwarae'r clarinet.   [10 marks]

2.

(i)	Mae hi'n wyth o'r gloch.
(ii)	Mae hi'n dri o'r gloch.
(iii)	Mae hi'n hanner awr wedi deg.
(iv)	Mae hi'n chwarter wedi dau.
(v)	Mae hi'n chwarter i saith.

                                                       [5 marks]

3. (i) – ch
    (ii) – dd
    (iii) – d
    (iv) – a
    (v) – b
    (vi) – c   [6 marks]

4. (i) – ch
    (ii) – dd
    (iii) – e
    (iv) – a
    (v) – b
    (vi) – f
    (vii) – d
    (viii) – c   [8 marks]

5. Correct order:
    (iv)
    (vii)
    (i)
    (vi)
    (iii)
    (v)
    (viii)
    (ii)   [8 marks]

Pages 8–9

1. (a) chwarter wedi pedwar
    (b) deg munud i saith
    (c) hanner awr wedi un ar ddeg

2. (a) I'm seeing the doctor at twenty past twelve.
    (b) I went to the park this morning.

Pages 10–11

1. (a) I play football for the school every week.
    (b) He enjoys reading, particularly travel books.
    (c) Manon will probably be in the cafe, she's often there on
        Saturdays.

2. Example answers:
    (a) Mae mathemateg yn iawn ar y cyfan, ond weithiau mae'n
        gallu bod yn anodd.
        (Maths is OK on the whole, but sometimes it can be difficult.)
    (b) Mae Andrew yn gweithio yn y swyddfa fel arfer, ond
        heddiw mae e yn y gampfa.
        (Andrew works in the office usually, but today he is in the
        gym.)
    (c) Dw i'n mwynhau coginio nawr ac yn y man, ond ddim bob
        dydd!
        (I enjoy cooking now and again, but not every day!)

1. Correct order:
    Dw i'n codi am chwarter wedi saith.
    Mae'r ysgol yn dechrau am chwarter i naw.
    Mae'r ysgol yn gorffen am bum munud wedi tri.
    Rydyn ni'n cael swper tua hanner awr wedi chwech.
    Dw i'n mynd i'r gwely tua hanner awr wedi deg.   [5 marks]

2. (i) – (d), (ii) – (dd), (iii) – (f), (iv) – (e), (v) – (b), (vi) – (ch),
    (vii) – (a), (viii) – (c)   [8 marks]

3. (a) Pwy wyt ti?
    (b) Pryd mae dy ben-blwydd di?
    (c) Pa fath o gerddoriaeth rwyt ti'n mwynhau?
    (ch) Faint o bobl sy yn dy deulu di?
    (d) Beth wnest ti ar y penwythnos?
                                                       [5 marks]

4. Shwmae, Sara dw i. Ar hyn o bryd rydw i'n astudio cemeg,
    mathemateg, hanes a Saesneg yn y coleg chweched dosbarth.
    Dw i'n mwynhau'r coleg ar y cyfan ond weithiau mae'n gallu
    bod yn ddiflas. Heb os nac oni bai fy hoff bwnc ydy cemeg,
    dw i'n dwlu ar yr arbrofion ac yn y dyfodol hoffwn i fod yn
    wyddonydd. Fel arfer dw i'n dal y bws i'r dref ar ôl coleg gyda
    fy ffrindiau ac rydyn ni'n mynd i gaffi i gael sgwrs ond weithiau
    mae'n well gyda fi gerdded syth adre achos rydyn ni'n cael
    llawer o waith cartref.
                                                       [5 marks]

5. (i) – (d), (ii) – (ch), (iii) – (dd), (iv) – (c), (v) – (b), (vi) – (a)
                                                       [6 marks]

6. Example answers:
    (a) Rydw i'n byw mewn tŷ gyda fy nheulu yn hapus iawn ond
        wrth gwrs rydyn ni'n cwympo mas nawr ac yn y man.
        I live in a house with my family very happily but of course
        we fall out now and again.
    (b) Mae Rhiannon yn hoffi chwarae snwcer ond yn anffodus
        mae hi'n anobeithiol!
        Rhiannon likes playing snooker but unfortunately she's
        hopeless!
    (c) Gweithiodd Tomos yn y swyddfa nos Lun tan wyth o'r gloch
        felly roedd e eisiau mynd adre cyn gynted â phosibl wedyn.
        Tomos worked in the office on Monday night until eight
        o'clock so he wanted to go home as soon as possible then.

(ch) Gwyliais i ffilm neithiwr am tua dwy awr ond, ar y llaw arall, gwnes i fy ngwaith cartref mathemateg hefyd!
I watched a film last night for about two hours but, on the other hand, I did my maths homework too!

(d) Ar y penwythnos bydda i'n gweld fy mam-gu, mae hi bob amser mor garedig!
On the weekend I will see my grandma, she is always so kind!

(dd) Roedd llawer o bobl ar y trên ond diolch byth ces i sedd!
There were lots of people on the train but thank goodness I got a seat! [12 marks]

Pages 14–21 **Revise Questions**

Pages 14–15
1. (a) Rydw i'n hoffi rygbi.
   (b) Dydw i ddim yn hoffi nofio.

2. Rydw i'n byw yn ...

3. Ydw/Nac ydw

Pages 16–17
1. (a) Mae un brawd gyda fi.
   (b) Mae beic coch gyda Jack.
   (c) Does dim amser gyda fe.

2. Oes/Nac oes.

Pages 18–19
1. Example answers:
   (a) Dw i'n meddwl bod rygbi yn gyffrous.
   (b) Yn fy marn i mae'r ysgol yn iawn ond mae'n well gyda fi fod gartref.

2. (a) Dw i'n hoffi'r ysgol ond mae gormod o waith cartref.
   (b) Mae'n gas gyda fi'r ysgol, rydw i'n meddwl bod gormod o bwysau.

Pages 20–21
1. (a) I think that the article is interesting.
   (b) She thinks that he/it is stupid.
   (c) They think that she/it is funny.

2. (a) Rydw i'n meddwl ei bod hi'n ...
   (b) Rydw i'n meddwl ei fod e'n ...

Pages 22–23 **Review Questions**

1. • Mae Gareth wedi mynd i <u>b</u>rynu esgidiau newydd.
   • Rydw i'n byw yn <u>Nh</u>refforest.
   • Maen nhw'n mynd i <u>G</u>oleg Dewi Sant.
   • Mae e'n hoffi bara a <u>ch</u>aws.
   • Mae llawer o <u>dd</u>illad cŵl yn y siop. [5 marks]

2. The following should be ticked

(i) Dw i'n cwrdd â Martin am bump o'r gloch.	✓ [1]
(ii) Mae'r dosbarth Zwmba yn dechrau am hanner awr wedi chwech.	✓ [1]
(iii) Mae amser cinio yn dechrau am chwarter wedi deuddeg.	✓ [1]

(iv) Mae Mam a Mam-gu yn cael paned am un ar ddeg o'r gloch.	✓ [1]
(v) Mae fy ngwers gitâr am ugain munud wedi saith.	✓ [1]

3. • Gwelais i Mac ac Anna yn y dref echdoe. [1]
   • Chwaraeais i sboncen neithiwr gyda Rob. [1]
   • Es i i'r gampfa yn y ganolfan hamdden y bore 'ma am awr. [1]
   • Bydda i'n aros gartre heno achos mae llawer o waith cartref gyda fi. [1]
   • Dw i'n helpu gydag eisteddfod yr ysgol yfory. [1]

4. • Mae'r plant yn swnllyd iawn heno, mae pen tost gyda fi nawr! [1]
   • Rydw i'n mynd i astudio hanes am Lefel A achos mae'n bwnc defnyddiol iawn, yn enwedig achos hoffwn i fod yn newyddiadurwr yn y dyfodol. [1]
   • Mae Bronwen yn dwlu ar actio a chanu, rydw i'n meddwl bydd hi'n enwog yn y dyfodol! [1]
   • Dydy Buster ddim yn gi cas ond mae e'n cyfarth ar y dyn post bob bore! [1]
   • Enillon ni'r gêm yn hawdd yn erbyn Ysgol Rhyd Goch, 24 pwynt i 3! [1]

5. Mae llawer o bobl yn dysgu Cymraeg nawr. Mae Mam yn mynd i ddosbarth nos yn yr ysgol gynradd bob nos Fawrth ac mae hi'n mwynhau yn fawr iawn. Mae hi'n meddwl ei bod hi'n anodd weithiau ond mae hi'n gallu siarad Cymraeg yn eitha da nawr. Wythnos nesaf mae'r tiwtor, Anne, yn trefnu parti bach achos mae'r tymor yn gorffen. Maen nhw'n mynd i chwarae gemau fel 'Pasio'r parsel'! Mae Anne yn ysgrifennu storïau Cymraeg i oedolion sy'n dysgu Cymraeg ac wrth gwrs mae Mam a'i ffrindiau wedi prynu pob llyfr! [10 marks]

Pages 24–25 **Practice Questions**

1. (i) – (d), (ii) – (ch), (iii) – (dd), (iv) – (e), (v) – (a), (vi) – (f), (vii) – (c), (viii) – (b) [8 marks]

2.

(i) Mae ci gyda Rhodri.	✓ [1]
(ii) Mae Catrin yn garedig.	✓ [1]
(iii) Mae dwy chwaer gyda fi.	✓ [1]

(iv) Mae Dad yn ddoniol.	 ✓ [1]
(v) Mae pen tost gyda fe.	✓ [1]
(vi) Mae hi'n hen.	✓ [1]

3. (a) Wyt ti'n hoffi bwyta pysgod?   **Ydw** [1]
   (b) Ydy Ruth yn chwarae'r piano?   **Ydy** [1]
   (c) Ydych chi'n byw yn yr Alban?   **Nac ydw/Nac ydyn** [1]
   (ch) Ydy Elin yn seiclo i'r ysgol?   **Nac ydy** [1]
   (d) Ydy Rhys ac Alun yn mwynhau pysgota?   **Ydyn** [1]

4. (i) Rydw i'n un deg saith oed ac rydw i'n mynd i Ysgol Gyfun Penweddig yn Aberystwyth. Rydw i'n brysur yn yr ysgol wrth gwrs ond rydw i'n mwynhau fy amser hamdden hefyd! Dw i'n mwynhau mynd allan gyda ffrindiau ac rydw i'n dwlu ar hwylio a syrffio. Rydw i'n aelod o Glwb Syrffio Aberystwyth felly dw i'n syrffio bob nos Lun a nos Fercher gyda'r clwb ond dw i hefyd yn syrffio gyda ffrindiau ar ddydd Sadwrn. Mae syrffio yn ffantastig! Rydw i'n meddwl ei fod e'n gyffrous ac yn llawer o hwyl. Rydw i'n hoffi nofio ond mae'n gas gyda fi chwaraeon fel pêl-droed a rygbi achos dydw i ddim yn hoffi'r mwd!

   [14 marks – 1 mark for each highlighted form]

   (ii) Mae Gwyn yn un deg saith oed ac mae e'n mynd i Ysgol Gyfun Penweddig yn Aberystwyth. Mae e'n brysur yn yr ysgol wrth gwrs ond mae e'n mwynhau ei amser hamdden hefyd! Mae Gwyn yn mwynhau mynd allan gyda ffrindiau ac mae e'n dwlu ar hwylio a syrffio. Mae e'n aelod o Glwb Syrffio Aberystwyth felly mae e'n syrffio bob nos Lun a nos Fercher gyda'r clwb ond mae e hefyd yn syrffio gyda ffrindiau ar ddydd Sadwrn. Mae syrffio yn ffantastig! Mae Gwyn yn meddwl ei fod e'n gyffrous ac yn llawer o hwyl. Mae e'n hoffi nofio ond mae'n gas gyda fe chwaraeon fel pêl-droed a rygbi achos dydy e ddim yn hoffi'r mwd!

   [14 marks – 1 mark for each correctly changed form]

5. Example answers:
   (i) Yn **fy marn i** mae'r ysgol yn iawn, mae llawer o waith cartref ond rydw i'n mwynhau rhai pynciau ac mae ffrindiau da gyda fi. [2]
   (ii) Rydw i'n meddwl bod Saesneg yn dda iawn, dw i'n hoffi darllen nofelau a dysgu am ffyrdd o ysgrifennu. [2]
   (iii) Fy hoff bwnc i ydy daearyddiaeth, mae'r athro yn wych ac mae'r gwersi yn ddiddorol iawn bob amser. [2]
   (iv) Weithiau mae llawer o bwysau gyda gwaith cartref ac adolygu am arholiadau. Mae'r athrawon yn helpu ond yn y diwedd mae rhaid i ni wneud y gwaith! [2]

   (v) Hoffwn i gael lolfa i ymlacio amser cinio achos dydw i ddim yn hoffi chwarae gemau tu allan a dydw i ddim eisiau mynd i'r llyfrgell. [2]

Pages 26–33 **Revise Questions**

Pages 26–27
1. (a) Rydw i wedi ennill can punt!
   (b) Mae e wedi cystadlu yn yr Eisteddfod.
   (c) Dydw i ddim wedi colli ras eleni.

2. (a) Ydw/Nac ydw
   (b) Ydy/Nac ydy
   (c) Ydy/Nac ydy

Pages 28–29
1. (a) Gwyliais i'r teledu neithiwr.
   (b) Bwytais i gaws ar dost.
   (c) Darllenodd hi'r llyfr yn yr ysgol.

2. (a) Siaradais i ddim â Mrs Roberts.
   (b) Yfodd e ddim lemonêd yn y parti.
   (c) Chanais i ddim gyda'r côr.
   (ch) Weithion ni ddim ddydd Sadwrn.

Pages 30–31
1. (a) Es i adre.
   (b) Gwnes i fy ngwaith cartref.
   (c) Ces i fy ngeni yng Nghymru.

2. (a) Cafodd Elis James ei eni yn Hwlffordd.
   (b) Cafodd Alex Jones ei geni yn Rhydaman.
   (c) Cafodd Charlotte Church ei geni ym 1986.

Pages 32–33
1. (a) It was sunny yesterday.
   (b) I used to walk to school but now I cycle.
   (c) Mum thought that Aled Jones was wonderful because he sang in Welsh.

2. (a) Roeddwn i'n teimlo'n sâl ddydd Mawrth.
   (b) Roedd hi'n arfer mwynhau chwarae hoci.
   (c) Roeddwn i'n meddwl ei bod hi'n ofnadwy.

Pages 34–35 **Review Questions**

1. (i) – (e), (ii) – (dd), (iii) – (f), (iv) – (b), (v) – (a), (vi) – (d),
   (vii) – (ch), (viii) – (c) [8 marks]

2. Shwmae, Ruth ydw i ac rydw i'n un deg saith oed. Mae pedwar o bobl yn fy nheulu i: fy mam, fy mrawd, fy chwaer a fi. Mae fy chwaer Sasha yn un deg naw oed ac mae hi'n mynd i Brifysgol Bangor. Mae hi'n astudio bioleg. Mae Sasha yn mwynhau nofio a siopa ond dydy hi ddim yn mwynhau gwylio ffilmiau achos mae hi'n meddwl eu bod nhw'n ddiflas. Rydw i'n hoffi cael pryd o fwyd gyda fy nheulu achos mae pawb gyda'i gilydd. Rydw i'n meddwl bod fy nheulu yn wych. [31 marks]

3. Example answers:
   (i) Rydw i'n meddwl ei fod e'n bwysig iawn achos maen nhw'n helpu pobl. [2]
   (ii) Rydw i'n meddwl ei fod e'n ddefnyddiol achos mae pawb angen torri gwallt! [2]
   (iii) Rydw i'n meddwl ei fod e'n waith anodd, dydw i ddim yn hoffi dannedd pobl eraill! [2]
   (iv) Rydw i'n meddwl ei fod e'n waith cyffrous a diddorol, yn dod â'r newyddion i bawb. [2]
   (v) Maen nhw'n meddwl ei fod e'n waith peryglus achos mae'r heddlu yn sortio problemau mawr allan. [2]

4. The following answers should be circled.

(i)	Dydw i ddim yn hoffi losin.	[1]
(ii)	Mae gwallt hir gyda Jake.	[1]
(iii)	Hoffwn i astudio mathemateg yn y brifysgol.	[1]
(iv)	Cysgais i am ddeg awr.	[1]
(v)	Rydw i wrth fy modd yn pobi.	[1]
(vi)	Mae *Lingo newydd* yn gylchgrawn da.	[1]

1. Example answers:
  (i)   Ydw, dw i wedi bod yn Ffrainc yn yr haf. [1]
  (ii) Nac ydw, dydw i ddim wedi gweithio mewn caffi ond rydw i wedi gweithio mewn siop. [1]
  (iii) Ydyn, rydyn ni wedi aros mewn carafán yn Aberaeron. [1]
  (iv) Ydy, mae'r ysgol yn mynd i Lan-llyn bob blwyddyn. [1]
  (v)   Nac ydw, dim eto ond rydw i'n gobeithio mynd i ysgol gynradd. [1]

2. (i)   <u>Gwyliais</u> i'r teledu neithiwr. [1]
  (ii) <u>Darllenodd</u> e nofel gan Alun Jones. [1]
  (iii) <u>Gweithion</u> nhw ar y fferm ddydd Sadwrn. [1]
  (iv) <u>Enillodd</u> hi'r gêm tenis yn erbyn Catrin Jones. [1]
  (v)   <u>Arhoson</u> ni am y bws am hanner awr. [1]

3. (i)   Es i i'r sinema gyda fy ffrindiau nos Iau. [1]
  (ii) Prynais i ginio yn ffreutur y coleg. [1]
  (iii) Chwaraeodd e mewn gêm rygbi yn y stadiwm. [1]
  (iv) Cafodd e ei eni yng Nghaerfyrddin ym mil naw wyth saith. [1]
  (v)   Roeddwn i'n meddwl bod y cyngerdd yn fendigedig. [1]

4. • Amser Perffaith   Perfect Tense
  • Amser Gorffennol   Past Tense
  • Amser Amherffaith Imperfect Tense

Dan	Beth wnest ti neithiwr, Jess?	[1]
Jess	Es i allan i'r dref gyda'r merched. Beth amdanat ti?	[1]
Dan	O, dim byd, arhosais i gartre, roedd llawer o waith cartref gyda fi.	[2]
Jess	O na, druan â ti! Cawson ni noson dda yn y dref, cawson ni fwyd yn gyntaf ac wedyn aethon ni i'r sinema.	[3]
Dan	Pa ffilm welsoch chi?	[1]
Jess	Gwelon ni ffilm newydd Marc Evans, *Space Dust*. Roedd hi'n ddoniol iawn!	[2]
Dan	Doniol, wir? Roeddwn i'n meddwl ei bod hi'n ffilm ffug-wyddonol.	[1]
Jess	Ti'n iawn, ond roedd hi mor ofnadwy roedd hi'n ddoniol! Wyt ti wedi gweld ffilmiau eraill Marc Evans?	[3]
Dan	Ydw, dw i wedi gweld *Speed of Light* a *Planetary Roads*. Roeddwn i'n meddwl eu bod nhw'n wych!	[2]
Jess	Dw i'n cytuno, dyna pam es i i weld y ffilm newydd, ond wir, roedd hi'n anobeithiol!	[2]

5. Example answers:
  (i)   Roeddwn i'n hapus iawn ddoe. [1]
  (ii) Roeddwn i'n sâl ar y penwythnos. [1]
  (iii) Roedd hi'n bwrw glaw ddydd Sadwrn. [1]
  (iv) Roeddwn i'n drist iawn wythnos diwethaf. [1]
  (v)   Roedd hi'n heulog iawn ddydd Llun. [1]
  (vi) Roeddwn i wedi blino y bore 'ma. [1]

Pages 38–39
1. (a) If I won the lottery I would travel the world.
  (b) I'd like to go on a zip wire in Snowdonia.

2. (a) Gallen ni godi am ddeg o'r gloch.
  (b) Dylwn i ddechrau fy ngwaith cartref.

Pages 40–41
1. (a) I will go to the sixth form next year.
  (b) My dad will be very happy.
  (c) Tomos won't move to England.

2. Example answers:
  Yn fy marn i dylen ni ailgylchu ein gwastraff i gyd, yn enwedig plastig. (In my opinion we should recycle all our waste, particularly plastic.)
  Dylai'r llywodraeth adeiladu mwy o dyrbinau gwynt achos mae'r gwynt am ddim. (The government should build more wind turbines because the wind is free.)
  Hoffwn i weld pobl yn bwyta llai o gig a bwyta mwy o lysiau sy'n well i'r amgylchedd. (I'd like to see people eating less meat and eating more vegetables which are better for the environment.)

Pages 42–43
1. (a) Write an article about young people's problems.
  (b) Discuss the pictures and give your opinion.
  (c) We must eat less sugar and fat.

2. Example answers:
  Mae rhaid i fi godi erbyn hanner awr wedi saith. (I have to get up by half past seven.)
  Mae rhaid i fi fwyta brecwast. (I have to eat breakfast.)
  Mae rhaid i fi ddal y bws. (I have to catch the bus.)

1. Dros hanner tymor es i gyda Dad i Gaerdydd. Arhoson ni gyda fy modryb yn y Bae. Mae fflat smart iawn gyda hi yn edrych dros y môr. Ar y noson gyntaf aethon ni i Ganolfan y Mileniwm i weld sioe sgiliau syrcas, roeddwn i'n meddwl ei bod hi'n ardderchog. Roedd dros ugain o berfformwyr yn y sioe ac roedden nhw i gyd yn dalentog dros ben! Treulion ni ddydd Mercher yn yr Amgueddfa Genedlaethol; gwelon ni'r deinosoriaid wrth gwrs a'r gwaith celf. Ces i amser gwych achos roedd arddangosfa ffotograffiaeth du a gwyn ymlaen.
[1 mark each = 10 marks]

2. (i) – (dd); (ii) – (ch); (iii) – (e); (iv) – (f); (v) – (b); (vi) – (d); (vii) – (a); (viii) – (c) [8 marks]

3.

(i) Codais i am chwarter wedi saith.	✓ [1]
(ii) Ces i wy i frecwast.	✓ [1]
(iii) Y wers gyntaf heddiw oedd gwyddoniaeth.	✓ [1]
(iv) Es i i ymarfer côr am ugain munud i ddau.	✓ [1]
(v) Cyrhaeddais i adre am bum munud ar hugain i bump	✓ [1]

4.

		Cywir	Anghywir	
(i)	Hedfanodd Llew o Landrindod i Efrog Newydd.		✓	[1]
(ii)	Doedd Llew ddim yn hoffi'r Statue of Liberty.		✓	[1]
(iii)	Mae dros 100 llawr yn yr Empire State Building.	✓		[1]
(iv)	Aeth Llew i Central Park ddydd Sul.		✓	[1]
(v)	Roedd nos Lun yn noson dda.	✓		[1]
(vi)	Mae Llew wedi mwynhau'r daith.	✓		[1]

Pages 46–47 Practice Questions

1.
- Cysylltwch   (iv)   [1]
- Rhowch   (ii)   [1]
- Gwisgwch   (vi)   [1]
- E-bostiwch   (i)   [1]
- Ffoniwch   (iii)   [1]
- Anfonwch   (v)   [1]

2. (i) Hoffai Rhydian fod yn athro.   [1]
(ii) Hoffai Nia fod yn feddyg.   [1]
(iii) Hoffai Sioned fod yn gantores.   [1]
(iv) Hoffai Carl fod yn hyfforddwr chwaraeon.   [1]
(v) Hoffwn i fod yn ...   [1]

3. (i) – (ch)   [1]
(ii) – (d)   [1]
(iii) – (b)   [1]
(iv) – (c)   [1]
(v) – (a)   [1]

4.
- Amser Amodal   Conditional Tense
- Amser Dyfodol   Future Tense
- Gorchmynion   Commands

Hoffwn i wneud cais i fynd ar gwrs mecaneg ceir yn y coleg achos rydw i'n dwlu ar beiriannau ac yn y dyfodol hoffwn i fod yn fecanydd. Hoffi i ddysgu sut i drwsio ceir a lorïau ac wedyn bydda i'n gallu gweithio mewn garej fawr. Yn ddelfrydol hoffwn i weithio i gwmni mawr a baswn i wrth fy modd yn teithio.   [1]   [2]

Mae'r cwrs yn swnio'n wych i fi. Bydd gweithio ar geir yn ddiddorol wrth gwrs ond bydd hi'n gyffrous iawn gweithio ar beiriannau mawr hefyd.   [1] [2] [1]

Dylwn i basio pump o bynciau TGAU gyda graddau A*–C. Bydd mathemateg, Saesneg, Cymraeg, technoleg a gwyddoniaeth yn saff ond hefyd hoffwn i gael gradd dda mewn hanes ac ymarfer corff.   [2]

Cofiwch gysylltu â fi os ydych chi angen mwy o wybodaeth. E-bostiwch neu ffoniwch, bydda i'n hapus iawn i ateb eich cwestiynau.   [1] [2]

Yn gywir iawn   [2]
Ceri Davies

Pages 48–51 Revise Questions

Pages 48–49

1. Example answer: Opinions noted after watching a discussion about post-GCSE choices

Rob	XXX sch ugh! → college – st. plumbing – v useful – get job ✓ ✓
Harry	∵ gd teachers, friends ✓ ✓ ✓ A levels in sch 6th form = ☺ ☺ ☺ Mus? Art? → interest
Stephen	NOT sure – col? Sch? Def A levs but where? – Sch = friends = gd teachers Col = grown up, freedom

Pages 50–51

1. Example answer: After watching a discussion about whether to get a Saturday job

Cari	Llandudno – caffis, gwestai – HAF Oriau HIR + dim lot o arian Gaeaf = dim byd!
Sacha	Caerdydd – lot o swyddi – caffis, siopau, glanhau Arian = OK → prynu dillad & gwyliau OND gwaith TGAU + ☺mynd allan
Becky	Aberhonddu – dim llawer o swyddi ? caffi/garej ☺ achos eisiau → chwaraeon – hoci, rygbi, rhedeg. Dim arian = ☺ond Mam yn helpu

Pages 52–53 Review Questions

1. (i) Ar ôl Lefelau A hoffwn i deithio i Fietnam a Gwlad Thai. [1]
(ii) Bydd Alex yn chwarae yn y gêm ddydd Sadwrn. [1]
(iii) Dylwn i lanhau fy ystafell heno neu bydd Mam yn grac! [1]
(iv) Dewch i'r sioe nos Sadwrn bydd hi'n llawer o hwyl. [1]
(v) Am fwy o fanylion cysylltwch â'r swyddfa. [1]

2. (i) – (c); (ii) – (e); (iii) – (d); (iv) – (f); (v) – (a); (vi) – (ch); (vii) – (b); (viii) – (dd) [8 marks]

3. (i) Bydd Tomos yn chwarae rygbi dros Gymru yn y dyfodol dw i'n siŵr! [1]
(ii) Pe baswn i'n gallu siarad Sbaeneg baswn i'n symud i Sbaen. [1]
(iii) Yn y dyfodol hoffwn i fod yn bensaer. [1]
(iv) Mae prawf cemeg ddydd Gwener felly dw i'n credu dylwn i adolygu heno. [1]
(v) Basai Lisa yn hapus i helpu gyda'r cyngerdd dw i'n gwybod. [1]

4.

Dewch i ymuno â
Chlwb Rhedeg y Dyffryn

Bob nos Lun 7:00–8:30
Parc y Dyffryn

Gwisgwch esgidiau rhedeg a dillad cynnes a llac

Am fwy o fanylion darllenwch ein gwefan:
clwbrhedegydyffryn.com

E-bostiwch: johnjones@hotmail.co.uk
neu
Ffoniwch: 07785 945123

[5 marks]

Pages 54–57

1. (i)   Alice Howell sydd yn y clip. [1]
    (ii) Mae hi'n un deg wyth oed. [1]
    (iii) Mae hi wedi ennill Medal y Dysgwyr. [1]
    (iv) Mae'r clip yn digwydd yn Eisteddfod yr Urdd. [1]
    (v)   Mae'r sgwrs am ddysgu Cymraeg a defnyddio'r
          Gymraeg yn y dyfodol. [1]

2. (i)   Mae hi'n hapus iawn. [1]
    (ii) Cyfweliad (interview) ydy e. [1]
    (iii) Mae hi'n gwrando ar y cwestiynau. [1]
    (iv) Mae pobl yn siarad ac mae plant yn chwarae. [1]
    (v)   Mae Alice wedi ennill Medal y Dysgwyr yn Eisteddfod
          yr Urdd. Yn y cyfweliad mae hi'n ateb cwestiynau am
          ddysgu a defnyddio'r Cymraeg. [2]

3. (i)   Enw'r ferch ydy Alice Howell. [1]
    (ii) Ydy, achos mae hi wedi ennill Medal y Dysgwyr am
          ddysgu'r Gymraeg. [2]

4. Each box ticked = 1 mark

5. Each box ticked = 1 mark

6. (i)   learn to speak Welsh [1]
    (ii)   age seven [1]
    (iii) primary school [1]
    (iv)   year eleven [1]
    (v)   stay in Wales [1]
    (vi)   music [1]
    (vii) college [1]
    (viii) open doors [1]
    (ix)   especially [1]
    (x)   home [1]
    (xi)   in English [1]
    (xii) answer [1]
    (xiii) definitely [1]
    (xiv) orchestra [1]
    (xv)   win [1]
    (xvi) confidently [1]

7. Example answers:
    *   **Beth mae Alice Howell wedi gwneud?**
        **Mae hi wedi ennill Medal y Dysgwyr yn Eisteddfod
        yr Urdd 2015.**

*   **Hoffet ti siarad Cymraeg yn rhugl? Pam?**
    **Hoffwn, achos hoffwn i weithio yn Gymraeg a gallu deall
    rhaglenni teledu Cymraeg. Dw i'n mwynhau cerddoriaeth
    Gymraeg felly hoffwn i ddeall y caneuon i gyd.**
*   **Sut bydd ennill y fedal yn helpu Alice yn y dyfodol?**
    **Bydd hi'n siarad Cymraeg mwy gyda'i ffrindiau ac mae'n
    wych i fod yn hyderus yn siarad Cymraeg gyda phobl.**
*   **Yn dy farn di ydy hi'n bwysig bod pawb yn dysgu Cymraeg?**
    **Ydy, dw i'n credu dylai pawb gael y cyfle i siarad Cymraeg.
    Mae'r Gymraeg yn perthyn i bawb yng Nghymru!**
*   **Beth ydy prif ddiddordeb Alice?**
    **Prif ddiddordeb Alice ydy cerddoriaeth. Mae hi wedi ennill
    ysgoloriaeth i astudio yn y Coleg Cerdd a Drama. Yn y dyfodol
    mae hi'n gobeithio chwarae mewn cerddorfa dda yng Nghymru.**
*   **Ble rwyt ti'n gallu defnyddio'r Gymraeg tu allan i'r ysgol yn
    dy ardal di?**
    **Mae ffrindiau gyda fi sy'n siarad Cymraeg. Hefyd mae clwb
    nofio Cymraeg yn y ganolfan hamdden.**
*   **Ble mae Alice yn dweud bod llawer o gyfle i siarad Cymraeg?**
    Mae Alice yn dweud bod llawer o gyfle i siarad Cymraeg ar S4C.
*   **Ydy cystadleuaeth dysgu Cymraeg yn syniad da?**
    **Yn fy marn i mae'n syniad da achos mae'r enillwyr yn gallu
    ysbrydoli pobl eraill i ddysgu Cymraeg. Maen nhw'n dangos
    ei bod hi'n bosib dod yn rhugl yn Gymraeg.**
*   **Ydy Alice yn meddwl bydd dysgu Cymraeg yn helpu hi gyda
    gwaith yn y dyfodol?**
    **Ydy, hoffai hi weithio gyda cherddorfa dda yng Nghymru ac
    mae llawer o gyfleoedd i siarad Cymraeg yn enwedig ar S4C.**
    [10 marks]

8. Example answers:
    (i)   **Fel Alice dechreuais i ddysgu Cymraeg yn yr ysgol gynradd
          ond yn wahanol i Alice dechreuais i pan oeddwn i'n bump
          oed yn y dosbarth derbyn.**
    (ii) **Dysgais i bethau syml hefyd, dw i'n gallu cofio dysgu canu
          'Mi welais Jac y Do' a gwrando ar storïau Sali Mali.**
    (iii) **Dw i'n ateb cwestiynau Saesneg yn Gymraeg hefyd weithiau.
          Hefyd, weithiau dw i'n cymysgu Cymraeg a Ffrangeg!**
    (vi) **Does neb yn siarad Cymraeg yn fy nheulu i chwaith ond
          mae ffrind Mam, Siân, yn siarad Cymraeg.** [8 marks]

9. Example answer: [10 marks]

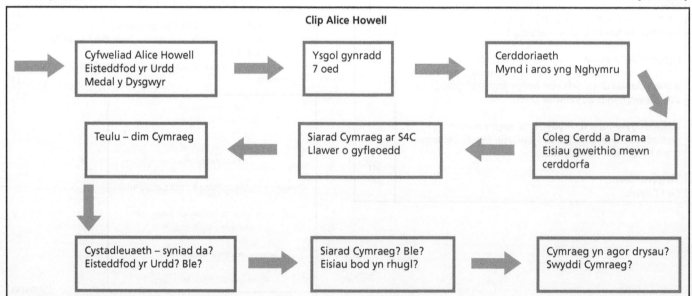

Clip Alice Howell

Cyfweliad Alice Howell
Eisteddfod yr Urdd
Medal y Dysgwyr

Ysgol gynradd
7 oed

Cerddoriaeth
Mynd i aros yng Nghymru

Teulu – dim Cymraeg

Siarad Cymraeg ar S4C
Llawer o gyfleoedd

Coleg Cerdd a Drama
Eisiau gweithio mewn
cerddorfa

Cystadleuaeth – syniad da?
Eisteddfod yr Urdd? Ble?

Siarad Cymraeg? Ble?
Eisiau bod yn rhugl?

Cymraeg yn agor drysau?
Swyddi Cymraeg?

Pages 58–59

1. (a) Beth rwyt ti'n feddwl am wyliau yng Nghymru?
   (b) Wyt ti'n hoffi gwylio op**er**âu sebon?
   (c) Wyt ti'n 'smygu?

2. Example answer:

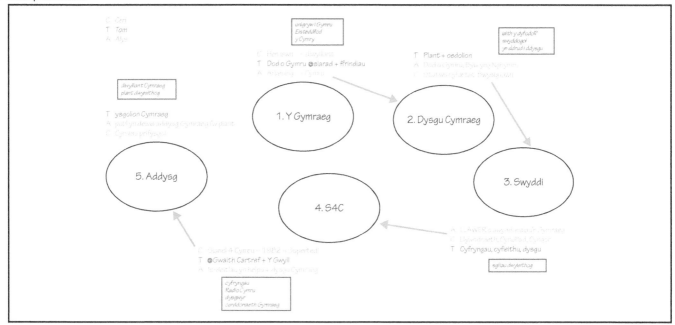

Pages 60–61

1. (a) Pam oedd Nia yn siarad ar y ffôn?
   (b) Wyt ti'n cytuno bod cerddoriaeth Gymraeg yn cŵl?
   (c) Beth rwyt ti'n feddwl am y lluniau?

2. (a) Ble mae pobl yn dysgu Cymraeg yn yr ardal? (Where do people learn Welsh in the area?)
   (b) Faint mae tymheredd y môr yn codi? (How much is the temperature of the sea rising?)
   (c) Beth yw peryglon goryfed i bobl ifanc? (What are the dangers of over-drinking for young people?)

Pages 62–63

1. (a) Yn y clip gwelon ni ddau fachgen yn siarad ar y bws.
   (b) Yn wahanol i Gwen, rydw i'n mwynhau siopa.
   (c) Faset ti'n gwisgo jîns i gyfweliad?

2. (a) Mae Megan yn hoffi gwyliau ar y traeth.
   (b) Mae Alun yn meddwl bod ysmygu yn arferiad ffiaidd.
   (c) Dydy Bethan ddim yn poeni am yr ysgol achos mae hi'n meddwl bod yr athrawon yn dwp.

Pages 64–65

1. (a) Mae helpu pobl eraill yn bwysig hefyd.
   (b) Ond beth am weithio yng Nghymru?

2. Example answer:

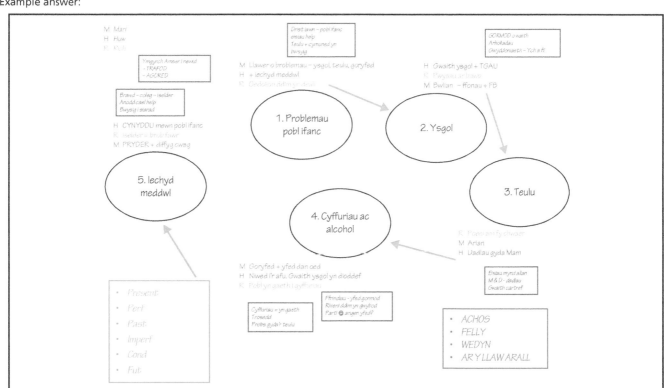

1. (i)   Mae'r clip yn digwydd yn Ysgol Bro Pedr. [1]
   (ii) Mae'r bobl ifanc tua 16–18 oed. [1]
   (iii) Maen nhw'n trafod chwe phwnc llosg. [1]
   (iv) Mae Nest Jenkins yn siarad am Senedd Ieuenctid Prydain. [1]
   (v) Mae Elin Jones yn siarad am sefydlu senedd ieuenctid i Gymru. [1]
2. Each box ticked = 1 mark
3. [6 marks]

	Addysg	Trafnidiaeth ardal wledig	Iechyd	Ffioedd dysgu	Pleidlais 16 oed	Economi a thlodi
Lleucu			✓			
Hari					✓	
Alpha	✓					
Ffion				✓		
Cyffin						✓
Briallt		✓				

4. Each box ticked = 1 mark
5. (i)   universities [1]
   (ii)   young people [1]
   (iii) future [1]
   (iv)   important [1]
   (v)   worry/concern [1]
   (vi)   voice [1]
   (vii) opinion [1]
   (viii) discuss [1]
   (ix)   finance/budget [1]
   (x)   curriculum [1]
   (xi)   youth parliament [1]
   (xii) stop/prevent [1]
6. Example answers:
   • Beth mae'r bobl ifanc yn trafod yn y clip?
   Maen nhw'n trafod addysg, trafnidiaeth, iechyd, ffioedd dysgu, pleidlais 16 oed ac economi a thlodi. [2]

   • Beth ydy'r pwnc llosg pwysicaf i ti?
   Y pwnc llosg pwysicaf i fi ydy ffioedd dysgu achos hoffwn i fynd i'r brifysgol ond dydw i ddim eisiau benthyg llawer o arian. [2]

   • Beth ydy dy farn di am senedd ieuenctid i Gymru?
   Yn fy marn i mae'n syniad ardderchog achos dylai pobl ifanc gael llais i ddweud beth maen nhw'n meddwl a beth maen nhw eisiau yn y dyfodol. Mae fy ffrind, Huw, yn cynrychioli'r ysgol yn Senedd Ieuenctid Cymru. Mae e wedi cael profiad gwych. [2]

   • Wyt ti'n cytuno gyda Hari?
   Ydw, achos rydw i'n meddwl dylai pobl ifanc 16 oed gael pleidleisio hefyd. Mae person 16 oed yn gallu priodi neu ymuno â'r fyddin felly dylen ni gael pleidleisio hefyd. Dydy hi ddim yn deg ar hyn o bryd! [2]

   • Faint ydy'r ffioedd i fynd i'r brifysgol?
   Yn y clip mae Ffion yn dweud bod ffioedd dysgu yn £9,000 y flwyddyn. Dw i'n meddwl bod naw mil yn rhy uchel. Mae llawer o bobl sydd eisiau mynd i'r brifysgol ond dydyn nhw ddim yn gallu fforddio'r ffioedd. [2]

   • Beth mae Briallt yn dweud?
   Mae Briallt yn siarad am drafnidiaeth gyhoeddus mewn ardaloedd gwledig. Mae hi'n dweud basai cael bysiau a trenau mewn ardal wledig yn helpu llawer. Rydw i'n cytuno gyda hi achos rydyn ni i gyd yn dibynnu ar ein rhieni i roi lifftiau i ni. [2]

   • Beth roeddet ti'n feddwl am y bobl ifanc?
   Roeddwn i'n meddwl eu bod nhw'n siarad yn dda iawn ac roedden nhw'n mynegi eu barn yn glir. Hoffwn i wneud fideo o fy ffrindiau i'n rhoi eu barn ar bynciau llosg. [2]

   • Hoffet ti fod yn aelod o senedd ieuenctid? Pam?
   Hoffwn, achos rydw i'n credu ei bod hi'n bwysig i oedolion glywed beth mae pobl ifanc yn meddwl. Mae barn gryf gyda fi ar yr amgylchedd ac ailgylchu sbwriel a hoffwn i fynd i'r Cynulliad i esbonio wrth bobl. [2]

   • Hoffet ti fynd i'r brifysgol?
   Hoffwn, yn bendant! Hoffwn i fynd i'r brifysgol achos rydw i eisiau bod yn newyddiadurwr yn y dyfodol. Ond mae'n ddrud iawn i fynd i'r brifysgol nawr ac rydw i'n poeni am y ffioedd. [2]

7. [10 marks]

Example answer:

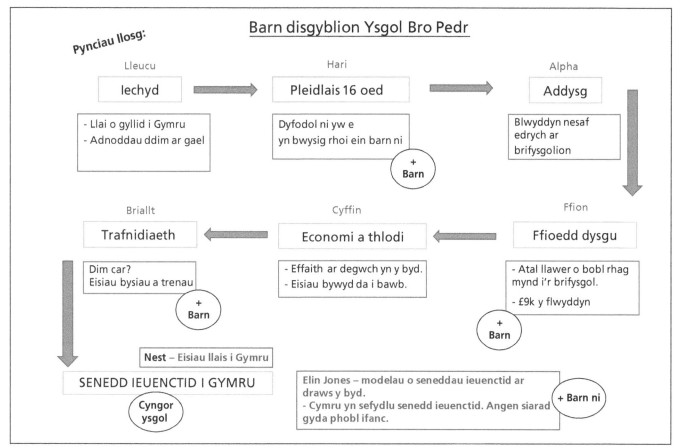

Barn disgyblion Ysgol Bro Pedr

Pynciau llosg:

Lleucu
Iechyd
- Llai o gyllid i Gymru
- Adnoddau ddim ar gael

Hari
Pleidlais 16 oed
Dyfodol ni yw e
yn bwysig rhoi ein barn ni
+ Barn

Alpha
Addysg
Blwyddyn nesaf
edrych ar
brifysgolion

Briallt
Trafnidiaeth
Dim car?
Eisiau bysiau a trenau
+ Barn

Cyffin
Economi a thlodi
- Effaith ar degwch yn y byd.
- Eisiau bywyd da i bawb.

Ffion
Ffioedd dysgu
- Atal llawer o bobl rhag
mynd i'r brifysgol.
- £9k y flwyddyn
+ Barn

Nest – Eisiau llais i Gymru

SENEDD IEUENCTID I GYMRU
Cyngor ysgol

Elin Jones – modelau o seneddau ieuenctid ar
draws y byd.
- Cymru yn sefydlu senedd ieuenctid. Angen siarad
gyda phobl ifanc.
+ Barn ni

Pages 70–73 **Practice Questions**

1. (i) Wyt ti'n hoffi dy ardal di? [1]
   (ii) Beth sydd yn y lluniau? [1]
   (iii) Beth rwyt ti'n feddwl am bobl ifanc yn yfed alcohol? [1]
   (iv) Wyt ti'n chwarae chwaraeon? [1]
   (v) Wyt ti erioed wedi sgïo? [1]
   (vi) Wyt ti'n cytuno gyda Charlotte bod cyfryngau
        cymdeithasol yn achosi llawer o broblemau i bobl ifanc? [1]

2. (i) Pwy oedd yn y clip? [1]
   (ii) Beth oedd problem Tom? [1]
   (iii) Beth ddwedodd Sarah? [1]
   (iv) Beth roeddet ti'n feddwl am Ed? [1]
   (v) Wyt ti'n cytuno gyda Harriet neu gyda Danny? [1]
   (vi) Beth roedd Ben yn meddwl am y pwll nofio newydd? [1]

3. (i) Ydw/Nac ydw [1]
   (ii) Ydy/Nac ydy [1]
   (iii) Oeddwn/Nac oeddwn [1]
   (iv) Ydw/Nac ydw [1]
   (v) Baswn/Na faswn [1]
   (vi) Hoffwn/Na hoffwn [1]

4. (i) Beth mae'r tabl yn dangos? [1]
   (ii) Beth rwyt ti'n feddwl am y graff? [1]
   (iii) Beth ydy barn Ryan? [1]
   (iv) Yn y clip gwelon ni dri o bobl yn siarad. [1]
   (v) Roedd cyfweliad gyda menyw o'r enw Kate. [1]
   (vi) Dwedodd Amy Pugh ei bod hi eisiau siarad
        Cymraeg yn rhugl. [1]

5. (i) Ydy cadw'n heini yn bwysig i ti? [1]
   (ii) Beth ydy'r gwahaniaeth rhwng gemau a chwaraeon? [1]
   (iii) Wyt ti'n cytuno gyda rasio ceffylau? [1]
   (iv) Wyt ti'n credu ei fod e'n greulon? [1]
   (v) Oes well gyda ti chwaraeon tîm neu chwaraeon unigol? [1]
   (vi) Pa chwaraeon newydd hoffet ti drio? [1]

6. (i) Beth mae'r graff yn dangos? [1]
   (ii) Faint o bobl ifanc sy'n siarad Cymraeg? [1]
   (iii) Pam mae mwy o bobl ifanc yn siarad Cymraeg? [1]
   (iv) Beth ydy manteision siarad Cymraeg? [1]
   (v) Faset ti'n dewis addysg Gymraeg i dy blant? [1]
   (vi) Beth mae dy rieni yn meddwl am addysg Gymraeg? [1]

7. (i) (dd) [1]
   (ii) (e) [1]
   (iii) (ff) [1]
   (iv) (g) [1]
   (v) (f) [1]
   (vi) (a) [1]
   (vii) (c) [1]
   (viii) (d) [1]
   (xi) (b) [1]
   (x) (ch) [1]

8. Example answers:
   (i) Mae Abi yn meddwl bod problem fawr gyda llygredd,
       yn enwedig mewn dinasoedd mawr fel Llundain. [1]
   (ii) Ydw, rydw i'n cytuno gyda Hasan achos mae rhaid i ni i
        gyd weithio i leihau cynhesu byd-eang. Mae'r Arctig yn
        toddi felly mae lefel y môr yn codi ac mae llifogydd yn
        dod yn gyffredin iawn. [1]
   (iii) Mae Matilda eisiau cael car trydan achos maen nhw'n
        defnyddio llai o ynni. Rydw i'n meddwl bod ceir trydan yn
        syniad gwych ond does dim llawer o bobl yn defnyddio
        nhw eto. [1]
   (iv) Mae Grace yn meddwl bod rhaid ffeindio ffyrdd newydd
        o greu ynni. Rydw i'n cytuno, dw i'n meddwl dylai'r
        llywodraeth roi mwy o arian i ddatblygu ynni gwynt ac
        ynni'r môr. [1]
   (v) Rydyn ni'n ailgylchu llawer o sbwriel ac rydyn ni'n
       defnyddio bylbiau hir-dymor ond does dim paneli solar
       gyda ni. [1]

(vi) Dydw i ddim yn credu bod pobl yn gwneud digon i helpu'r amgylchedd ond dw i'n meddwl bod rhaid i'r llywodraeth arwain y ffordd. [1]

9. Example answers:
   (i) Y pethau gorau yn yr ardal ydy'r sinema a'r parciau. Mae'r sinema yn smart iawn ac mae'r tocynnau'n rhesymol iawn, dim ond pedair punt. Dw i wrth fy modd gyda'r parciau, yn enwedig yn yr haf. [2]
   (ii) Mae angen pethau newydd yn yr ardal. Hoffwn i weld canolfan ieuenctid gyda chyfleusterau chwaraeon a chlybiau i bobl ifanc. Hoffwn i ddysgu sgiliau newydd fel saethyddiaeth a chrefftau. [2]
   (iii) Rydw i'n meddwl bod yr ardal yn lle da i fyw achos mae'n ddiogel ac mae pawb yn 'nabod pawb. Ar y llaw arall hoffwn i fyw mewn dinas yn y dyfodol achos does dim llawer i wneud yma. [2]
   (iv) Yn fy marn i dylai'r cyngor lanhau'r parciau bob dydd a'r traeth bob wythnos achos mae llawer o sbwriel. Dw i'n meddwl ei fod e'n ofnadwy weithiau. [2]
   (v) Mae'n bwysig bod pethau i bawb yn yr ardal. Mae rhai pobl eisiau siopau da ond mae rhai pobl eisiau canolfan hamdden newydd. [2]

Pages 74–81 Revise Questions

Pages 74–75
1. (a) Where, holidays
   (b) When, television

2. (a) How many people live in the village?
   (b) What kind of food do you like?

Pages 76–77
1. (a) tref (town)
   (b) pont (bridge)
   (c) tair (three)
   (ch) bara (bread)
   (d) pobl (people)
   (dd) mam (mum)
   (e) rhedeg (to run)
   (f) tost (toast)
   (ff) plant (children)
   (g) dannedd (teeth)

2. (a) Mae'r ffair yn dechrau ...
   (b) Arhosodd Alex ...
   (c) Roedd Will eisiau mynd i Lundain achos ...

Pages 78–79
1. (a) Mae Geraint yn chwarae'r piano ond dydy Owain ddim.
   (b) Fel Gwen rydw i wedi gweithio mewn caffi.
   (c) Yn wahanol i Dylan mwynheais i'r ysgol gynradd.

2. (a) Rydw i'n cytuno gyda Catrin achos mae ysmygu yn beryglus iawn ac mae'n arferiad ffiaidd.
   (b) Rydw i'n anghytuno gyda Tomos, mae ysmygu goddefol yn ddrwg i iechyd pawb. Mae'n gas gyda fi anadlu mwg pobl eraill.

Pages 80–81
1. (a) Mae Scott yn mwynhau cadw'n heini ac mae e'n hoffi gwrando ar gerddoriaeth.
   (b) Roedd Elin yn teimlo'n gyffrous iawn ond doedd hi ddim yn nerfus.
   (c) Aeth Jenny i'r cyngerdd nos Iau gyda Tim, ei brawd.

2. (a) fy mhlant i
   (b) ei gariad e
   (c) ei theulu hi

Pages 82–85 Review Questions

1. Example answer: [10 marks]

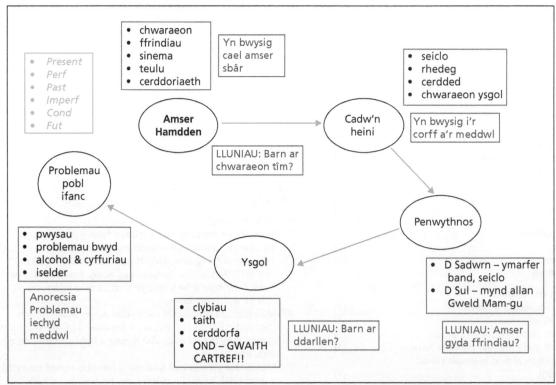

2. (i) (e) [1]
   (ii) (ch) [1]
   (iii) (dd) [1]
   (iv) (c) [1]
   (v) (f) [1]
   (vi) (b) [1]
   (vii) (a) [1]
   (viii) (d) [1]

3. (i) Beth amdanat ti? [1]
   (ii) Wyt ti'n cytuno gyda beth mae Jason yn dweud? [1]
   (iii) Ar y llaw arall mae llawer o bwysau ar bobl ifanc heddiw. [1]
   (iv) Ond beth am gyffuriau? [1]
   (v) Dw i ddim yn deall, sori. [1]
   (vi) Wyt ti wedi meddwl am fynd i Batagonia? [1]
   (vii) Beth hoffet ti astudio am Lefel A? [1]

(viii) Cofiwch hefyd fod llygredd yn broblem fawr mewn afonydd a'r môr. [1]

(ix) Mae ymarfer corff yn bwysig hefyd. [1]

(x) Mae defnyddio'r We yn gallu achosi problemau. [1]

4. Example answers:
(i) Gwirfoddoli

> • *Cwestiwn:* Ble mae Caitlin yn gwirfoddoli? [1]
> • *Ateb:* Mae hi'n helpu mewn siop elusen yn y dref. [1]

(ii) Technoleg

> • *Cwestiwn:* Wyt ti'n debyg i Rhodri gyda dy ffôn? [1]
> • *Ateb:* Ydw! Dw i'n defnyddio fy ffôn i decstio ac am y We. Mae'n help mawr gyda gwaith cartref hefyd. [1]

(iii) Problemau Pobl Ifanc

> • *Cwestiwn:* Wyt ti'n cytuno gyda Emily am y pwysau ar bobl ifanc? [1]
> • *Ateb:* Ydw, mae llawer o bwysau y dyddiau hyn felly dw i'n credu ei bod hi'n bwysig siarad â ffrindiau a'r teulu. [1]

(iv) Teithio

> • *Cwestiwn:* Hoffet ti deithio'r byd fel Chris? [1]
> • *Ateb:* Hoffwn, ond hoffwn i fynd i'r brifysgol gyntaf a gweithio i gael digon o arian. Wedyn hoffwn i fynd i Dde America achos dw i eisiau gweld Matsu Pitsu! [1]

5.

Steve	Beth sydd yn y lluniau?	[1]
Rhys	Mae lluniau o Gymru ac mae lluniau o blant yn gwisgo lan ar Ddydd Gŵyl Dewi.	[1]
Steve	Wyt ti'n dod o Gymru?	[1]
Rhys	Ydw, dw i'n falch iawn o fod yn Gymro, dw i'n cefnogi Cymru yn y rygbi a'r pêl-droed. Beth amdanat ti?	[1]
Steve	Nac ydw, ces i fy ngeni yn Lloegr. Symudon ni i Gymru pan oeddwn i'n naw oed, ond fel arfer dw i'n cefnogi Cymru hefyd achos dw i'n byw yng Nghymru ac weithiau dw i'n teimlo fel Cymro! Wyt ti'n cytuno gyda'r daflen bod llawer o bobl dim ond yn teimlo'n wladgarol ar ddiwrnod gêm?	[1]
Rhys	Ydw, yn bendant! Dw i'n meddwl ei bod hi'n bwysig bod yn Gymro bob dydd achos mae Cymru yn wlad fach ac mae'r Gymraeg yn bwysig iawn hefyd. Beth mae'r ystadegau yn dweud am siaradwyr Cymraeg?	[1]
Steve	Mae'r graff yn dangos bod 19% o bobl yng Nghymru yn siarad Cymraeg ond mae 42% o blant 10–14 oed yn siarad Cymraeg. Pam wyt ti'n meddwl bod mwy o bobl ifanc yn siarad Cymraeg, Rhys?	[1]
Rhys	Achos mae llawer o blant yn mynd i ysgolion Cymraeg. Hoffet ti fynd i ysgol Gymraeg, Steve?	[1]
Steve	Na hoffwn! Dw i ddim yn siarad Cymraeg yn dda iawn. Hoffet ti?	[1]
Rhys	Dw i ddim yn gwybod a dweud y gwir. Efallai basai'n dda. Mewn ysgolion Cymraeg mae pawb yn siarad Cymraeg a Saesneg yn rhugl.	[1]

1. [1 mark each]

• plant	• children
• dinas	• city
• bwyd	• food
• gwlad	• country
• bechgyn	• boys
• llythyr	• letter
• ci	• dog
• teulu	• family
• disgyblion	• pupils
• pawb	• everybody
• gwisg ysgol	• school uniform
• pethau	• things
• gwers	• lesson
• gwyliau	• holidays
• cadair	• chair
• pum	• five
• mis	• month
• cerdd	• poem
• pris	• price
• pynciau	• subjects

2. (i) dy dŷ di [1]
(ii) dwy ferch [1]
(iii) ei theulu hi [1]
(iv) ysgol feithrin [1]
(v) ei farn e [1]
(vi) y dref [1]
(vii) ei waith e [1]
(viii) fy mharti i [1]
(ix) yng Nghaerdydd [1]
(x) hoff lyfr [1]

3. (i) Mae Melissa yn meddwl bod operâu sebon yn ddiflas iawn. [1]
(ii) Dechreuodd Huw chwarae'r piano pan oedd e'n chwech oed. [1]
(iii) Hoffai Habiba fynd i Wlad yr Iâ i weld y geysers! [1]
(iv) Dydy Rhys ddim wedi prynu tocyn i'r sioe eto. [1]
(v) Gwyliodd Helen y gêm rygbi gyda'i Mam a Dad ddydd Sadwrn. [1]
(vi) Bydd Nia yn brysur iawn ar y penwythnos. [1]
(vii) Roedd Rafi'n dost neithiwr ond mae e'n teimlo'n well nawr. [1]
(viii) Mae Colin wedi bod yn Llundain yn aml. [1]

4. (i) fy mhen-blwydd i [1]
(ii) ei deulu e [1]
(iii) ei theulu hi [1]
(iv) eu priodas nhw [1]
(v) fy ngwaith i [1]
(vi) ei pharti hi [1]

5. (i) Mawrth 17 [1]
(ii) Owain [1]
(iii) Owain [1]
(iv) One answer:
Mae'r ddau yn dod o Gymru/Mae'r ddau yn chwarae chwaraeon. [2]
(v) e.e. Mae Owain yn byw yn yr Alban ond mae Jade yn byw yng Nghymru. [2]
(vi) Jade [1]

6. (i) [1 mark each]

(ii) [1 mark each]

a) Sawl cwestiwn sydd yn y gerdd?	pump ✓
b) Ble mae'r sbwriel?	ysgol a stryd ✓
c) Beth sydd yn y gerdd ddwy waith?	pennill 1 ✓

(iii) Ydw/Nac ydw [1]

2 reasons = 2 marks each e.g.
- Dw i'n hoffi'r gerdd achos mae rhythm da i'r gerdd. [2]
- Dw i'n hoffi'r gerdd achos mae sbwriel yn broblem i bawb. [2]

7. Dyddiad y sioe: Gorffennaf 17
   Amser: 6:00
   Cost: £6.50

8. [1 mark each]

Pages 90–107 **Revise Questions**

Pages 90–91

1. Ydw, dw i'n hoffi fy ardal[1] achos mae llawer o bethau i wneud fel mynd i'r pwll nofio, y ganolfan hamdden a'r parc[2]. Hefyd mae'n ardal lân a diogel a does dim llawer o graffiti a sbwriel[2].
(Yes, I like my area because there's lots of things to do like going to the swimming pool, the leisure centre and the park. Also it's a clean and safe area and there's not much graffiti and rubbish.)

Pages 92–93

1. Example answer:
Rydw i'n byw yn Aberteifi. Yn Aberteifi mae castell, afon, pwll nofio a sinema ond does dim canolfan siopa. Rydw i'n meddwl bod Aberteifi'n iawn ond weithiau mae'n gallu bod yn ddiflas

achos does dim llawer i wneud ac mae'n dawel iawn. Yn y dyfodol hoffwn i fyw mewn dinas fel Caerdydd neu Lundain achos mae llawer yn digwydd yno.
(I live in Cardigan. In Cardigan there's a castle, river, a swimming pool and a cinema but there's no shopping centre. I think that Cardigan's ok but sometimes it can be boring because there's not much to do and it's very quiet. In the future I'd like to live in a city like Cardiff or London because there's lots happening there.)

Pages 94–95

1. (a) Rydw i'n ysgrifennu i ofyn am y swydd ar eich gwefan.
   (b) Rydw i'n 16 oed ac rydw i wedi pasio wyth TGAU.
   (c) Yn y dyfodol hoffwn i fod yn nyrs.

2. Blog on Work Experience – example plan:
   - Intro – **Profiad Gwaith – Blwyddyn 10 – astudio TGAU, Dyfodol? Cyfrifydd?**
   - **Dydd Llun – Bws – Swyddfa Gyfrifydd – Staff, Tasg + BARN**
   - **Mawrth – Helpu Mrs Stephens + BARN**
   - **Mercher/Iau – Cyfarfod + Cyfrifon cwsmer**
   - **Gwener – gorffen, diolch + BARN + Reasons**
   - **Barn ar Brofiad Gwaith – syniad da, profiad da i fi (ddim i Alun! – Barn Alun)**

Pages 96–97

1. (a) Cafodd e ei eni yn Llangollen.
   (b) Mae hi'n byw yn Aberystwyth.
   (c) Mae dau o blant gyda fe.
   (ch) Rydw i'n meddwl ei bod hi'n actor bendigedig.

2. Example answer:
   Portread o fy nhad – PLAN
   - Enw = Paul Roberts, geni 1974 Birmingham. Priodi Mam 1999 Cwmbrân
   - Gwaith – Plismon – Heddlu Gwent
   - Hobïau = teithio, dringo, cerdded – Gwyliau yn Canada
   - Disgrifiad – tal, gwallt byr du + llwyd, llygaid brown
   - Personoliaeth – doniol, caredig + hael ond yn DWP!
   - Barn – dyn cryf ac yn barod i helpu, falch iawn o Dad!

Pages 98–99

1. (a) gwallt
   (b) gwylio
   (c) bwyd
   (ch) llythyr
   (d) ysgol gyfun

2. (a) Rydw i'n mynd ar y trên.
   (b) Wyt ti'n chwarae yn y gêm heno?
   (c) Rydw i'n meddwl bod ffilmiau arswyd yn dwp!

Pages 100–101

1. nos Wener?
   Mae'n
   dydy e ddim
   enwau
   cysylltwch

Pages 102–103

1. (a) Bydda i'n un deg wyth oed ar fy mhen-blwydd i.
   (b) Mae Dad yn dod i'r ysgol tua thri o'r gloch.
   (c) Mae dau gi gyda ni, Arthur a Benji.
   (ch) Roeddwn i'n meddwl amdanat ti heddiw.
   (d) Tynnodd Dad lun ohoni hi ar ei ffôn.
   (dd) Dw i'n mynd i Sbaen eleni gyda'r teulu.

Pages 104–105

1. (a) Enjoy watching films? There will be a new film club every Wednesday evening in the college at eight o'clock. It will cost four pounds per film. E-mail the office today!

   (b) Mwynhau gwylio ffilmiau? Bydd clwb ffilmiau newydd bob nos Fercher yn y coleg am wyth o'r gloch. Bydd yn costio pedair punt y ffilm. E-bostiwch y swyddfa heddiw!

Pages 106–107

1. Yn eisiau: Staff i dŷ bwyta newydd yn y dref.
   Ar agor 6–11 bob nos. Wyth punt yr awr. Rhaid siarad Cymraeg.
   Os oes diddordeb, cysylltwch â Mrs Jane Owen am fanylion.
   Dyddiad cau: 18 Gorffennaf

1. (i) When   concert   [1]
   (ii) How many   drink too much   [1]
   (iii) How   travel   [1]
   (iv) Where   holidays   [1]
   (v) Who   next door   [1]
   (vi) What kind of   activities   [1]
   (vii) What time   comedy programme   [1]
   (viii) Why   worrying   [1]

2. (i) but   [1]
   (ii) over   [1]
   (iii) so   [1]
   (iv) especially   [1]
   (v) about   [1]
   (vi) between   [1]
   (vii) although   [1]
   (viii) such as   [1]

3. (i) Mae Chloe yn cysgu mewn pabell achos ... [1]
   (ii) Y flwyddyn nesaf bydd Leo yn byw yn ... [1]
   (iii) Roedd Lucas yn meddwl bod y tocynnau yn rhad iawn achos ... [1]
   (iv) Gwariodd Olivia .... yn yr ŵyl. [1]
   (v) Mae Yasmin yn hoffi ... [1]
   (vi) Ar ôl gadael y brifysgol hoffai Eric fynd i ... [1]

4. [1 mark each]

✓

✓

✓

5. (i) Anfonodd Xian decst at bawb yn y teulu. [1]
   (ii) Roedd Eirian yn arfer mwynhau gwersi bale. [1]
   (iii) Mae Val yn teimlo'n gryf iawn dros yr iaith. [1]
   (iv) Bydd Ethan yn pysgota gyda'i ffrindiau ddydd Sul. [1]
   (v) Dydy Yassin ddim eisiau astudio mathemateg o gwbl! [1]
   (vi) Hoffai Daisy ddringo yn yr Himalayas. [1]
   (vii) Doedd Noa ddim yn teimlo'n dda ddoe. [1]
   (viii) Roedd Elise wedi clywed y Gymraeg pan oedd hi'n fach. [1]

6.

	Cywir	Anghywir	
Mae Zip World yn Lloegr.		✓	[1]
Mae hen bobl yn gallu mynd ar Zip World.	✓		[1]
Mae Zip World ar gau ar ddydd Sul.		✓	[1]
Dydy plant o dan 120 cm o daldra ddim yn gallu mynd ar Zip World.	✓		[1]
Rydych chi'n gallu prynu tocyn dros y We.	✓		[1]

7. (i) Mae hi'n mynd i'r coleg ar y bws bob dydd. [1]
   (ii) Dydy e ddim yn meddwl bod gwersi Saesneg yn bwysig. [1]
   (iii) Roedd e'n chwarae rygbi yn saith oed. [1]
   (iv) Dydy hi ddim yn cofio dysgu darllen. [1]
   (v) Maen nhw'n byw mewn bwthyn ar lan y môr. [1]
   (vi) Bydd e ar y teledu dros y Nadolig. [1]

(vii) Hoffen nhw brynu tŷ yng Nghymru. [1]
(viii) Dylai hi dalu am y tocynnau cyn dydd Sadwrn. [1]

8. (i) Example answers: [2 marks each]
   • **Roedd y staff i gyd yn gwrtais iawn.**
   • **Roedd y golygfeydd yn fendigedig.**
   • **Roedd Rob yn teimlo'n ddiogel iawn.**
   (ii) Example answers: [2 marks each]
   • **Roedd gormod o bobl yno.**
   • **Roedd y tocynnau yn rhy ddrud.**
   • **Doedd dim lle parcio.**

1. (i) mae [1]
   (ii) gwallt [1]
   (iii) cartref [1]
   (iv) ysgrifennu [1]
   (v) wyth [1]
   (vi) llyfr [1]
   (vii) colli [1]
   (viii) pêl-rwyd [1]
   (ix) pump [1]
   (x) teledu [1]

2. • bach   • siop   [1 mark each]
   • trên   • pêl-droed
   • haf   • twp
   • siarad â   • siŵr
   • cŵl   • tŷ

3. (i) Dw i'n byw **yng Nghymru** ers deng mlynedd. [1]
   (ii) Mae Mam yn **gweithio** yn yr ysbyty. [1]
   (iii) **Dewch** i'r parti am wyth o'r gloch! [1]
   (iv) Mae llawer **ohonyn** nhw yn y siop. [1]
   (v) Mae Mam-gu yn gwrando **ar y** radio trwy'r dydd. [1]

4. [1 mark each]

1 chi	2 ?	3 waith	4 Byddwch	5 helpu
6 siop	7 gyda'r	8 Blwyddyn	9 gwisgo	10 cysylltwch

5. (i) Hoffi coginio? [1]
   (ii) Mwynhau canu? [1]
   (iii) Eisiau teithio? [1]
   (iv) Ydych chi'n hoffi cartwnau? [1]
   (v) Ydych chi eisiau dysgu Sbaeneg? [1]
   (vi) Siarad Cymraeg? [1]
   (vii) Hoffech chi ganu mewn côr? [1]
   (viii) Ydych chi'n mwynhau bwyd newydd? [1]

6. (i) Bydd cyfarfod heno. [1]
   (ii) Rhaid siarad Cymraeg. [1]
   (iii) Rhaid gallu gyrru. [1]
   (iv) Rhaid e-bostio am docynnau. [1]
   (v) Bydd côr newydd. [1]
   (vi) Fydd dim cost. [1]

7. (i) Dewch i'r ffair haf. [1]
   (ii) Ysgrifennwch at y rheolwr. [1]
   (iii) Peidiwch â ffonio cyn deg o'r gloch. [1]
   (iv) Cysylltwch â Jenny yn y swyddfa. [1]
   (v) Dewch i gyngerdd yr ysgol. [1]
   (vi) Dewch â brechdanau a diod. [1]

8. Mwynhau seiclo[1]? Bydd clwb seiclo newydd[1] yn dechrau[1] bob nos Fercher[1] am chwech o'r gloch[1]. Bydd yn costio[1] dwy bunt y noson[1]. Croeso i bawb[1]. Ffoniwch am fwy o fanylion[1] ar 07711 611611[1].

9. Answer = 1 mark
   2 reasons = 2 marks each
   Example answer:
   Ydw[1], achos dw i'n gweld fy ffrindiau ac yn cael amser da[2]. Hefyd mae llawer o waith yn yr ysgol felly dw i'n hoffi ymlacio ar y penwythnos[2].

10. Content: 5 marks
Expression: 5 marks
Example answer:
Rydw i'n mynd i Ysgol Gyfun Bro Dinefwr[1] yn Llandeilo[1]. Yn yr ysgol rydw i'n hoffi Saesneg a gweld fy ffrindiau[1] ond dydw i ddim yn hoffi mathemateg a ffiseg[1]. Rydw i'n meddwl bod yr ysgol yn iawn ond hoffwn i gael amser rhydd weithiau[1].

Pages 116–119 Review Questions

1. [1 mark each]

1. ?	2. weithio	3. yn	4. Mercher	5. Pump
6. blant	7. Cymraeg	8. coginio	9. Gorffennaf	10. ffoniwch

2. [1 mark each]

1. Syr	2. Glwb	3. Aberhonddu	4. Fercher	5. un deg naw
6. dod	7. ?	8. ffôn	9. e-bostiwch	10. help

3. [1 mark each]

1. Mae'r	2. newydd	3. ?	4. Dosbarth	5. Lun
6. pump	7. ffoniwch	8. ar	9. helpu	10. bawb

4. [10 marks]

> Newyddion cyffrous[1]! Bydd[1] cwrs dringo newydd[1] bob nos Lun[1] am hanner awr wedi saith[1] yn y neuadd chwaraeon[1]. Bydd yn costio[1] pedair punt y sesiwn[1]. Cysylltwch â[1] David yn y swyddfa heddiw[1]!

5. [10 marks]

> Newyddion pwysig[1]! Mae[1] swydd newydd ar gael[1] yn y ganolfan ieuenctid[1].
>
> Rhaid siarad Cymraeg[1].
>
> 25 awr yr wythnos[1].
>
> Os oes diddordeb[1] e-bostiwch[1] John Stevens am fwy o fanylion[1].
>
> Dyddiad cau: 30 Medi[1]

6. [10 marks]

> Hoffech chi deithio[1]?
>
> Eisiau gweld[1] Canada ac America?
>
> Bydd[1] trip cyffrous yn yr haf[1]!
>
> Dewch[1] i gyfarfod yn Ystafell 30[1] am hanner awr wedi un ar ddeg yfory[1].
>
> Croeso i bawb[1].
>
> Am fwy o fanylion siaradwch ag[1] Amy yn y brif swyddfa[1].

---

7. Example answer: [10 + ✓ = 10] = [20 marks]

> Dewch i Gig:
>
> ### Twm Twm a'r Sbectol Haul
>
> Band bechgyn newydd o Gasnewydd!
>
> (Mae pump o fechgyn yn y band 16–19 oed o ardal Casnewydd)
>
> ### yn codi arian i Tŷ Hafan
>
> Hosbis i blant sy'n cefnogi plant sâl a'u teuluoedd trwy Gymru
>
> "Achos da sy'n helpu llawer o blant Cymru" (Nigel Haines)
>
> ### Nos Wener 15 Hydref am 9:00yh
>
> ### Neuadd y Dref
>
> ### Tocynnau: £5 ar gael oddi wrth Twm Twm:
>
> ### twmtwmsbectol@cymru
>
> Dewch i glywed y band ffres newydd hwn! Mae pawb yn dwlu arnyn nhw!
>
> **"Band cyffrous o Gasnewydd yn chwarae cerddoriaeth diddorol o ar draws y byd. Cyffrous iawn yn fy marn i!" (Dr Miwsig Cymru)**
>
> *"Es i i gig cyntaf y grŵp ac roeddwn i'n meddwl eu bod nhw'n anhygoel! Mae lleisiau'r bechgyn yn hyfryd ac roedd sain y band yn unigryw." (Chloe Howells)*
>
> **"Dw i'n edrych ymlaen yn fawr at weld y grŵp newydd hwn. Mae caneuon y band yn wahanol ac yn gerddorol dros ben. Dewch i gael noson dda!" (Siôn Wood)**
>
>

8. Example answer:

> 3 Heol Padarn
> Llanbadarn Fawr
> Aberystwyth
> SY23 8TT
>
> Y Rheolwr
> Canolfan Ieuenctid y Môr
> Aberystwyth
>
> 24 Medi
>
> Annwyl Syr
>
> Martin Stewart ydw i ac rydw i'n ysgrifennu i wneud cais am y swydd newydd yn y ganolfan ieuenctid. Baswn i wrth fy modd yn cael y swydd achos rydw i'n dwlu ar weithio gyda phlant ac rydw i'n meddwl bod y ganolfan yn lle ardderchog i bobl ifanc y dref.
>
> Rydw i'n dda mewn chwaraeon yn enwedig tenis, pêl-droed a nofio ac rydw i wedi pasio'r cymhwyster achub bywyd. Rydw i'n siarad Cymraeg yn rhugl ac mae tystysgrif cymorth cyntaf gyda fi. Dw i'n mwynhau cerddoriaeth ac rydw i'n chwarae'r gitâr mewn grŵp gyda ffrindiau. Baswn i'n hapus iawn yn arwain gweithgareddau cerddorol yn y ganolfan.
>
> Llynedd gweithiais i ar Gynllun Chwarae Ysgol Llanbadarn. Helpais i gyda'r gweithgareddau i gyd fel chwaraeon, cerddoriaeth a drama. Ar ddiwedd y gwyliau cawson ni sioe lwyddiannus iawn i'r plant ac roeddwn i wedi trefnu'r caneuon.
>
> Gobeithio byddwch chi'n ystyried fy nghais yn ffafriol. Rydw i'n gyffrous iawn am y cyfle hwn. Os ydych chi eisiau mwy o fanylion mae croeso i chi gysylltu â fi.
>
> Yn gywir iawn
>
> Martin Stewart

[8 + ✓ = 7] = [15 marks]

9. Example answer:

> Rydw i'n ysgrifennu am Jade Jones, pencampwraig Taekwondo o Fflint, gogledd Cymru. Cafodd Jade Jones ei geni ym 1993 a chyflwynodd ei thad-cu hi i Taekwondo pan oedd hi'n 8 oed. Aeth hi i Ysgol Uwchradd Fflint ond gadawodd hi'r ysgol yn 16 oed achos roedd hi eisiau canolbwyntio ar Taekwondo.
>
> Yn 2012 roedd Jade Jones yn 19 oed ond aeth hi i'r Gemau Olympaidd yn Llundain ac enillodd hi'r fedal aur yn y categori 57 cilo. Yn 2016 aeth hi i'r Gemau Olympaidd yn Rio ac enillodd hi'r fedal aur eto!
>
> Yn 2012 enillodd Jade Jones gystadleuaeth Personoliaeth Chwaraeon y Flwyddyn yng Nghymru. Llysenw Jade Jones ydy 'The Headhunter' achos mae hi'n sgorio pwyntiau cyflym trwy gicio'r pen.
>
> Mae Jade Jones yn eitha bach, mae gwallt hir brown gyda hi ac mae hi'n gwenu trwy'r amser! Mae hi'n berson hapus ac mae hi'n gyfeillgar iawn.
>
> Does dim llawer o amser sbâr gyda Jade ond mae hi'n mwynhau siopa, yn enwedig am ddillad ac mae hi'n mwynhau gwisgo dillad ffasiynol. Rydw i'n meddwl bod Jade Jones yn wych achos mae hi'n cynrychioli Cymru ac mae hi'n fenyw gryf iawn. Mae llawer o bobl yn hoffi Jade Jones nawr, mae hi'n bersonoliaeth boblogaidd iawn. Mae fy mrawd yn hoffi hi hefyd, mae e'n meddwl ei bod hi'n fenyw arbennig iawn. Mae Jade Jones yn dal i fod yn ifanc iawn felly gobeithio bydd hi'n ennill llawer mwy o fedalau yn y dyfodol!

[12 + ✓ = 13] = [25 marks]

10. Example answer:

> Adolygiad
>
> Yr wythnos diwetha gwyliais i'r ffilm *Bridget Jones's Baby* yn y sinema gyda fy ffrindiau Hannah a Melissa. Ffilm gomedi ydy hi ac roedd hi'n ddoniol iawn iawn, roedden ni'n chwerthin o'r dechrau tan y diwedd!
>
> Yn y ffilm mae Bridget Jones yn disgwyl babi ond dydy hi ddim yn gwybod pwy ydy'r tad. Efallai Mark neu efallai Jack. Mae llawer o bethau doniol yn digwydd achos mae Bridget yn trio cadw Mark a Jack ar wahân. Yn y diwedd mae'r ddau ddyn yn clywed am y sefyllfa ac mae Bridget yn cael y babi yn yr ysbyty gyda Mark a Jack. Ar ôl blwyddyn mae hi'n priodi Mark a dyn ni'n gweld eu mab bach, William.
>
> Roeddwn i'n mwynhau'r ffilm yn fawr iawn achos mae hi'n ddoniol dros ben ac rydw i'n dwlu ar y sêr. Renée Zellweger sy'n chwarae Bridget a Colin Firth yw Mark. Rydw i'n awgrymu'r ffilm i bawb, ewch i weld *Bridget Jones's Baby* nawr! Fyddwch chi ddim yn difaru!

[13 + ✓ = 12] = [25 marks]

Pages 120-128 Mixed Questions

1. (i)   Tachwedd 9   [1]
    (ii)   Katherine   [1]
    (iii) Bryn   [1]
    (iv)   Any two valid answers, e.g.:
           Mae'r ddau yn canu   [1]
           Mae'r ddau yn dod o Gymru   [1]
    (v)   Any two valid answers, e.g.:
           Mae Katherine yn dod o dde Cymru ond mae Bryn yn dod o'r gogledd. [1]
           Mae un plentyn gyda Katherine ond mae tri o blant gyda Bryn. [1]
    (vi)   Katherine Jenkins   [1]
    (vii) Achos mae mwy o ddilynwyr Trydar gyda hi nag sydd gyda Bryn Terfel. [2]

2. [1 mark each]

1. Reolwr	2. drefnu	3. Mawrth	4. dair	5. un deg chwech
6. dod	7. ?	8. ffôn	9. e-bostiwch	10. help

3. Example answer:
    Mae pump o bobl yn fy nheulu i[1], fy mam, fy nhad, fy mrawd Lucas, fy chwaer Alice, a fi[1]. Rydyn ni'n hoffi mynd am dro gyda'n gilydd[1] i'r traeth neu i'r parc. Mae ci gyda ni, Dexter, felly mae'n braf iawn mynd â fe allan. Penwythnos diwethaf aethon ni am dro[1] ar draeth Poppit gyda Dexter. Roedd e wrth ei fodd achos roedd tonnau mawr ac mae e'n dwlu ar nofio yn y môr! Rydw i'n meddwl fy mod i'n lwcus iawn achos mae fy nheulu i'n arbennig iawn[1].

[5 + ✓ = 5] = [10 marks]

4.

(i)	Ar agor: sawl diwrnod yr wythnos?	5	6 ✓	7	[1]
(ii)	Pwrpas y ganolfan?	Helpu'r Gymraeg ✓	Cynnal siop	Cael partïon	[1]
(iii)	Oed plant y cylch meithrin?	1–3 oed	2–3 oed	2–4 oed ✓	[1]

(iv)	I blant ar y penwythnos. Beth?	Gymnasteg	Animeiddio ✓	Actio	[1]
(v)	Rachel wedi mwynhau. Beth?	Gig Cymraeg	Parti	Clwb darllen ✓	[1]

....

5. Example **answer:** [10 marks]

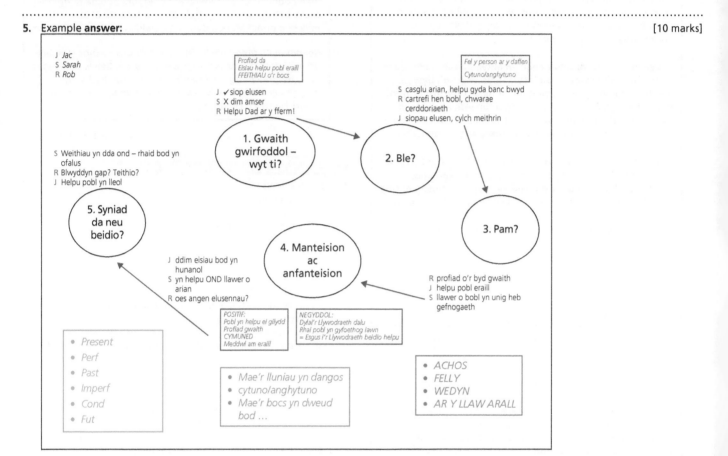

....

6. (i) ci ✓ [1]
bwyd poeth ✓ [1]
ym 1996 ✓ [1]
(ii) Mae Kizzy a'i chwaer yn canu. ✓ [2]
(iii) Mae Kizzy yn canu yn ddwyieithog. ✓ [2]

7. [10 marks]

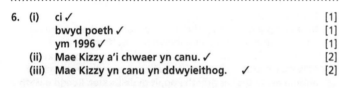

Eisiau trio chwaraeon newydd[1]?

Bydd[1] Clwb Pêl-fasged newydd bob dydd Mercher[1] am hanner awr wedi pedwar[1]. Bydd yn costio[1] tair punt[1] y sesiwn.

Croeso[1] i ferched a bechgyn[1].

Am fwy o fanylion[1] e-bostiwch[1] john.hamdden@aber.cymru.

8. [10 + ✓ = 10] = [20 marks]
Example answer:

Rydw i'n byw yn Hwlffordd, Sir Benfro. Mae Hwlffordd yn dref fach, tua saith milltir o'r arfordir. Yn y dref mae siopau, castell, parc, cyrtiau tenis ac afon. Mae'r dref yn eitha glân ond weithiau mae sbwriel ar y strydoedd, yn enwedig o gwmpas y siopau.

Rydyn ni'n lwcus yn Sir Benfro achos mae'r amgylchedd yn hyfryd ond ar y llaw arall mae problemau gyda sbwriel ar y traethau ac olew yn y môr weithiau. Es i i helpu i gasglu sbwriel ar draeth Niwgwl ym mis Mawrth gyda fy nheulu. Roedd llawer o sbwriel fel poteli a bagiau plastig a polystyren. Mae sbwriel fel hyn yn beryglus i bysgod ac i adar. Dw i'n meddwl ei bod hi'n bwysig helpu i gadw'r traethau yn lân.

Mae rhaid i bawb helpu i ofalu am y blaned. Mae'n bwysig defnyddio llai o drydan a nwy, defnyddio'r car yn llai ac ailgylchu ein sbwriel. Mae rhaid i wledydd mawr y byd ddefnyddio llai o danwydd achos mae'n achosi cynhesu byd-eang ac mae rhew yr Arctig yn toddi.

Yn fy marn i mae Cymru yn wlad brydferth ond mae'n bwysig ein bod ni'n gofalu amdani. Mae mwy o bobl yn ailgylchu eu sbwriel nawr ond mae gormod o wastraff o hyd. Dylai Llywodraeth Cymru helpu pobl i brynu ceir trydan achos mae diesel yn enwedig yn ddrwg iawn i'r amgylchedd. Mae'n achosi llygredd mewn trefi a dinasoedd ac mae hyn yn effeithio ar iechyd pawb.

9. Accept suitable answer. [10 marks]

10. Example answer:

Shwmae a chroeso i fy mlog! Dw i wedi bod ar daith ddiddorol iawn i Ynys Skye yn yr Alban. Mae Ynys Skye yn ynys fawr ar orllewin yr Alban ond dim ond tua 10,000 o bobl sy'n byw yna. Rydw i'n meddwl ei bod hi'n ynys hardd iawn ac mae'r bobl yn gyfeillgar iawn hefyd.

Arhosais i ar Skye am bythefnos mewn crofft bach ar lan y môr. Roedd hi'n lle tawel iawn gyda golygfa hyfryd dros y môr i'r tir mawr. Yn ystod y dydd aethon ni i weld pob cornel o'r ynys. Aethon ni i draethau hardd yn y de a'r mynyddoedd uchel iawn yn y gogledd. Mae gogledd yr ynys yn dywyll iawn gyda chreigiau serth iawn a llawer o fynyddoedd. Mae de'r ynys yn debyg iawn i Sir Benfro! Un dydd aethon ni i weld Gemau'r ynys. Roedd hi'n llawer o hwyl! Roedd cystadlaethau athletau, taflu'r caber a dawnsio Albanaidd. Roedd pawb yn gallu cymryd rhan felly rhedais i yn y ras 200m i fechgyn o dan 16 oed. Des i'n drydydd ac enillais i £5!

Cwrddon ni â llawer o bobl o Skye. Roedd perchnogion ein crofft, Jeanie a Mac, yn gyfeillgar iawn a dangoson nhw eu fferm i ni. Un dydd aethon ni i weld y Coleg Gaeleg ac roedd y bobl wrth eu bodd yn cwrdd â theulu o Gymru!

Dw i wedi mwynhau mynd i Skye eleni ac felly rydw i'n gobeithio mynd i weld mwy o ynysoedd yr Alban yn y dyfodol. Hoffwn i ddal y fferi o Skye i Lewis a Harris achos maen nhw'n ynysoedd diddorol ond yn bell i ffwrdd!

[8 + ✓ = 7] = [15 marks]

11. (i)

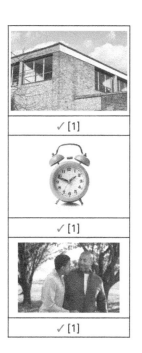

✓ [1]

✓ [1]

✓ [1]

(ii)

a) Ble mae'r odl?	blaen/graen ✓ [1]
b) Pa ddiwrnod ydy hi yn y gerdd?	Dydd Sadwrn ✓ [1]

(iii) Nac ydw [1]
Rheswm 1: Achos mae'n dweud bod 'diwrnod hir o'm blaen'. Dydy e ddim eisiau mynd i'r ysgol eto. [2]
Rheswm 2: Achos mae'n grac gyda'r cloc larwm, mae e eisiau aros yn y gwely. [2]

12.

Newyddion pwysig[1]! Bydd cwrs[1] Cymorth Cyntaf newydd[1] bob nos Fawrth[1] am chwarter wedi saith[1] yn y ganolfan hamdden[1].

Fydd dim cost[1].

Ffoniwch[1] Mark yn y swyddfa am fwy o fanylion[1].

Croeso i bawb[1]!

[10 marks]

13. Example answer:

12 Stryd y Parc
Rhuthun
8 Mehefin

Annwyl Rhys Ifans

Annie Simons ydw i ac rydw i'n byw yng ngogledd Cymru. Rydw i'n mynd i Ysgol Brynhyfryd yn Rhuthun ac ar hyn o bryd rydw i'n astudio ar gyfer deg TGAU gan gynnwys fy hoff bwnc, drama.

Ysgrifennaf atoch chi achos rydw i'n meddwl eich bod chi'n actor gwych ac rydw i'n falch iawn eich bod chi'n dod o Ruthun hefyd! Yn y dyfodol hoffwn i fod yn actor hefyd felly gobeithio byddwch chi'n gallu rhoi cyngor i fi.

Rydw i wedi eich gweld chi yn *Harry Potter* ac yn *Notting Hill*. Roeddwn i'n meddwl eich bod chi'n ddoniol dros ben fel Spike yn *Notting Hill*. Rydw i'n falch iawn hefyd eich bod chi'n actio yn Gymraeg ac yn falch iawn o'ch Cymreictod.

Mae fy nhad yn ffan mawr ohonoch chi hefyd! Roedd e'n meddwl eich bod chi'n ardderchog yn y ffilm *Twin Town*.

Ga i ofyn beth yw eich prosiect nesaf? Oes ffilm neu ddrama gyda chi ar y ffordd neu ydych chi'n mynd i ganu eto? Rydw i'n meddwl bod llais canu hyfryd gyda chi.

Diolch yn fawr iawn am ddarllen fy llythyr a gobeithio'n fawr clywed oddi wrthoch chi.

Yn gywir iawn

Annie Simons

[12 + ✓ = 13] = [25 marks]

Cyflogaeth   Employment

Swyddi   Jobs

adeiladwr	builder	gyrrwr	driver	peiriannydd	engineer
cogydd	cook	heddwas	police officer	pensaer	architect
cyfreithiwr	solicitor	mecanydd	mechanic	plymar	plumber
cyfrifydd	accountant	meddyg	doctor	rheolwr	manager
deintydd	dentist	milfeddyg	vet	trinydd gwallt	hairdresser
gweithiwr cymdeithasol	social worker	newyddiadurwr	journalist	trydanwr	electrician
gofalwr	carer	nyrs	nurse	ysgrifennydd	secretary

Gwaith   Work

GRADD/GRADE C

anfantais	disadvantage	ffurflen gais	application form	profiad	experience
cais	application	gwaith	work	rheolwr	manager
ceisio	to apply	gweithio	to work	sgil/iau	skill/s
cwmni	company	gwybodaeth	information	siarad Cymraeg	to speak Welsh
cyfweliad	interview	gyrru	to drive	swydd/i	job/s
cymorth cyntaf	first aid	mantais	advantage	swyddfa	office
dyddiad cau	closing date	manylion	details	yn eisiau	wanted
ffurflen	form	pennaeth	head/boss	ysgrifennydd	secretary

GRADD/GRADE A*

cryfder	strength	gyrfa/oedd	career/s
cyflog	salary	rhestr fer	short list
cymhwyster/cymwysterau	qualification/s	swydd wag	vacant job
gweithle	workplace	trwydded gyrru	driving licence
gwendid	weakness		

Gwaith Rhan-amser   Part-time Work

arian	money	fferm	farm
arian poced	pocket money	glanhau	to clean
awr/oriau	hour/s	gwarchod	to babysit
caffi	cafe	gweinydd	waiter
derbynnydd	receptionist	gwesty	hotel
diwrnod	day	llawn amser	full time
dros dro	temporary	rhan-amser	part time
dydd	day	tafarn	pub
ennill	to earn	tŷ bwyta	restaurant

Gwaith Gwirfoddol   Voluntary Work

achos da	good cause	gwaith elusennol	charity work
achosion da	good causes	gwirfoddoli	to volunteer
banc bwyd	food bank	gwirfoddolwyr	volunteers
casglu arian	to collect money	helpu	to help
cefnogi	to support	hyfforddiant	training
codi arian	to raise money	noddi	to sponsor
elusen/nau	charity/charities	siop elusen	charity shop

Cymru a'r Byd   Wales and the World

Cymru a Chymreictod   Wales and Welshness

GRADD/GRADE C

anthem genedlaethol	national anthem	Dewi Sant	St David	iaith/ieithoedd	language/s
baner	flag	dysgu Cymraeg	to learn Welsh	oedolion	adults
cennin	leeks	y ddraig goch	the red dragon (flag)	prifddinas	capital city
cennin pedr	daffodils	gweithle	workplace	Saesneg	English
Cymru	Wales	gwlad	country/land	seren/sêr	star/s
deall	to understand	y Gymraeg	the Welsh language	Yr Wyddfa	Snowdon
defaid	sheep				

GRADD/GRADE A*

addysg Gymraeg	Welsh-medium education	Cymro	Welshman	iaith gyntaf	first language
ail iaith	second language	Cymry	Welsh people	Y Llywodraeth	The Government
cenedl	nation	Y Cynulliad	The Assembly	nawddsant	patron saint
cyfryngau	media	diwylliant	culture	Prydain	Britain
cylch meithrin	nursery group	dwyieithog	bilingual	rhugl	fluent
cymoedd	valleys	gwladgarol	patriotic	twristiaeth	tourism
Cymraes	Welsh woman	iaith Geltaidd	Celtic language	Y Wladfa	Patagonia

Gwyliau   Holidays

ar lan y môr	at the seaside	gartref	at home	pythefnos	fortnight
arfordir	coast	gwersylla	to camp	teithio	to travel
aros	to stay	gwesty	hotel	torheulo	to sunbathe
awyren	airplane	hedfan	to fly	traeth/au	beach/es
bwthyn	cottage	llong	ship	tramor	abroad
bywyd nos	night life	maes awyr	airport	trên	train
canolfan	centre	moethus	luxurious	tywydd	weather
cefn gwlad	countryside	môr	sea	wythnos	week
cwch	boat	mynydd/oedd	mountain/s	ymlacio	to relax
cyfleusterau	facilities	pabell	tent		

Yr Ardal   The Area

adeilad/au	building/s	dinas	city	pentref	village
amgueddfa	museum	eglwys	church	pert	pretty
ar bwys	by/next to	ger	near	prifddinas	capital city
archfarchnad	supermarket	glân	clean	pwll nofio	swimming pool
brwnt	dirty	gorsaf	station	sinema	cinema
byw	to live	gwesty	hotel	tafarn	pub
canolfan hamdden	leisure centre	gwlad	country	tref/i	town/s
canolfan siopa	shopping centre	hardd	beautiful	tŷ bwyta	restaurant
castell	castle	lleol	local	yn agos i	close to
clwb	club	llyfrgell	library	ysbyty	hospital
coleg	college	marchnad	market	ysgol	school
cyfleusterau	facilities	neuadd	hall	ysgol gynradd	primary school
cymydog/cymdogion	neighbour/s	parc	park		

Yr Amgylchedd   The Environment

GRADD/GRADE C

afon/ydd	river/s	gwastraff	waste	planed	planet
ailgylchu	recycling	haen oson	ozone layer	rhew	ice
awyr	air	iechyd	health	sbwriel	rubbish
bin/iau	bin/s	môr	sea	traffig	traffic
coeden/coed	tree/s	mwg	smoke	trydan	electricity
glo	coal	nwy	gas	ynni	energy

GRADD/GRADE A*

amgen	alternative	gwynt	wind	pŵer	power
carthffosiaeth	sewage	hinsawdd	climate	sŵn	noise
cemegolion	chemicals	llygredd	pollution	tagfeydd traffig	traffic jams
cynhesu byd-eang	global warming	melinau gwynt	windmills	tanwydd	fuel
fandaliaeth	vandalism	ôl troed carbon	carbon footprint	toddi	to melt
gwm cnoi	chewing gum	paneli solar	solar panels	tonnau	waves
gwydr	glass	plannu	to plant	twll	hole

Ieuenctid   Youth

Teulu a Ffrindiau   Family and Friends

arwr/arwyr	hero/heroes	efeilliaid	twins	modryb	aunty
brawd	brother	ewythr	uncle	nai	nephew
canol oed	middle-aged	ffrind/iau	friend/s	nith	niece
cariad	boyfriend/girlfriend	ffrind gorau	best friend	pen-blwydd	birthday
cartref	home	geni	birth	perthyn	to belong to
caru	to love	hen	old	priodas	wedding
cath	cat	ifanc	young	rhieni	parents
cefnder	male cousin	llys-dad	step-dad	tad	father
ceffyl	horse	llys-fam	step-mum	tad-cu	grandad
ci	dog	mab	son	teulu	family
cyfnither	female cousin	mam	mother	ŵyr	grandson
chwaer	sister	mam-gu	grandma	wyres	granddaughter
dyddiad geni	date of birth	merch	girl or daughter		

Yr Ysgol   School

GRADD/GRADE C

amser	time	cwrs/cyrsiau	course/s	gwers/i	lesson/s
amserlen	timetable	chweched dosbarth	sixth form	gwisg ysgol	school uniform
astudio	to study	disgybl/ion	pupil/s	Lefel A/Lefelau A	A Level/s
athrawes	female teacher	dosbarth	class	pwnc/pynciau	subject/s
athrawon	teachers	dyfodol	future	rheol/au	rule/s
athro	male teacher	gwaith	work	taith/teithiau	trip/s
blwyddyn	year	gwaith cartref	homework	TGAU	GCSE
clwb/clybiau	club/s	gweithio	to work	ystafell/oedd	room/s

GRADD/GRADE A*

adran	department	cyfnod allweddol	key stage	opsiynau	options
amhoblogaidd	unpopular	cyfoedion	peers	poblogaidd	popular
bwlian	bullying	dirprwy	deputy	pwysau cyfoedion	peer pressure
codi arian	to raise money	elusen	charity	syniad/au	idea/s
cwricwlwm	curriculum	ffreutur	canteen		

Cadw'n Heini   Keeping Fit

afiechyd	ill health	chwaraeon	sports	pwysau	weight
awyr agored	fresh air	dioddef	suffer	pwysedd gwaed	blood pressure
cerdded	to walk	ffitrwydd	fitness	rhedeg	to run
clefyd y galon	heart disease	y gampfa	the gym	salwch	illness
clefyd y siwgr	diabetes	gordewdra	obesity	tenau	thin
colli pwysau	to lose weight	iechyd	health	tew	fat
corff	body	magu pwysau	put on weight	ymarfer corff	exercise
cyngor	advice	meddyg/on	doctor/s	ysmygu	to smoke
cysgu	to sleep	osgoi	to avoid		

Bwyta'n Iach   Healthy Eating

bara cyflawn	wholemeal bread	corbys	pulses	haearn	iron
braster	fat	cwrw	beer	halen	salt
bwyd	food	delwedd	image	llaeth	milk
bwyd cyflym	fast food	diod/ydd	drink/s	llysiau	vegetables
bwyd iach	healthy food	dŵr	water	melys	sweet
bwyd llysieuol	vegetarian food	ffibr	fibre	protin	protein
bwyta	to eat	ffres	fresh	pysgod	fish
cig	meat	ffrwythau	fruit	siwgr	sugar
cnau	nuts	gwin	wine	yfed	to drink

Chwaraeon   Sport

athletau	athletics	yn erbyn	against	pysgota	fishing
bowlio deg	ten pin bowling	gêm	game	rownd derfynol	final
bwrddhwylio	windsurfing	gwobr/au	prize/s	rygbi	rugby
camp	pursuit/event	gymnasteg	gymnastics	rhedeg	running
canŵio	canoeing	hwylio	sailing	rhwyfo	rowing
codi pwysau	weightlifting	marchogaeth	horseriding	sboncen	squash
colli	to lose	nofio	swimming	seiclo	cycling
criced	cricket	pêl-droed	football	sgio	skiing
cystadleuaeth	competition	pêl-fas	baseball	sglefrio	skating
cystadlu	to compete	pêl-fasged	basketball	sgôr	score
chwarae	to play	pêl-foli	volleyball	syrffio	surfing
dringo	climbing	pêl-rwyd	netball	tocyn/nau	ticket/s
ennill	to win	pencampwr	champion	twrnamaint	tournament

Amser Hamdden   Leisure Time

agor	to open	ffilmiau	films	penwythnos	weekend
arian	money	gwaith celf	art work	perfformio	to perform
barddoniaeth	poetry	gwisg ffansi	fancy dress	pris	price
bargen/bargeinion	bargain/s	gwrando ar	to listen to	prynu	to buy
cân/caneuon	song/s	gwyliau	holidays	rhad	cheap
cantores	singer (f)	gwylio	to watch	rhaglen/ni	programme/s
canu	to sing	haf	summer	rhesymol	reasonable
canwr	singer (m)	hanner tymor	half-term	sêl	sale
cau	to close	hobi/hobïau	hobby/hobbies	seren/sêr	star/s
cerdd/i	poem/s	llun/iau	picture/s	sioe	show
cerddoriaeth	music	llyfr/au	book/s	siop/au	shop/s
coginio	to cook	maes parcio	car park	siopa	to shop
cyngerdd	concert	nofel/au	novel/s	stori/storïau	story/stories

cynllunio	to plan	parcio	parking	talu	to pay
diddordeb/au	interest/s	parti	party	teledu	television
drud	expensive	peintio	to paint	tîm/timau	team/s
dylunio	to design				

Problemau Pobl Ifanc   Young People's Problems

achosi	to cause	delwedd/au	image/s	meddwi	to get drunk
adweithiau	reactions	dibyniaeth	addiction	niwed	damage
afu	liver	diod/ydd	drink/s	peryglus	dangerous
angen	need	dylanwadu ar	to influence	sâl	ill
colli pwysau	to lose weight	effeithiau	effects	salwch meddwl	mental illness
cwrw	beer	yn gaeth i	addicted to	trais	violence
cyfryngau	media	gormod	too much	treisgar	violent
cyffuriau	drugs	yn gymedrol	in moderation	trist	sad
cylchgronau	magazines	iselder	depression	ymennydd	brain
cymryd	to take	marw	to die	ysmygu	to smoke
deiet	diet				

Technoleg   Technology

bwlian	bullying	ffonau	phones	meddalwedd	software
cyfrifiadur	computer	ffonio	to phone	neges/negeseuon	message/s
cyfryngau cymdeithasol	social media	fforwm	forum	llechi	tablets
cysylltu	to contact	graffeg	graphics	tecstio	to text
defnyddio	to use	gwefan/nau	website/s	Trydar	Twitter
e-bost/e-byst	e-mail/s	lawrlwytho	to download	y We	the Internet
ffôn symudol	mobile phone				

Rhifau Traddodiadol   Traditional Numbers

0	dim		20	ugain
1	un		21	un ar hugain
2	dau		22	dau ar hugain
3	tri		23	tri ar hugain
4	pedwar		24	pedwar ar hugain
5	pump		25	pump ar hugain
6	chwech		26	chwech ar hugain
7	saith		27	saith ar hugain
8	wyth		28	wyth ar hugain
9	naw		29	naw ar hugain
10	deg		30	deg ar hugain
11	un ar ddeg		40	deugain
12	deuddeg		50	hanner cant
13	tri ar ddeg		60	trigain
14	pedwar ar ddeg		70	deg a thrigain
15	pymtheg		80	pedwar ugain
16	un ar bymtheg		90	deg a phedwar ugain
17	dau ar bymtheg		100	cant
18	deunaw		1,000	mil
19	pedwar ar bymtheg		1,000,000	miliwn

Collins

WJEC GCSE

Welsh as a Second Language

Workbook

Jo Knell

Rethink Revision

Have you ever taken part in a quiz and thought '*I know this*!', but, despite frantically racking your brain, you just couldn't come up with the answer?

It's very frustrating when this happens, but in a fun situation it doesn't really matter. However, in your GCSE exams, it will be essential that you can recall the relevant information quickly when you need to.

Most students think that revision is about making sure you *know* stuff. Of course, this is important, but it is also about becoming confident that you can **retain** that *stuff* over time and **recall** it quickly when needed.

Revision That Really Works

Experts have discovered that there are two techniques that help with all of these things and consistently produce better results in exams compared to other revision techniques.

Applying these techniques to your GCSE revision will ensure you get better results in your exams and will have all the relevant knowledge at your fingertips when you start studying for further qualifications, like AS and A Levels, or begin work.

It really isn't rocket science either – you simply need to:

- **test yourself** on each topic as many times as possible
- **leave a gap** between the test sessions.

It is most effective if you leave a good period of time between the test sessions, e.g. between a week and a month. The idea is that just as you start to forget the information, you force yourself to recall it again, keeping it fresh in your mind.

Three Essential Revision Tips

1. **Use Your Time Wisely**

   - Allow yourself plenty of time.
   - Try to start revising six months before your exams – it's more effective and less stressful.
   - Your revision time is precious so use it wisely – using the techniques described on this page will ensure you revise effectively and efficiently and get the best results.
   - Don't waste time re-reading the same information over and over again – it's time-consuming and not effective!

2. **Make a Plan**

   - Identify all the topics you need to revise (this Complete Revision & Practice book will help you).
   - Plan at least five sessions for each topic.
   - One hour should be ample time to test yourself on the key ideas for a topic.
   - Spread out the practice sessions for each topic – the optimum time to leave between each session is about one month but, if this isn't possible, just make the gaps as big as realistically possible.

3. **Test Yourself**

   - Methods for testing yourself include: quizzes, practice questions, flashcards, past papers, explaining a topic to someone else, etc.
   - This Complete Revision & Practice book provides seven practice opportunities per topic.
   - Don't worry if you get an answer wrong – provided you check what the correct answer is, you are more likely to get the same or similar questions right in future!

Visit our website to download your free flashcards, for more information about the benefits of these revision techniques, and for further guidance on how to plan ahead and make them work for you.

collins.co.uk/collinsGCSErevision

Cynnwys / Contents

1 Idiomau – Idioms

Defnyddiwch yr idiomau hyn mewn brawddegau:
Use these idioms in sentences: [5 marks]

(i) a dweud y gwir

(ii) erbyn hyn

(iii) ar fy mhen fy hun

(iv) wrth gwrs

(v) does dim ots

2 Cwestiynau – Questions

Cysylltwch y geiriau cwestiwn cywir â gweddill y frawddeg:
Connect the correct question word to the rest of the sentence: [10 marks]

(i)	Pwy	(a)	rwyt ti'n 'nabod Gareth?
(ii)	Ble	(b)	gwaith rwyt ti wedi hedfan?
(iii)	Pam	(c)	fwyd sy'n dda i chi?
(iv)	Sut	(ch)	yw prif weinidog Cymru?
(v)	Faint o	(d)	mae hanner tymor?
(vi)	Sawl	(dd)	dylai'r Llywodraeth wneud i helpu?
(vii)	Faint o'r gloch	(e)	dwyt ti ddim yn hoffi chwaraeon?
(viii)	Pa fath o	(f)	rwyt ti'n mynd i'r gwely?
(ix)	Beth	(ff)	mae Tŷ Ddewi?
(x)	Pryd	(g)	bobl sy'n mynd i'r clwb nofio?

3 Treigladau – Mutations

Mae camgymeriad treiglo ym mhob brawddeg wedi'i danlinellu. Ail-ysgrifennwch y brawddegau yn gywir:
There is a mutation mistake in each of these sentences which has been underlined.
Re-write the sentences correctly: [8 marks]

(i) Rydw i'n <u>fynd</u> i'r ysgol am wyth o'r gloch.

(ii) Mae fy <u>frawd</u> yn mynd i Brifysgol Lerpwl.

(iii) Rhaid i Mam <u>gyrru</u> i'r dref fory.

(iv) Mae fy chwaer fach yn <u>pedair</u> oed.

(v) Aeth Alan adref o'r sinema am <u>deg</u> o'r gloch.

(vi) Mae e wedi ysgrifennu dau <u>llyfr</u>.

(vii) Hoffwn i <u>byw</u> yn Sbaen.

(viii) Mae Gemma yn byw yn Llandrindod; dyma ei <u>gyfeiriad</u> hi.

4 | **Berfau** – Verbs

Dewiswch y ferf gywir i fynd ym mhob bwlch. Ar ôl gorffen bydd dwy ferf ychwanegol.
Select the correct verb to go in each space. After finishing there will be two extra verbs.

[10 marks]

dysgu	siarad	yfed	gwneud	gweithio	cytuno
codi	aros	cofio	dod	gadael	colli

(i)   Mae e wedi _____ peint o ddŵr yn barod heno!

(ii)   Fel arfer dw i'n _____ am hanner awr wedi saith i fynd i'r ysgol.

(iii)   Mae fy ffrind Ian yn _____ Eidaleg yn y coleg.

(iv)   Mae Mam yn _____ gyda fi fod gormod o drais ar y teledu.

(v)   Dw i'n gallu _____ fy niwrnod cyntaf yn yr ysgol gynradd pan oeddwn i'n bedair oed!

(vi)   Mae e'n _____ i Mrs Jones.

(vii) Dydw i ddim eisiau _____ yr ysgol ar ôl TGAU.

(viii) "Wyt ti wedi _____ dy waith cartref?" gofynnodd Mam.

(ix)   Mae Rich, Sali, Mia a Robin i gyd yn _____ i fy mharti nos Wener.

(x)   Bydd rhaid i chi _____ tan fis Awst i gael eich canlyniadau.

5 | **Dyddiau a Misoedd** – Days and Months

Darllenwch y rhestr o ben-blwyddi a'u rhoi yn y drefn gywir am y flwyddyn:
Read the list of birthdays and put them in the correct order for the year:

[7 marks]

Enw	Dydd	Dyddiad	Mis
Ali	dydd Gwener	dau ddeg naw	Tachwedd
Jasmine	dydd Mercher	un deg dau	Mehefin
Iestyn	dydd Iau	dau ddeg wyth	Chwefror
Gill	dydd Iau	dau ddeg chwech	Medi
Nia	dydd Mawrth	tri	Rhagfyr
Phil	dydd Gwener	un	Mawrth
Ben	dydd Sadwrn	chwech	Gorffennaf

1   **Pynciau Ysgol** – School Subjects

Beth ydy'r pynciau hyn yn Gymraeg?
What are these school subjects in Welsh?   [8 marks]

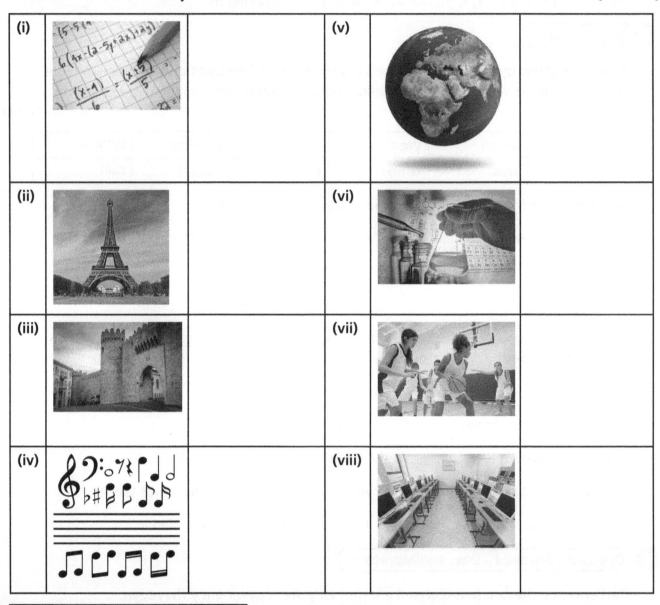

2   **Cenedl Enwau** – Gender of Nouns

Cyfieithwch yr ymadroddion hyn i'r Gymraeg:
Translate these phrases into Welsh: [8 marks]

(i)   a tall girl

(ii)   a short boy

(iii)   good children

(iv)   a big dog

(v)   a new programme

(vi)   an interesting story

(vii)   a stupid cat

(viii)   a funny film

3 | **Ateb Cwestiynau** – Answering Questions

Atebwch y cwestiynau yn gywir:
Answer these questions using the correct 'Yes' or 'No' form: [6 marks]

(i)   Wyt ti'n cefnogi tîm rygbi Cymru?

(ii) Wyt ti'n gwylio S4C?

(iii) Ydy dy ysgol di ar agor ar ddydd Sadwrn?

(iv) Ydy dy rieni'n dod o Gymru?

(v)   Oes anifail anwes gyda ti?

(vi) Oes hoff grŵp gyda ti?

4 | **Sgwrs** – Conversation

Ad-drefnwch y sgwrs yn gywir:
Re-arrange the conversation correctly: [12 marks]

Ben	Ydy, dw i'n cytuno! Wyt ti'n hoffi gwylio athletau hefyd?	Liz	Dw i'n meddwl ei fod e'n chwaraewr ardderchog ac mae e'n Gymro da!
Ben	Ydyn, maen nhw'n dda iawn ond mae'n well gyda fi Jason Kenny. Mae e'n ennill popeth!	Liz	Ydy, dw i'n cytuno! Ac mae ei wraig Laura yn anhygoel hefyd!
Ben	Dw i'n hoffi gwylio pêl-droed hefyd. Dw i'n meddwl bod tîm pêl-droed Cymru yn anhygoel!	Liz	Dw i'n cytuno! Fy hoff chwaraewr ydy Joe Allen, dw i'n meddwl ei fod e'n wych. Pwy ydy dy hoff chwaraewr di?
Ben	A fi, dw i'n hoffi gwylio'r decathlon yn enwedig. Yn fy marn i dyna'r gystadleuaeth fwyaf cyffrous! Dw i'n dwlu ar seiclo hefyd. Wyt ti?	Liz	Ydw, dw i'n credu bod Elinor Barker a Becky James yn dda iawn.
Ben	Shwmae, Liz! Wyt ti'n hoffi chwaraeon?	Liz	Ydw, wrth gwrs! Dw i'n hoffi chwarae rygbi a dw i'n mwynhau gwylio pêl-droed. Beth amdanat ti?
Ben	Gareth Bale yn bendant. Beth rwyt ti'n feddwl amdano fe, Liz?	Liz	Ydw, dw i'n mwynhau rhedeg felly dw i wrth fy modd yn gwylio athletwyr proffesiynol fel Laura Muir. Dw i'n meddwl ei bod hi'n fendigedig!

Y Gorffennol → The Past

1 Cyfieithu – Translating

Cyfieithwch y brawddegau hyn i'r Gymraeg:
Translate these sentences into Welsh: [8 marks]

(i) My brother has learnt to drive.

(ii) I went to Cardiff on Saturday.

(iii) It was hot yesterday.

(iv) I saw Alex Jones in London.

(v) He went to Pembrokeshire.

(vi) She had fish for dinner.

(vii) I thought that the film was brilliant.

(viii) We moved to Aberystwyth when I was eight.

2 Yr Amser Gorffennol – The Past Tense

Ysgrifennwch ffurf gywir yr Amser Gorffennol yn y bwlch:
Write in the correct form of the Past Tense in the space: [6 marks]

(i) (prynu) _____ i ffrog newydd.

(ii) (colli) _____ nhw un deg pedwar pwynt i ddau.

(iii) (chwarae) _____ e dros dîm y sir.

(iv) (cofio) _____ Mam am y diwrnod dim gwisg ysgol!

(v) (gweld) _____ ni ffilm neithiwr.

(vi) (rhedeg) _____ i mewn ras 5K ddydd Sul.

3 Ateb Cwestiynau – Answering Questions

Atebwch y cwestiynau hyn mewn brawddegau yn Gymraeg:
Answers these questions in sentences in Welsh: [6 marks]

(i) Beth wnest ti neithiwr?

(ii) Sut roedd y tywydd ddoe?

(iii) Beth gest ti i frecwast y bore 'ma?

(iv) Faint o'r gloch godaist ti heddiw?

(v) Pa ffilm welaist ti ddiwethaf?

(vi) Est ti allan ar y penwythnos?

4 | Lluniau – Pictures

Darllenwch y brawddegau a thiciwch y llun cywir bob tro.
Read the sentences and tick the correct picture each time. [5 marks]

(i) Cysgais i drwy'r bore.			
(ii) Arhoson ni mewn pabell.			
(iii) Aethon ni mewn awyren.			
(iv) Dringodd e'r creigiau.			
(v) Talodd hi am y diodydd.			

5 | Cwblhau Brawddegau – Completing Sentences

Gorffennwch y brawddegau hyn yn Gymraeg:
Complete these sentences in Welsh: [6 marks]

(i)   Ar ôl cael cinio ...

(ii) Roedd hi'n bwrw glaw ddydd Sul felly ...

(iii) Roedd pen tost gyda fi ond ...

(iv) Prynais i grys newydd achos ...

(v)   Roeddwn i'n hapus iawn y bore 'ma ...

(vi) Mae Jac wedi trefnu ...

1 Gorchmynion – Commands

Llenwch y gorchmynion cywir yn y bylchau yn y neges hon:
Fill in the correct commands in the gaps in this message: [5 marks]

Annwyl Bawb

_____ ar benwythnos antur yng nghanol Bae Caerdydd!

Cyfle i drio:

Rafftio dŵr gwyn

Cwch cyflym

Canŵio

Sglefrio

i gyd mewn un penwythnos! 31 Mai–2 Mehefin

Am fwy o fanylion _____ i'n gwefan: www.urdd.cymru

_____: caerdydd@urdd.org neu _____:

02920 635678.

** _____ eich ffurflen gais i mewn erbyn Mai 17.

Hwyl am y tro

Sioned

---

2 Cysylltu Brawddegau – Connecting Sentences

Cysylltwch y brawddegau Cymraeg â'r brawddegau Saesneg cywir:
Connect the Welsh sentences to the correct English sentences: [8 marks]

(i)	Dylwn i adolygu heddiw.	(a)	We should drink three litres of water a day.
(ii)	Bydda i'n un deg saith oed ym mis Hydref.	(b)	We shouldn't eat too much fat.
(iii)	Hoffen nhw ddysgu Cymraeg hefyd.	(c)	I'd like to speak Welsh every day.
(iv)	Bydd e'n aros dros nos heno.	(ch)	They'd like to learn Welsh too.
(v)	Faswn i byth yn gwisgo siwt i barti.	(d)	I should revise today.
(vi)	Hoffwn i siarad Cymraeg bob dydd.	(dd)	I will be seventeen in October.
(vii)	Dylen ni yfed tri litr o ddŵr y dydd.	(e)	I would never wear a suit to a party.
(viii)	Ddylen ni ddim bwyta gormod o fraster.	(f)	He will stay overnight tonight.

3 | Amser y Ferf – Tenses

Llenwch y bylchau yn y brawddegau gan ddewis y gair cywir o'r dewis o 3:
Fill in the gaps in the sentences below by choosing the correct word from the 3 choices: [5 marks]

(i) .... i fynd allan ond mae Mam eisiau help yn y tŷ.

    Hoffwn / Bydda / Bydd

(ii) .... ni fwyta llawer o lysiau gwyrdd fel bresych a sbigoglys.

    Bydda / Dylen / Bydd

(iii) .... i byth yn cymryd cyffuriau, maen nhw mor beryglus.

    Faswn / Bydda / Baswn

(iv) .... Owain fod yn ddeintydd yn y dyfodol.

    Hoffwn / Hoffai / Bydd

(v) .... coesau tost gyda fi fory ar ôl rhedeg hanner marathon!

    Basai / Bydda / Bydd

4 | Cwblhau Brawddegau – Completing Sentences

Gorffennwch y brawddegau hyn yn Gymraeg:
Complete these sentences in Welsh: [6 marks]

(i) Dylwn i ...

(ii) Bydd hi'n boeth yfory felly ...

(iii) Mae rhaid i fi ...

(iv) Pe baswn i'n ...

(v) Dewch i ...

(vi) Ddylen ni ddim ...

Go to the S4C clip 'Campau Cosmig' at: www.collins.co.uk/page/collinsgcserevision/flashcards and click on the link 'WJEC GCSE Welsh'.

1 **Cliwiau heb Sain** – Clues without Sound

🔇 • **Gwyliwch y clip 'Campau Cosmig' ddwywaith *heb sain*.**

Watch the clip 'Campau Cosmig' twice *without sound*. [10 marks]

(i) **Ble mae'r sgwrs yn digwydd?** [2]

Where does the conversation happen?

(ii) **Pwy sydd yn y clip?** [2]

Who is in the clip?

(iii) **Beth maen nhw'n trafod?** [2]

What are they discussing?

(iv) **Wyt ti'n gallu codi unrhyw wybodaeth arall?** [2]

Can you pick out any other information?

(v) **Sut mae'r bobl yn teimlo?** [2]

How do the people feel?

2 **Cynnwys y Clip** – Clip Content

🔊 • **Nawr gwyliwch y clip 'Campau Cosmig' ddwywaith *gyda sain*.**

Now watch the 'Campau Cosmig' clip twice *with the sound on*.

• **Ticiwch y geiriau ac ymadroddion hyn pan rydych chi'n clywed nhw:**

Tick these words and phrases when you hear them mentioned: [12 marks]

ap newydd	brawddeg	yn y gofod	gweld, clywed ac ailadrodd
arhosfan bws	tu allan i'r dosbarth	ymarfer a dysgu Cymraeg	gemau
i ddysgwyr	Pob lwc!	yn bendant	dewis thema

3 Deall Geiriau ac Ymadroddion – Understanding Words and Phrases

- **Mae'r geiriau a'r ymadroddion hyn i gyd yn cael eu defnyddio yn y clip. Beth ydy eu hystyron yn Saesneg?**

  These words and phrases are all used in the clip. What are their English meanings? [12 marks]

- **Gwyliwch y clip eto i'ch helpu chi i weithio allan yr ystyron.**

  Watch the clip again to help you work out the meanings.

(i) **ap newydd**

(ii) **i ddysgwyr**

(iii) **yn y gofod**

(iv) **ymarfer a dysgu Cymraeg**

(v) **dewis thema**

(vi) **brawddeg**

(vii) **gweld, clywed ac ailadrodd**

(viii) **arhosfan bws**

(ix) **gemau**

(x) **tu allan i'r dosbarth**

(xi) **yn bendant**

(xii) **Pob lwc!**

4 Cwestiynau Trafodaeth – Discussion Questions

- **Dewiswch hyd at bump o gwestiynau hoffech chi ddefnyddio mewn trafodaeth am y clip.**

  Choose up to five questions you would like to use in a discussion about the clip. [20 marks]

- **Rhowch eich atebion i'r cwestiynau rydych chi wedi dewis yn Gymraeg.**

  Give your answers to the questions you have chosen in Welsh.

Beth ydy 'Campau Cosmig'?	Beth rwyt ti'n feddwl am y syniad o apiau Cymraeg?	Sut rwyt ti'n hoffi dysgu iaith?
Beth mae Alun (*y cyflwynydd*) yn dweud am yr ap?	Wyt ti'n siarad Cymraeg tu allan i'r ysgol?	Wyt ti'n meddwl bod apiau yn gallu helpu pobl i ddysgu Cymraeg?
Hoffet ti chwarae gemau Cymraeg ar dy ffôn?	Oes plant gydag Aled? Sut rwyt ti'n gwybod?	Beth rwyt ti'n feddwl am ap 'Campau Cosmig?'

Siarad   Speaking

1 | **Trafod Clip** – Discussing a Clip

Dwedwch yn Gymraeg:

Say in Welsh: [6 marks]

(i)   What did you think of the clip?

(ii) Why was Greg worried?

(iii) What did Zoë think?

(iv) What was Gwen doing?

(v) What did Dan say about the centre?

(vi) Why did Joe disagree?

2 | **Iaith Drafodaeth** – Discussion Language

Cysylltwch y brawddegau Cymraeg â'r Saesneg cywir:

Connect the Welsh sentences to the correct English translations: [8 marks]

(i)	Wyt ti'n cytuno?		(a)	We should consider pollution too.
(ii)	A dweud y gwir, dw i ddim yn siŵr.		(b)	So, what do we think?
(iii)	Does dim syniad gyda fi.		(c)	What about you?
(iv)	Beth roeddet ti'n feddwl amdani hi?		(ch)	Do you agree?
(v)	Dylen ni ystyried llygredd hefyd.		(d)	To be honest, I'm not sure.
(vi)	Felly, beth rydyn ni'n meddwl?		(dd)	Would you say that?
(vii)	Faset ti'n dweud hynny?		(e)	What did you think of it?
(viii)	Beth amdanat ti?		(f)	I've got no idea.

3 | **Cyfeirio at Wybodaeth** – Referring to Information

Dwedwch yn Gymraeg:

Say in Welsh: [6 marks]

(i)   What does the chart show?

(ii) Did you know that salt is bad for you?

(iii) What are the people saying?

(iv) What does the information say?

(v) The big picture shows people throwing rubbish.

(vi) The little picture shows children in school.

4 | Swigod Siarad – Speech Bubbles

Darllenwch y swigod ac am bob un gofynnwch gwestiwn trafodaeth grŵp a rhowch ateb:
Read the speech bubbles and for each one ask a group discussion question and answer it: [8 marks]

(i) Yr Ardal

> Mae sbwriel yn broblem fawr yn ein hardal ni. Does dim arian gyda'r cyngor i lanhau'r strydoedd a'r parciau. Mae pobl yn gweld sbwriel ac maen nhw'n meddwl ei bod hi'n iawn taflu mwy.
> *Craig*

- Cwestiwn:

- Ateb:

(ii) Dysgu Cymraeg

> Mae llawer o oedolion yn dysgu Cymraeg nawr. Yn y gorffennol doedd pob ysgol ddim yn dysgu Cymraeg felly dydy pawb ddim wedi cael yr un cyfle â ni.
> *Donna*

- Cwestiwn:

- Ateb:

1 Geiriau wedi'u Treiglo – Mutated Words

Beth ydy sillafiad gwreiddiol y geiriau hyn? Beth ydy eu hystyr Saesneg?
What is the original Welsh spelling of these words? What are their English meanings?   [10 marks]

- ferch
- waith
- frawd
- gath
- dŷ
- bedair
- fyd
- fenyw
- deulu
- flwyddyn

2 Cysyllteiriau – Connectives

Cwblhewch y brawddegau trwy ddewis y cysylltair mwyaf addas:
Complete the sentences by choosing the most appropriate connective: [8 marks]

mewn	tua	felly	rhwng
yn enwedig	ar ôl	tan	wedyn

(i) Mae parti yn y pentref heno .... mae fy ffrind Tom yn aros dros nos.

(ii) Dw i'n mwynhau chwaraeon, ... hwylio a nofio.

(iii) Ddydd Sadwrn chwaraeais i rygbi, ... cwrddais i â Kate.

(iv) Mae'r swyddfa .... adeilad mawr yng nghanol Caerfyrddin.

(v) Arhosais i yn yr ysgol .... wyth o'r gloch neithiwr!

(vi) Mae .... mil o blant yn yr ysgol.

(vii) Mae Llangrannog .... Cei Newydd ac Aberteifi.

(viii) .... y sioe heno mae pawb yn mynd i gael parti.

3 Geiriau Cwestiwn – Question Words

Cysylltwch y gair cwestiwn â'r ateb posibl cywir:
Connect the question word with the correct possible answer: [8 marks]

• Ble?
• Pryd?
• Pam?
• Pwy?
• Pa fath o?
• Sut?
• Sawl?
• Beth?

• Achos dw i ddim yn hoffi pysgod.
• Un bach coch.
• Tri.
• Ar y trên.
• Llynedd.
• Ar Ynys Môn.
• Siwmper newydd.
• Ein cymdogion.

4 Trydydd Person – Third Person

Newidiwch y brawddegau hyn i'r ffurfiau trydydd person yn ôl y geiriau yn y cromfachau:
Change these sentences to the third person forms according to the words in brackets: [8 marks]

(i)   Does dim llawer o arian gyda fi.   (Gwyn)

(ii)   Es i i'r coleg yn Abertawe.   (Lowri)

(iii)   Dw i'n credu dylai ffrwythau a llysiau fod yn rhatach. (Kas)

(iv)   Dw i eisiau teithio'r byd.   (she)

(v)   Rydyn ni'n defnyddio gormod o drydan.   (they)

(vi)   Hoffwn i ddysgu ieithoedd eraill hefyd.   (Matthew)

(vii)   Mae teulu mawr gyda ni.   (they)

(viii) Mae rhaid i fi weithio'n galed i basio TGAU.   (he)

5 Cywir/Anghywir? – Correct/Incorrect?

Darllenwch y daflen wybodaeth am gwrs Cymraeg yn Nhŷ'r Gwrhyd ac atebwch y cwestiynau sy'n dilyn:

Read the information sheet about a Welsh course at Tŷ'r Gwrhyd and answer the questions that follow: [5 marks]

Cwrs Cymraeg Haf

16–27 Gorffennaf 09:30–15:30

Tŷ'r Gwrhyd, Pontardawe

- Dosbarthiadau Cymraeg bob dydd, grwpiau darllen a gweithgareddau hwyl, i gyd yn Gymraeg.
- Dewis o lefelau ar gael:
  Mynediad – i bobl sydd newydd ddechrau dysgu Cymraeg
  Sylfaen – i bobl sydd wedi dysgu ers blwyddyn
  Canolradd – gallu cael sgwrs dda yn Gymraeg
  Uwch – bron yn rhugl

- Cost y cwrs: £35
- Yn cynnwys taith i Stiwdio Deledu Tinopolis ddydd Mercher 18 Gorffennaf. Bydd y bws yn mynd â ni i'r stiwdio a bydd taith o gwmpas.
  Mae rhaglenni fel *Prynhawn Da* a *Heno* yn cael eu ffilmio yno bob dydd.
- Mae lle i chwe deg o bobl ar y cwrs.
- Rhaid cofrestru cyn Gorffennaf 7fed. Dim mynediad i'r cwrs ar ôl y dyddiad yma.
- Fydd dim bwyd yn y pris ond mae hi'n bosibl prynu brechdanau, te a choffi yn siop y ganolfan neu mae croeso i chi ddod â phecyn bwyd gyda chi.
- Am fwy o fanylion e-bostiwch Siân: cymraeg@tyrgwrhyd.cymru neu ffoniwch 07766 887887.

Ticiwch y grid i ddangos beth sy'n gywir neu'n anghywir.

Tick the grid to show what is correct or incorrect.

		Cywir	Anghywir	
(i)	Mae'r cwrs yn hirach nag wythnos.			[1]
(ii)	Mae tair lefel ar gael ar y cwrs.			[1]
(iii)	Rhaid talu'n ychwanegol am y trip.			[1]
(iv)	Mae mwy na 50 o bobl yn gallu mynd ar y cwrs.			[1]
(v)	Mae pris y cwrs yn cynnwys bwyd.			[1]

1 Ysgrifennu E-bost – Writing an E-mail

Ysgrifennwch e-bost at ffrind yn rhoi manylion parti rydych chi eisiau mynd iddo fe.
Write an e-mail to a friend giving the details of a party you want to go to.

[5 + ✓ = 5] = [10 marks]

Rhaid i chi gynnwys:	You must include:
• **pryd mae'r parti** • **ble mae'r parti** • **pam rydych chi eisiau mynd** • **gofyn i'ch ffrind ddod** • **trefniadau am gyrraedd y parti**	• when is the party • where is the party • why you want to go • ask your friend to come • arrangements for getting to the party

2 Cyfieithu – Translation

Cyfieithwch yr hysbyseb hon i'r Gymraeg:
Translate this advert into Welsh: [10 marks]

Big news! There will be a new job in the Play Centre, starting Monday 24 June.   Must be able to speak Welsh.   18 hours per week.   If interested contact the office for more details and ask for Amanda Parry.

_____

_____

_____

_____

_____

_____

3 | **Prawfddarllen** – Proofreading

Mae 10 camgymeriad ar y poster yma. Nodwch y cywiriadau yn y grid isod.
There are 10 mistakes on this poster. Note the corrections in the grid below.   [10 marks]

Cyngerdd Haf Côr y Sir

Eisiau mwynhau cerddoriaeth yn yr haul_

Dod i'n cyngerdd haf nos **Ferched** 12 **Gorfennaf**

Maer côr yn codi arian am eu taith i'r Eidal!

Pris tocynnau: **Pedwar** punt

E-bostio Jan: janjones3@corcanu.com am fwy o **gwybodaeth**

Bydd hi'n hapus i **help**.

Croeso i **pawb!**

1.	2.	3.	4.	5.
6.	7.	8.	9.	10.

4 | **Ysgrifennu Estynedig** – Extended Writing

Ysgrifennwch erthygl i gylchgrawn lleol ar broblemau pobl ifanc.
Write an article on young people's problems for a local magazine.   [12 + ✓ = 13] = [25 marks]

Gallwch chi gynnwys:

- **problemau yn y cartref**
- **problemau yn yr ysgol**

- **problemau gyda'r cyfryngau cymdeithasol**
- **ymateb pobl ifanc**
- **syniadau am sut i helpu**

(tua 150 gair)

You can include:

- problems in the home
- problems in school
- problems with social media
- young people's response
- ideas about how to help

(approximately 150 words)

GCSE Welsh Second Language

Unit 1: Oracy Response to Visual Stimulus

TGAU

CYMRAEG AIL IAITH

UNED 1

PRAWF A

YMATEB AR LAFAR I SBARDUN GWELEDOL

COPI'R YMGEISYDD

GWYBODAETH I YMGEISWYR

Cewch hyd at 10 munud i baratoi'r dasg hon gyda'ch partner/grŵp.

Dylech wylio'r clip ddwy waith a gwneud nodiadau ar y daflen.

Uned 1 (50 marks)
Gwrando – Listening 30
Siarad – Speaking 20

Ar ôl yr amser paratoi byddwch chi'n mynd i mewn i'r ystafell arholi at eich athro i drafod y clip. Gellir mynd â'r daflen hon **yn unig** i'r ystafell arholi.

Ni chaniateir defnyddio geiriaduron nac unrhyw adnoddau eraill wrth baratoi.

INFORMATION FOR CANDIDATES

You have up to 10 minutes to prepare this task with your partner/group.

You should watch the clip twice and make notes on the sheet.

*After the preparation time you will go in to the examination room to your teacher to discuss the clip. You may **only** use this sheet during the assessment.*

The use of dictionaries or any other resource is forbidden.

TAFLEN GOFNODI'R YMGEISYDD – CANDIDATE'S RECORDING SHEET

(Ni fydd y daflen hon yn cael ei marcio / This sheet will not be marked.)

1 **Gwyliwch y clip 'Campau Cosmig' a gwnewch nodiadau ar y daflen hon i'ch helpu i gofio'r manylion.**

Watch the clip 'Campau Cosmig' and make notes on this sheet to help you to remember the details.

Find the clip at: www.collins.co.uk/page/collinsgcserevision/flashcards and click on the link 'WJEC GCSE Welsh'.

2 **Trafodwch y clip gyda'ch partner/grŵp.**

Discuss the clip with your partner/group.

Campau Cosmig
(cyflwynydd: Alun Williams)

Ticiwch y bocs cywir bob tro:

Tick the correct box each time:

Wedi adolygu ap 'Alun yr Arth ar y Fferm'	Alun	Aled
Wedi gwneud ap 'Campau Cosmig'	Alun	Aled
Ap 'Campau Cosmig'. Ble?	Ar y fferm	Yn y gofod
Cynnwys yr ap	Gemau	Gwaith
Ffordd o:	Gweld Copïo Ysgrifennu'r gair	Gweld Clywed Ailadrodd y gair
Chwarae'r ap?	Arhosfan bws	Ysgol
Ap: Faint o amser?	Awr	Pum munud
Barn: Neis bod gemau Cymraeg tu allan i'r dosbarth	Alun	Aled
Barn plant: Cymraeg = dysgu yn yr ysgol	Alun	Aled
Plentyn Aled	12 oed	13 oed
Barn plentyn Aled:	ok	gwych

Collins

GCSE Welsh Second Language

Unit 2: Communicating with Other People

TGAU

CYMRAEG AIL IAITH

UNED 2

CYFATHREBU AG ERAILL

COPI'R YMGEISYDD

> **Uned 2** (50 marks)
>
> **Gwrando** – Listening 10
>
> **Siarad** – Speaking 40

GWYBODAETH I YMGEISWYR

Cewch hyd at 10 munud i baratoi'r dasg hon.

Gallwch wneud nodiadau a thrafod gyda'ch partner/grŵp yn ystod y cyfnod hwn.

Dewiswch un o'r testunau i'w drafod yn eich grŵp.

Ar ôl yr amser paratoi byddwch chi'n mynd i mewn i'r ystafell arholi at eich athro i drafod y testun rydych chi wedi'i ddewis.

Yn ystod y drafodaeth dylech gyfeirio at y wybodaeth ar y daflen.

Ni chaniateir defnyddio geiriaduron nac unrhyw adnoddau eraill wrth baratoi.

INFORMATION FOR CANDIDATES

You have up to 10 minutes preparation time.

You may make notes and discuss with your partner/group during this time.

Choose one of the topics to discuss in your group.

After the preparation time you will go in to the examination room to your teacher and discuss the topic you have chosen.

During the discussion you should refer to the information provided on the topic sheet.

The use of dictionaries or any other resource is forbidden.

Dysgu Cymraeg

Mae mwy a mwy o bobl yn dysgu Cymraeg ar-lein. Mae *Say Something in Welsh* a *Duolingo* yn boblogaidd iawn dros y byd!

Dw i'n byw yng Nghymru felly dw i eisiau siarad Cymraeg. Mae'n bwysig siarad iaith y wlad.

Mae dau o blant bach gyda fi sy'n mynd i ysgol Gymraeg felly dw i eisiau dysgu Cymraeg i helpu nhw gyda gwaith cartref.

Mae dros 15,000 o oedolion yn mynd i ddosbarthiadau dysgu Cymraeg yng Nghymru.

Dw i'n dysgu Cymraeg i helpu fy ngwaith. Mae llawer o'r cwsmeriaid yn siarad Cymraeg felly mae'n bwysig siarad â nhw yn Gymraeg.

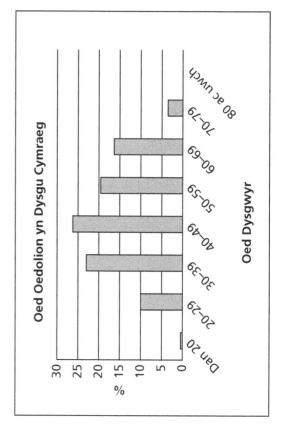

Oed Oedolion yn Dysgu Cymraeg

% (30, 25, 20, 15, 10, 5, 0)

Oed Dysgwyr: Dan 20, 20-29, 30-39, 40-49, 50-59, 60-69, 70-79, 80 ac uwch

Urdd

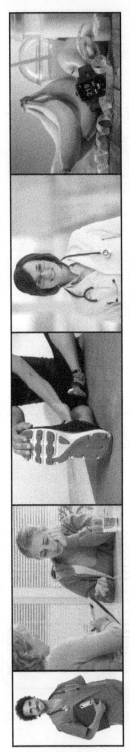

Iechyd

Dw i ddim yn ysmygu ond mae rhai o fy ffrindiau yn ysmygu. Dw i'n meddwl ei fod e'n arferiad ffiaidd.

Pobl ifanc 11–16 oed yng Nghymru yn yfed alcohol bob wythnos:

17% o fechgyn
14% o ferched

Dw i'n hoffi bod yn iach felly dw i'n chwarae chwaraeon a dw i'n bwyta'n ofalus.

Mae pawb yn siarad am fwyta'n iach ac ymarfer corff ond beth am iechyd meddwl? Mae mwy a mwy o bobl ifanc yn dioddef o salwch meddwl.

Gor-dewdra mewn pobl ifanc 11–16 oed yng Nghymru:

21% o fechgyn
15% o ferched

Yr Ardal

Byw mewn dinas neu yng nghefn gwlad?

Mae 67% o boblogaeth Cymru yn byw mewn trefi a dinasoedd. Mae 33% o'r boblogaeth yn byw mewn ardaloedd gwledig.

Dw i'n byw yng Nghaerdydd felly mae digon o bethau i'w wneud ond mae popeth yn costio llawer o arian.

Dw i ddim yn 'nabod y bobl drws nesaf!

Dw i'n 'nabod pawb yn ein stryd ni!

Dw i'n byw mewn pentref bach felly does dim llawer o gyfleusterau yn ein hardal ni, dim ond parc, caffi a neuadd y pentref.

Collins

GCSE Welsh Second Language

Unit 3: Narrative, Specific and Instructional

TGAU

CYMRAEG AIL IAITH

UNED 3

ADRODDIADOL, PENODOL A CHYFARWYDDIADOL

1 awr 30 munud

CYFARWYDDIADAU

INSTRUCTIONS

Atebwch bob cwestiwn.

Answer all questions.

Ysgrifennwch eich atebion ar y llinellau a ddarperir yn y papur cwestiynau hwn.

Write your answers on the lines provided in this question paper.

Ni chaniateir defnyddio geiriaduron nac unrhyw adnoddau eraill.

The use of dictionaries or any other resource is forbidden.

GWYBODAETH

INFORMATION

Mae nifer y marciau wedi'i nodi mewn cromfachau ar ddiwedd pob cwestiwn neu ran o gwestiwn.

The number of marks is given in brackets at the end of each question or part-question.

Mae'r marciau ar gyfer cywirdeb mynegiant o fewn y cwestiynau yn cael eu nodi fel a ganlyn: [✓ = 2] ac ati.

Marks awarded for accuracy of expression within the questions are indicated as follows: [✓ = 2] etc.

Adran	Cwestiwn	Marc uchaf	Marc Arholwr
A	1	3	
	2	4	
	3	9	
	4	17	
	5	10	
B	1	10	
	2	27	
C	1	20	
Cyfanswm		100	

ADRAN A

1 Rydych chi ar brofiad gwaith mewn canolfan Gymraeg. Mae'r pennaeth eisiau rhoi poster newydd ar yr hysbysfwrdd. Rhaid i chi ddewis y lluniau mwyaf addas i'r poster.

Rhowch ✓ o dan y lluniau mwyaf addas.

You are on work experience in a Welsh centre. The head wants to put up a new poster on the notice board. You must choose suitable pictures for the poster.

Put a ✓ under the most suitable pictures.   **[3]**

> Canolfan Gymraeg y Fedw
>
> ## Parti Haf Cymraeg i'r Teulu!
>
> Dydd Mercher Awst 21 14:00–17:00
>
> Yn Cynnwys:
>
> Canu, Crefftau ac Amser stori
>
> Am ddim i bawb!

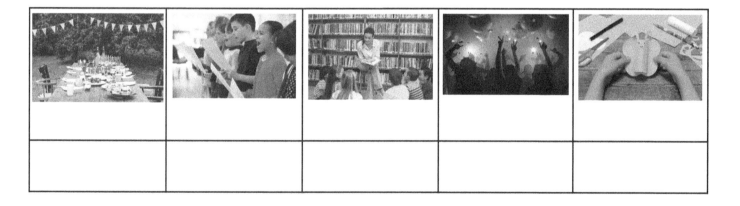

2 Rydych chi wedi cael gwybodaeth am raglen deledu newydd i bobl sy'n dysgu'r Gymraeg. Rhaid i chi lenwi'r hysbyseb **yn Gymraeg** gyda'r wybodaeth bwysig.

*You have received information about a new television programme for people learning Welsh. You must fill in the advert **in Welsh** with the important information.*

[4]

Mae rhaglen newydd i bobl sy'n dysgu Cymraeg yn dod i'r sgrîn fach ym mis Medi. Bydd *Cwrdd â'r Bobl* ymlaen ar S4C bob bore dydd Sul am ddeg o'r gloch.

Mae *Cwrdd â'r Bobl* yn addas i bawb sy'n dysgu Cymraeg.

Bydd y rhaglen yn cynnwys cyfweliadau gyda Chymry ar draws y byd, rhai enwog a rhai sy'n newydd i chi, gobeithio!

Felly, cofiwch wylio er mwyn mwynhau a dysgu!

RHAGLEN DELEDU NEWYDD

Enw'r rhaglen: ....

Diwrnod: ....

Amser: ....

Addas i: ....

3 **(i)** Mae Tafwyl yn ŵyl Gymraeg yng Nghaerdydd gyda'r prif ddigwyddiad dros benwythnos ym mis Gorffennaf. Mae'n cynnwys bandiau, sioeau, bwyd a stondinau. Darllenwch y wybodaeth am bedwar o'r bandiau sy'n chwarae ac atebwch y cwestiynau **yn Gymraeg**.

Tafwyl is a Welsh festival in Cardiff with the main event being held over a weekend in July. It includes bands, shows, food and stalls. Read the information about four of the bands playing and answer the questions in Welsh.

[9]

	BAND PRES LLAREGGUB	CANDELAS	CALAN	SŴNAMI
WEDI FFURFIO	2015	2009	2009	2010
NIFER YN Y GRŴP	Wyth	Pump	Pump	Pump
MATH O GERDDORIAETH	Band pres hip hop	Roc	Gwerin/pop	Roc
DYDD	Sul	Sadwrn	Sadwrn	Sul
AMSER	13:00 a 18:30	16:30	12:00 a 16:00	19:30
LLWYFAN	13:00 – Mynedfa 18:30 – Prif Lwyfan	Prif Lwyfan	12:00 Llwyfan Acwstig 16:00 Prif Lwyfan	Prif Lwyfan

(a) Pa un yw'r grŵp mwyaf? _____ (1)

(b) Pa grŵp sy'n chwarae'n gyntaf? _____ (1)

(c) Beth sy'n debyg rhwng Candelas a Sŵnami? _____

_____ (2)

(ii) Mae'r grid isod yn rhoi gwybodaeth am stondinau bwyd Tafwyl. Astudiwch y wybodaeth yn ofalus.

The grid below gives information about Tafwyl food stalls. Study the information carefully.

Cwmni	Math o fwyd	I blant	Pris coffi	Nifer o staff yn gweithio
Asador 44	Cig Sbaenaidd	Stêc bach a sglodion	£2.95	chwech
Caffi Bankok	Bwyd Thai	Reis cyw iâr	£1.65	pump
Canna Deli	Tapas a salad	Brechdanau bach a ffrwythau	£2.00	pedwar
Ffwrnes	Pitsa	Pitsa bach caws a thomato	£1.75	pedwar
Milgi	Bwyd llysieuol	Byrgyr llysieuol	£1.70	pump
Mochyn Du	Selsig, byrgyrs a phasteiod	Cŵn poeth	£1.95	chwech
Pantri Pen-y-lan	Teisennau cartref	Bisgedi cartref	£2.40	tri

Nawr, darllenwch y datganiadau isod. Ticiwch y grid i ddangos beth sy'n gywir neu'n anghywir.

Now, read the statements below. Tick the grid to show what's correct or incorrect.

	Cywir	*Anghywir*	
Mae cyfanswm o fwy na 30 o bobl yn gweithio ar stondinau bwyd.			(1)
Ffwrnes sy'n gwerthu bwyd Eidalaidd.			(1)
Coffi Milgi ydy'r rhataf.			(1)
Mae Canna Deli yn gwerthu coffi am lai na dwy bunt.			(1)
I gael bwyd melys rhaid mynd i Bantri Pen-y-lan.			(1)

4 Darllenwch am grŵp cymdeithasol Cymraeg CACEN yn ardal Brighton ac atebwch y cwestiynau
sy'n dilyn. [14 + ✓ = 3] = [17]

Read the information about CACEN, a Welsh-language social group in the Brighton area, and
answer the questions that follow.

CACEN

Ydych chi'n byw yn ardal Brighton? Ydych chi eisiau siarad Cymraeg? Dewch i
ymuno â grŵp CACEN am y cyfle i gwrdd â ffrindiau newydd a siarad Cymraeg!

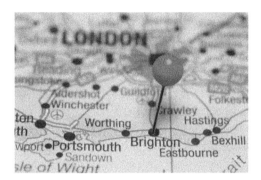

Mae grŵp CACEN yn cwrdd bob nos Lun mewn tafarn yn ardal Brighton. Rydyn ni'n
cael sgwrs yn Gymraeg ac yn helpu ein gilydd i ddysgu Cymraeg. Os hoffech chi gael
sgwrs yn Gymraeg mae croeso mawr i chi ymuno â ni! Does dim ots os ydych chi'n
rhugl neu'n dechrau dysgu, yr un yw'r croeso.

Unwaith y mis ar ddydd Sadwrn rydyn ni'n cwrdd i gael cinio a sgwrs. Rydyn ni'n
cwrdd yn nhŷ un o'r grŵp ond does dim rhaid i un person goginio popeth. Rydyn ni i
gyd yn dod â chyfraniad o fwyd neu ddiod ac mae pawb yn rhannu popeth!

Unwaith y flwyddyn rydyn ni'n cynnal eisteddfod fach ac mae pawb yn cymryd
rhan gyda stori neu gerdd neu lun. Rydyn ni'n rhoi llwy garu i'r person sydd wedi
gwneud y mwyaf o gynnydd yn eu Cymraeg dros y flwyddyn!

(i) Rhowch gylch o gwmpas yr ateb cywir.

Circle the correct answer.

a	I bwy mae CACEN?	Dechreuwyr	Pobl rugl	Pawb	(1)
b	Cwrdd mewn tafarn?	Yn fisol	Yn wythnosol	Yn achlysurol	(1)
c	Pwrpas grŵp CACEN?	Rhannu bwyd	Siarad Cymraeg	Gweld Brighton	(1)

(ii) Mae rhai o aelodau CACEN wedi mynegi barn am y grŵp. Darllenwch eu sylwadau yn ofalus.

A number of CACEN members have expressed their opinion about the group. Read their comments carefully.

Enw	Barn
Mark	Dechreuais i grŵp Cymraeg yn 2011 achos roeddwn i eisiau ymarfer siarad Cymraeg. Roeddwn i wedi dysgu siarad Cymraeg ond roeddwn i'n gwybod bod rhaid i fi ymarfer yn rheolaidd neu baswn i'n anghofio popeth! Wrth gwrs, does dim siopau Cymraeg neu ysgolion Cymraeg yn ardal Brighton felly mae'n anodd defnyddio'r Gymraeg o ddydd i ddydd. Yn 2014 penderfynon ni roi enw i'r grŵp, sef CACEN!
Val	Ymunais i â'r grŵp er mwyn dysgu Cymraeg. Dw i wedi bod yn dilyn cwrs Cymraeg ar-lein gyda fy merch sy'n byw yng Nghaerdydd. Mae hi'n siarad Cymraeg gyda'i phlant bach felly dw i'n credu ei bod hi'n bwysig bod Mam-gu yn gallu siarad Cymraeg hefyd! Dw i'n dwlu ar grŵp CACEN achos mae pawb yn cefnogi ei gilydd, rydyn ni i gyd eisiau dysgu siarad Cymraeg!
Rebecca	Dw i wrth fy modd yn dysgu Cymraeg a'r llynedd enillais i'r llwy garu yn Eisteddfod CACEN! Ces i'r wobr am wella fy Nghymraeg dros y flwyddyn. Roeddwn i mor hapus! Weithiau mae'n anodd dysgu Cymraeg yn Lloegr achos mae pawb yn byw yn bell i ffwrdd oddi wrth ei gilydd ond mae CACEN yn wych! Rydyn ni i gyd yn cael hwyl yn Gymraeg ac yn dysgu ar yr un pryd!

Beth ydy cryfderau CACEN yn ôl Mark, Val a Rebecca? Ysgrifennwch eich atebion **yn Gymraeg**.

*What are CACEN's strengths, according to Mark, Val and Rebecca? Write your answers **in Welsh**.*

CRYFDERAU	
•	(2)
•	(2)

Pa heriau sy'n wynebu CACEN yn ôl Mark, Val a Rebecca? Ysgrifennwch eich atebion **yn Gymraeg**.

*What are the challenges facing CACEN, according to Mark, Val and Rebecca? Write your answers **in Welsh**.*

HERIAU	
•	(2)
•	(2)

(iii) Rydych chi wedi darllen am grŵp CACEN. Ysgrifennwch at y grŵp **yn Gymraeg** yn gofyn 3 chwestiwn er mwyn cael gwybodaeth sydd ddim yn y darn darllen. Rhaid i'r cwestiynau fod yn berthnasol.

*You have read about the CACEN group. Write to the group **in Welsh** asking 3 questions in order to receive information that is not in the reading passage. The questions must be relevant.*

$$[3 + \checkmark = 3] = [6]$$

1	
2	
3	

5 Mae angen hysbysebu gweithgaredd newydd. Rhaid i chi gyfieithu'r neges hon **i'r Gymraeg**.
*There is a new activity to be advertised. You must translate this message **into Welsh**.* **[10]**

Exciting news!

A new Welsh Drama Club is starting on Wednesday evening February 27 at half past seven.

It will cost three pounds a session.

For more details contact Gina in the office.

Everyone welcome!

ADRAN B

1 **Mae 10 camgymeriad yn y neges yma. Nodwch y cywiriadau yn y grid isod.**

There are 10 mistakes in this message. Note the corrections in the grid below.

[10]

---

*Mwynhau chwaraeon_*

Yn eisiau: Person brwdfrydig_ cwrtais a gweithgar i **help** ar y Cynllun Chwarae.

- Dydd Llun–Dydd **Wener** trwy'r gwyliau

- **Pimp** awr y dydd

- Rhaid gallu:

  - nofio

  - chwarae **gydar** plant

  - siarad **cymraeg**

- Bydd o fantais gallu **gyrri**

- I ddechrau **Ebril** 6

Am fwy o fanylion **cysylltu** â'r swyddfa – 02920 557559

1	2	3	4	5
6	7	8	9	10

2 **Cais am Swydd** – Job Application   [24 + ✓ = 3] = **[27]**

(i) Darllenwch yr hysbyseb isod a llenwch y ffurflen **yn Gymraeg** er mwyn gwneud cais am y swydd. Dylech chi ddefnyddio brawddegau llawn lle bo'n bosibl.   (6)

*Read the advertisement below and complete the form **in Welsh** to apply for the job. You should use full sentences where possible.*

Canolfan Gymraeg y Fedw

Hysbyseb Swydd!

Yn eisiau: Person brwdfrydig i helpu trefnu gweithgareddau yn y ganolfan. Mae angen help gyda gwaith technoleg gwybodaeth, trefnu grwpiau sgwrsio, trefnu gemau i blant bach a'u teuluoedd, gwahodd siaradwyr i mewn, trefnu tripiau i leoedd diddorol a threfnu cystadlaethau.

Rhaid gallu gweithio mewn tîm.

Oriau gwaith: 9:00–17:00 dydd Llun i ddydd Gwener

Cyflog: £16,500 y flwyddyn

Am fwy o fanylion, cysylltwch â rheolwr y ganolfan.

	FFURFLEN GAIS
ENW	
Pa sgiliau neu brofiad perthnasol sydd gyda chi?	....(2)
Pam hoffech chi wneud cais am y swydd?	Rheswm 1: ....(2) Rheswm 2: ....(2)

(ii) Grid Gwybodaeth – Information Grid

Darllenwch y wybodaeth hon am Ganolfan Gymraeg y Fedw a llenwch y grid **yn Gymraeg**.

*Read this information about Y Fedw Welsh Centre and complete the grid **in Welsh**.*   **[15]**

Canolfan Gymraeg y Fedw

Tre'r Bont

Croeso!

Canolfan i bawb o bob oed ydy Canolfan Gymraeg y Fedw. Rydyn ni eisiau helpu pawb i ddefnyddio'r Gymraeg a chadw'r iaith yn fyw.

I bwy mae'r ganolfan?

Mae Canolfan Gymraeg y Fedw yn ganolfan i bawb! Dewch i ymuno â dosbarthiadau serameg a chadw'n heini, côr cymunedol, grwpiau sgwrsio, dosbarthiadau Cymraeg i bob lefel, clwb drama neu grŵp ukelele! Mae rhywbeth i bawb yma ac mae popeth yn Gymraeg!

Plant mewn ysgol Gymraeg?

Mae llawer o weithgareddau i blant o bob oed yn y ganolfan, er enghraifft Cylch Ti a Fi i rieni a phlant o dan 3 oed, cynllun chwarae gwyliau i blant ysgol gynradd a dosbarthiadau adolygu i bobl ifanc sy'n astudio ar gyfer TGAU neu Lefel A.

Paned

Mae 'Paned', caffi'r ganolfan, yn boblogaidd iawn hefyd gyda'r ymwelwyr. Beth am drefnu cwrdd â ffrind yma am baned a sgwrs neu efallai am ginio ysgafn? Mae cinio ar gael bob dydd am bum punt ac mae dewis da gyda ni o brydau iach a blasus!

Teithiau

Mae Canolfan Gymraeg y Fedw yn enwog hefyd am y teithiau rydyn ni'n trefnu! Bob mis rydyn ni'n trefnu taith i le diddorol. Mae teithiau diweddar wedi cynnwys Bannau Brycheiniog, Pentre Bach ac Amgueddfa Sain Ffagan a chyn hir byddwn yn ymweld ag Eisteddfod yr Urdd ac Ynys Bŷr. Ymunwch â ni am hwyl a sbri!

Canolfan Gymraeg y Fedw: y Gymraeg i bawb!

Oriau Agor: 09:00–21:00 Llun i Sadwrn

Canolfan Gymraeg y Fedw: Ble?	....	(1)
Pwrpas y ganolfan	....	(2)
I oedolion – pa weithgareddau?	....	(2)
I blant bach – pa weithgareddau?	....	(1)
I blant 5–11 oed – pa weithgareddau?	....	(1)
I blant ysgol uwchradd – pa weithgareddau?	....	(1)
Pris cinio 'Paned'?	....	(1)
Teithiau diweddar?	•... •... •...	(3)
Teithiau nesaf?	•... •...	(2)
Ar agor: sawl diwrnod yr wythnos?	....	(1)

(iii) Mae'r papur lleol eisiau gwybod am waith y ganolfan. Rhaid i chi ysgrifennu darn byr **yn Gymraeg** yn esbonio beth mae'r ganolfan yn gwneud. Rhaid i chi:　　　　[3 + ✓ = 3] = **[6]**

    a. esbonio beth sy'n digwydd yn y ganolfan (2)

    b. annog pobl i ddefnyddio'r ganolfan (1)

The local paper wants to know about the centre's work. You must write a short piece in Welsh explaining what the centre does. You must:

    a. explain what happens at the centre (2)

    b. encourage people to use the centre (1)

ADRAN C $[10 + ✓ = 10] = [20]$

1. Ysgrifennwch erthygl **yn Gymraeg** yn annog pobl i ddysgu a defnyddio'r Gymraeg (tua 150 gair).

   Gallwch chi gynnwys:

   - sut rydych chi'n gallu dysgu Cymraeg

   - cyfleoedd i ddefnyddio'r Gymraeg

   - manteision gallu siarad Cymraeg

   - pobl enwog sy'n siarad Cymraeg

   - eich barn chi am bwysigrwydd y Gymraeg

   *Write an article **in Welsh** encouraging people to learn and to use the Welsh language (approximately 150 words).*

   You can include:

   - *how you can learn Welsh*

   - *opportunities to use Welsh*

   - *advantages of being able to speak Welsh*

   - *famous people who speak Welsh*

   - *your opinion about the importance of the Welsh language*

   _____

   _____

   _____

   _____

   _____

   _____

   _____

   _____

   _____

   _____

   _____

Collins

GCSE Welsh Second Language

Unit 4: Descriptive, Creative and Imaginative

TGAU

CYMRAEG AIL IAITH

UNED 4

DISGRIFIADOL, CREADIGOL A DYCHMYGUS

1 awr 30 munud

CYFARWYDDIADAU

INSTRUCTIONS

Atebwch bob cwestiwn.

Answer all questions.

Ysgrifennwch eich atebion ar y llinellau a ddarperir yn y papur cwestiynau hwn.

Write your answers on the lines provided in this question paper.

Adran	Cwestiwn	Marc uchaf	Marc Arholwr
A	1	7	
	2	9	
	3	19	
	4	15	
B	1	25	
C	1	25	
Cyfanswm		100	

Ni chaniateir defnyddio geiriaduron nac unrhyw adnoddau eraill.

The use of dictionaries or any other resource is forbidden.

GWYBODAETH

INFORMATION

Mae nifer y marciau wedi'i nodi mewn cromfachau ar ddiwedd pob cwestiwn neu ran o gwestiwn.

The number of marks is given in brackets at the end of each question or part-question.

Mae'r marciau ar gyfer cywirdeb mynegiant o fewn y cwestiynau yn cael eu nodi fel a ganlyn: [✓ = 2] ac ati.

Marks awarded for accuracy of expression within the questions are indicated as follows: [✓ = 2] etc.

ADRAN A

1 Mae Joe Allen yn chwaraewr pêl-droed llwyddiannus iawn dros Gymru. Darllenwch ychydig amdano isod.

Joe Allen is a very successful footballer for Wales. Read about him below.   **[7]**

> Helo, Joe Allen ydw i ac rydw i'n chwarae pêl-droed! Ces i fy ngeni yng Nghaerfyrddin ym mil naw naw dim ac es i i Ysgol y Preseli yn Sir Benfro. Mae fy mrawd mawr, Harry, yn chwarae pêl-droed hefyd. Collodd e ei glyw pan oedd e'n dair oed ac mae e nawr yn chwarae dros dîm byddar Cymru.
>
> Dw i wrth fy modd yn chwarae dros Gymru, dw i'n chwarae yn safle canol cae. Ym Mhencampwriaeth Ewro 2016 yn Ffrainc cyrhaeddon ni'r rownd gyn-derfynol ond collon ni dwy dim i Bortiwgal. Roedd y twrnamaint yn brofiad anhygoel i ni i gyd!
>
> Priodais i yn 2014 ac mae fy ngwraig a fi yn hoffi gofalu am anifeiliaid. Mae merlod, geifr, cŵn ac ieir gyda ni. Rydw i'n teimlo'n gryf iawn yn erbyn creulondeb i anifeiliaid.

(i) Ticiwch ✓ y bocs priodol:

Blwyddyn geni Joe:	1989	1990	1999	(1)
Mae brawd Joe:	yr un oed â Joe	yn ifancach na Joe	yn henach na Joe	(1)
Mae Joe:	yn sengl	yn mynd i briodi	yn briod	(1)

(ii) Pa un sy'n gywir? Rhowch ✓ i ddangos yr ateb cywir. (2)

	✓
Collodd tîm Cymru yn rownd derfynol Ewro 2016.	
Roedd tîm Cymru yn rownd gyn-derfynol Ewro 2016.	
Doedd tîm Cymru ddim yn Ewro 2016.	

(iii) Pa un sy'n gywir? Rhowch ✓ i ddangos yr ateb cywir. (2)

	✓
Mae merlod yn unig gyda Joe a'i deulu.	
Mae llawer o anifeiliaid gyda Joe a'i deulu.	
Dydy teulu Joe ddim yn hoffi anifeiliaid.	

2 **(i)** Darllenwch sylwadau'r cyflwynydd radio o Gymru, Huw Stephens, a llenwch y grid **yn Gymraeg**.   **[9]**

*Huw Stephens is a radio presenter from Wales. Read his comments and fill in the grid **in Welsh.***

Rydw i wedi mwynhau cerddoriaeth ers i fi fod yn fachgen ysgol. Dechreuais i weithio fel cyflwynydd ar Radio Ysbyty yng Nghaerdydd pan oeddwn i'n bymtheg oed. Wedyn, pan oeddwn i'n ddeunaw oed ces i swydd yn chwarae cerddoriaeth ar *BBC Radio Un.* Roedd hi'n swydd anhygoel ac roeddwn i'n ifanc iawn!

Dw i'n dwlu ar gerddoriaeth Gymraeg achos mae cymaint o amrywiaeth. Fy hoff fand Cymraeg oedd Gorky's Zygotic Mynci. Roeddwn i'n credu eu bod nhw'n fendigedig. Erbyn hyn dw i'n hoffi darganfod bandiau newydd a chwarae eu cerddoriaeth i bawb.

Mae Dydd Miwsig Cymru ym mis Chwefror yn gyfle i bawb glywed cerddoriaeth newydd! Mae'n bwysig iawn dathlu ein cerddoriaeth yng Nghymru – mae'n wych!

	Huw Stephens	
Oed yn dechrau ar Radio Un?		(1)
Hoff grŵp Cymraeg?		(1)
Gwaith Huw nawr?		(1)
Eisiau cefnogi Dydd Miwsig Cymru – Pam?		(1)

(ii) Ydych chi'n hoffi gwrando ar gerddoriaeth? (1)

_____

Rhowch 2 reswm **yn Gymraeg**.

Give 2 reasons **in Welsh**.

Rheswm 1:

_____

_____ (2)

Rheswm 2:

_____

_____ (2)

3 **Darllenwch y gerdd yn ofalus.**
Read the poem carefully. [14 + ✓ = 5] = **[19]**

Chwaraeon

Mae'n gas gen i chwaraeon
Fel rygbi, pêl-rwyd a phêl-droed.
Mae'n well gen i ddarllen fy llyfrau,
Neu stelc fach hamddenol, trwy'r coed.

Mae gwisgo siwt nofio yn artaith,
Mae 'nghoesau i'n denau fel brwyn,
Ac mae'r gogls yn gwasgu fy llygaid
A'r dŵr yn mynd fyny fy nhrwyn.

Mewn campfa dwi'n teimlo fel estron,
Wedi 'ngadael ar ryw blaned bell,
Pan dwi'n meddwl fy mod i 'di llwyddo
Mae pawb arall yn 'i wneud o yn well.

Ond mewn _Trivial Pursuit_ dwi'n bencampwr,
Ar wyddbwyll dwi'r gorau'n y wlad,
Ac ar gardia, _Monopoly_ a _Scrabble_,
Dwi hyd 'noed yn curo fy nhad.

Lis Jones

(i) Ticiwch y 3 llun sy'n addas i roi ar boster o'r gerdd.

Tick the 3 pictures that are suitable for a poster of the poem. **[3]**

(ii) Rhowch gylch o gwmpas yr ateb cywir:

Circle the correct answer: **[6]**

a) Beth mae'r person yn hoffi?	darllen	rygbi	pêl-droed	nofio	(1)
b) Beth dydy'r person ddim yn hoffi?	gwyddbwyll	pêl-rwyd	Monopoly	Scrabble	(1)
c) Ble mae'r odl?	llyfrau/coed	llygaid/nhrwyn	bell/well	bencampwr/wlad	(1)

ch) Ydy'r person yn hoffi chwaraeon?   Ydy / Nac ydy   (1)

d)   Ydy'r gerdd yn siarad am chwaraeon tîm?   Ydy / Nac ydy   (1)

dd)   Ydy'r person yn well na Dad mewn gemau bwrdd?   Ydy / Nac ydy   (1)

(iii) Mae'r gerdd yn trafod hobïau un person ond beth am eich diddordebau chi?

Disgrifiwch eich amser hamdden **yn Gymraeg.**   [5 + ✓ = 5] = **[10]**

(a)   Beth ydych chi'n hoffi gwneud yn eich amser hamdden? (1)

(b)   Pam? (1)

(c)   Beth dydych chi ddim yn hoffi gwneud yn eich amser hamdden? (1)

(ch)   Pam? (1)

(d)   Beth wnaethoch chi yn ystod y gwyliau diwethaf? (1)

The poem discusses one person's hobbies but what about your interests?

*Describe your leisure time **in Welsh**.*

(a) *What do you like doing in your leisure time?* (1)

(b) *Why?* (1)

(c) *What don't you like doing in your leisure time?* (1)

(ch) *Why?* (1)

(d) *What did you do during the last holidays?* (1)

_____

_____

_____

_____

_____

_____

_____

_____

_____

_____

_____

_____

_____

_____

_____

_____

_____

4 Ysgrifennwch erthygl fer am eich ysgol **yn Gymraeg**.

Mae rhaid i chi: [8 + ✓ = 7] = **[15]**

(i)   siarad am beth rydych chi'n astudio (2)

(ii) siarad am eich ffrindiau (2)

(iii) siarad am ddigwyddiad neu weithgaredd rydych chi wedi cymryd rhan ynddo (2)

(iv) siarad am beth hoffech chi wneud ar ôl TGAU (2)

*Write a short article about your school **in Welsh**.*

You must:

(i)   *talk about what subjects you study (2)*

(ii) *talk about your friends (2)*

(iii) *talk about an event or activity you have taken part in (2)*

(iv) *talk about what you would like to do after GCSEs (2)*

_____

_____

_____

_____

_____

_____

_____

_____

_____

_____

_____

_____

_____

_____

ADRAN B

1 **Darllenwch hanes y ddau berson ifanc yma yn cymryd rhan mewn cystadleuaeth chwaraeon leol.** **[25]**

Read about these two young people taking part in a local all-round sports competition.

JÊN

Rydw i wrth fy modd gyda chwaraeon o bob math ac felly roeddwn i'n gyffrous iawn i weld cystadleuaeth newydd yn ein hardal ni fis diwethaf i 'Chwaraewyr Ifanc y Flwyddyn'.

Roedd rhaid dewis pump o chwaraeon allan o restr o ddeuddeg o chwaraeon posibl. Dw i ddim yn un dda am hoci felly doeddwn i ddim yn mynd i ddewis hwnna! Ond, roedd digon o ddewisiadau da eraill ar gael i fi ac yn y diwedd penderfynais i gystadlu yn yr athletau, trampolinio, pêl-rwyd a thenis. Wedyn, roedd rhaid dewis un chwaraeon hollol newydd felly es i am saethyddiaeth!

Roedd pedwar deg wyth o ferched yn cymryd rhan yn y gystadleuaeth ac roedd hi'n wych cwrdd â ffrindiau newydd a phawb, fel fi, yn mwynhau chwaraeon. Yn fy marn i mae chwaraeon yn ardderchog am ddod â phobl at ei gilydd. Roedd hi'n anodd gwybod sut roeddwn i'n gwneud yn y gystadleuaeth achos roedd llawer o bobl eraill a llawer o wahanol gampau yn mynd ymlaen! Triais i fy ngorau ym mhopeth wrth gwrs ac yn bendant roedd y saethyddiaeth yn well nag roeddwn i wedi disgwyl! Dw i'n credu fy mod i'n mynd i ymuno â chlwb ar ôl y gwyliau!

Ond, am syrpreis, ar ddiwedd y dydd pan oedd y trefnwyr yn cyhoeddi'r canlyniadau! Roeddwn i wedi dod yn gyntaf allan o'r holl ferched!

(i) Atebwch y cwestiynau **yn Gymraeg**. (10)

*Answer the questions **in Welsh**.*

a) Pryd roedd y gystadleuaeth?

_____ (1)

b) Faint o chwaraeon roedd rhaid gwneud?

_____ (1)

c) Pam doedd Jên ddim yn siŵr sut roedd hi'n gwneud?

_____ (2)

ch) Sut wnaeth Jên yn y gystadleuaeth?

_____ (2)

HUW

Dw i'n dwlu ar chwaraeon a fi ydy capten tîm rygbi'r ysgol felly roedd pawb yn dweud wrtha i am gystadlu yn 'Chwaraewyr Ifanc y Flwyddyn'. Dewisais i gystadlu mewn rygbi wrth gwrs, ond hefyd sboncen, gymnasteg a nofio. Wedyn, am fy chwaraeon newydd dewisais i ganŵio, roeddwn i wir yn edrych ymlaen at drio hwnna!

Ces i amser gwych trwy gydol y dydd, er ei fod e'n ddiwrnod prysur dros ben! Ar un adeg roedd galwadau i fi chwarae rygbi a nofio ar yr un pryd! Ar ddechrau'r prynhawn ces i dro yn canŵio ac roedd yn sbort! Wrth gwrs, cwympais i i mewn i'r dŵr ond a bod yn deg llwyddais i i rowlio lan yn iawn wedyn.

Roeddwn i'n nabod tua ugain o'r bechgyn eraill yn barod achos rydyn ni'n chwarae rygbi dros y sir gyda'n gilydd. Roedd pum deg wyth ohonon ni i gyd yn y gystadleuaeth ac yn bendant gwelais i gwpl o sêr y dyfodol! Roedd un bachgen anhygoel yn yr athletau, efallai Mo Farah Cymru fydd e!

Des i'n ddegfed yn y diwedd oedd yn iawn a dweud y gwir a ches i ganmoliaeth arbennig am fy sgiliau tîm. Mwynheais i'r diwrnod yn fawr iawn a dw i'n edrych ymlaen at un y flwyddyn nesaf yn barod! Dw i'n credu bod chwaraeon yn wych am ddysgu sgiliau bywyd i chi.

d) Beth ddigwyddodd yn y canŵio?

_____ (2)

dd) Oedd Huw yn hapus gyda'i ganlyniad?

_____ (2)

(ii) **Nodwch un peth tebyg ac un peth gwahanol am brofiadau Jên a Huw.** [4]

Note one thing that's similar and one thing that's different between Jên and Huw's experiences.

	JÊN a HUW
Beth oedd yn debyg?	(2)
Beth oedd yn wahanol?	(2)

(iii) Mae Jên yn dweud "Yn fy marn i mae chwaraeon yn ardderchog am ddod â phobl at ei gilydd."

Ydych chi'n cytuno? Rhowch reswm dros eich ateb **yn Gymraeg**. [3]

Jên says "In my opinion sport is excellent for bringing people together."

*Do you agree? Give a reason for your answer in **Welsh**.*

....

....

....

....

....

(iv) Mae Huw yn dweud "Dw i'n credu bod chwaraeon yn wych am ddysgu sgiliau bywyd i chi."

Ydych chi'n cytuno? Rhowch reswm dros eich ateb **yn Gymraeg**.　　　　[3]

Huw *says "I think that sport is brilliant for teaching you life skills."*

*Do you agree? Give a reason for your answer **in Welsh**.*

_____

_____

_____

_____

_____

(v) Pa chwaraeon newydd hoffech chi drio?

Rhowch 2 reswm dros eich dewis **yn Gymraeg**.　　　　[5]

Which new sport would you like to try?

*Give 2 reasons for your choice **in Welsh**.*

_____

_____

_____

_____

_____

ADRAN C

1 Ysgrifennwch lythyr at eich cyngor lleol yn gofyn iddyn nhw gynnig chwaraeon newydd yn eich ardal leol.   (tua 150 gair)   [12 + ✓ = 13] = **[25]**

Gallwch chi gynnwys:

- esboniad o bwy ydych chi

- eich diddordeb mewn chwaraeon

- pa chwaraeon newydd rydych chi eisiau gweld

- rhesymau dros eich dewisiadau

- awgrymiadau ar sut i fynd ati

Write a letter to your local council asking them to offer some new sports in your local area. (approximately 150 words)

You can include:

- *an explanation of who you are*

- *your interest in sport*

- *which new sports you would like to see*

- *reasons for your choices*

- *suggestions as to how to go about it*

_____

_____

_____

_____

_____

_____

_____

_____

_____

.

Pages 156–157 Cymraeg Hanfodol – Essential Welsh

1. Example answers: [5 marks]
   - (i) Dw i'n gwybod bod gwyddoniaeth yn bwysig ond <u>a dweud y gwir</u> mae'r gwersi'n ddiflas iawn.
   - (ii) Rydyn ni wedi gwerthu llawer o docynnau heddiw ac <u>erbyn hyn</u> maen nhw i gyd wedi mynd.
   - (iii) Doedd neb arall eisiau dod i'r dref felly es i i siopa <u>ar fy mhen fy hun</u>.
   - (iv) "Oes rhaid i fi fynd i'r ysgol heddi, Mam?" gofynnodd Ed. "<u>Wrth gwrs!</u>" dwedodd Mam.
   - (v) "Wyt ti eisiau chwarae pêl-droed neu rygbi?" gofynnodd Jim. "<u>Does dim ots</u>, dw i'n hoffi'r ddau", dwedodd Dafydd.

2. [10 marks]
   - (i) ch
   - (ii) ff
   - (iii) e
   - (iv) a
   - (v) g
   - (vi) b
   - (vii) f
   - (viii) c
   - (ix) dd
   - (x) d

3. [8 marks]
   - (i) Rydw i'n <u>mynd</u> i'r ysgol am wyth o'r gloch.
   - (ii) Mae fy <u>mrawd</u> yn mynd i Brifysgol Lerpwl.
   - (iii) Rhaid i Mam <u>yrru</u> i'r dref fory.
   - (iv) Mae fy chwaer fach yn <u>bedair</u> oed.
   - (v) Aeth Alan adref o'r sinema am <u>ddeg</u> o'r gloch.
   - (vi) Mae e wedi ysgrifennu dau <u>lyfr</u>.
   - (vii) Hoffwn i <u>fyw</u> yn Sbaen.
   - (viii) Mae Gemma yn byw yn Llandrindod; dyma ei <u>chyfeiriad</u> hi.

4. [10 marks]

dysgu ✓	siarad	yfed ✓	gwneud ✓	gweithio ✓	cytuno ✓
codi ✓	aros ✓	cofio ✓	dod ✓	gadael ✓	colli

   - (i) Mae e wedi <u>yfed</u> peint o ddŵr yn barod heno!
   - (ii) Fel arfer dw i'n <u>codi</u> am hanner awr wedi saith i fynd i'r ysgol.
   - (iii) Mae fy ffrind Ian yn <u>dysgu</u> Eidaleg yn y coleg.
   - (iv) Mae Mam yn <u>cytuno</u> gyda fi fod gormod o drais ar y teledu.
   - (v) Dw i'n gallu <u>cofio</u> fy niwrnod cyntaf yn yr ysgol gynradd pan oeddwn i'n bedair oed!
   - (vi) Mae e'n <u>gweithio</u> i Mrs Jones.
   - (vii) Dydw i ddim eisiau <u>gadael</u> yr ysgol ar ôl TGAU.
   - (viii) "Wyt ti wedi <u>gwneud</u> dy waith cartref?" gofynnodd Mam.
   - (ix) Mae Rich, Sali, Mia a Robin i gyd yn <u>dod</u> i fy mharti nos Wener.
   - (x) Bydd rhaid i chi <u>aros</u> tan fis Awst i gael eich canlyniadau.

5. [7 marks]

	Enw	Dydd	Dyddiad	Mis
(i)	Iestyn	dydd Iau	dau ddeg wyth	Chwefror
(ii)	Phil	dydd Gwener	un	Mawrth
(iii)	Jasmine	dydd Mercher	un deg dau	Mehefin
(iv)	Ben	dydd Sadwrn	chwech	Gorffennaf
(v)	Gill	dydd Iau	dau ddeg chwech	Medi
(vi)	Ali	dydd Gwener	dau ddeg naw	Tachwedd
(vii)	Nia	dydd Mawrth	tri	Rhagfyr

Pages 158–159 Iaith Bob Dydd – Everyday Language

1. [8 marks]

(i)		Mathemateg
(ii)		Ffrangeg
(iii)		Hanes
(iv)		Cerddoriaeth
(v)		Daearyddiaeth

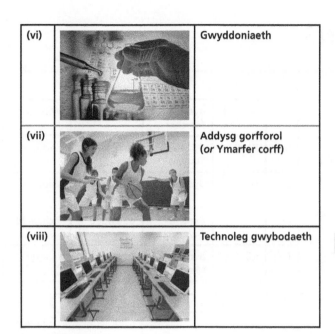

(vi)		Gwyddoniaeth
(vii)		Addysg gorfforol (or Ymarfer corff)
(viii)		Technoleg gwybodaeth

2. (i) merch dal [8 marks]
   (ii) bachgen byr
   (iii) plant da
   (iv) ci mawr
   (v) rhaglen newydd
   (vi) stori ddiddorol
   (vii) cath dwp
   (viii) ffilm ddoniol

3. (i) Ydw/Nac ydw [6 marks]
   (ii) Ydw/Nac ydw
   (iii) Ydy/Nac ydy
   (iv) Ydyn/Nac ydyn
   (v) Oes/Nac oes
   (vi) Oes/Nac oes

4. [12 marks]

Ben	Shwmae, Liz! Wyt ti'n hoffi chwaraeon?	Liz	Ydw, wrth gwrs! Dw i'n hoffi chwarae rygbi a dw i'n mwynhau gwylio pêl-droed. Beth amdanat ti?
Ben	Dw i'n hoffi gwylio pêl-droed hefyd. Dw i'n meddwl bod tîm pêl-droed Cymru yn anhygoel!	Liz	Dw i'n cytuno! Fy hoff chwaraewr ydy Joe Allen, dw i'n meddwl ei fod e'n wych. Pwy ydy dy hoff chwaraewr di?
Ben	Gareth Bale yn bendant. Beth rwyt ti'n feddwl amdano fe, Liz?	Liz	Dw i'n meddwl ei fod e'n chwaraewr ardderchog ac mae e'n Gymro da!
Ben	Ydy, dw i'n cytuno! Wyt ti'n hoffi gwylio athletau hefyd?	Liz	Ydw, dw i'n mwynhau rhedeg felly dw i wrth fy modd yn gwylio athletwyr proffesiynol fel Laura Muir. Dw i'n meddwl ei bod hi'n fendigedig!

| Ben | A fi, dw i'n hoffi gwylio'r decathlon yn enwedig. Yn fy marn i dyna'r gystadleuaeth fwyaf cyffrous! Dw i'n dwlu ar seiclo hefyd. Wyt ti? | Liz | Ydw, dw i'n credu bod Elinor Barker a Becky James yn dda iawn. |
| Ben | Ydyn, maen nhw'n dda iawn ond mae'n well gyda fi Jason Kenny. Mae e'n ennill popeth! | Liz | Ydy, dw i'n cytuno! Ac mae ei wraig Laura yn anhygoel hefyd! |

Pages 160–161 Y Gorffennol – The Past

1. (i) Mae fy mrawd wedi dysgu gyrru. [8 marks]
   (ii) Es i i Gaerdydd ddydd Sadwrn.
   (iii) Roedd hi'n boeth ddoe.
   (iv) Gwelais i Alex Jones yn Llundain.
   (v) Aeth e i Sir Benfro.
   (vi) Cafodd hi bysgod i ginio.
   (vii) Roeddwn i'n meddwl bod y ffilm yn wych.
   (viii) Symudon ni i Aberystwyth pan oeddwn i'n wyth oed.

2. (i) Prynais i ffrog newydd. [6 marks]
   (ii) Collon nhw un deg pedwar pwynt i ddau.
   (iii) Chwaraeodd e dros dîm y sir.
   (iv) Cofiodd Mam am y diwrnod dim gwisg ysgol!
   (v) Gwelon ni ffilm neithiwr.
   (vi) Rhedais i mewn ras 5K ddydd Sul.

3. Example answers: [6 marks]

   (i) Ces i de, gwnes i fy ngwaith cartref a gwyliais i ffilm.
   (ii) Roedd hi'n braf ond yn wyntog.
   (iii) Ces i wy ar dost, iogwrt a sudd oren.
   (iv) Codais i am chwarter i wyth.
   (v) Gwelais i *System Danger* nos Sadwrn.
   (vi) Do, es i i'r parc gyda fy ffrindiau.

4. [5 marks]

(i) Cysgais i drwy'r bore.	✓
(ii) Arhoson ni mewn pabell.	✓
(iii) Aethon ni mewn awyren.	✓
(iv) Dringodd e'r creigiau.	✓
(v) Talodd hi am y diodydd.	✓

5. Example answers: [6 marks]
   (i) Ar ôl cael cinio <u>es i â'r ci am dro i'r traeth</u>.
   (ii) Roedd hi'n bwrw glaw ddydd Sul felly <u>arhosais i yn y tŷ trwy'r dydd</u>.
   (iii) Roedd pen tost gyda fi ond <u>es i i'r ysgol beth bynnag</u>.
   (iv) Prynais i grys newydd achos <u>roeddwn i eisiau bod yn smart am y cyfweliad</u>.
   (v) Roeddwn i'n hapus iawn y bore 'ma <u>achos roedd yr haul allan</u>!
   (vi) Mae Jac wedi trefnu <u>taith seiclo i'r Gŵyr ddydd Sul</u>.

Pages 162–163 Edrych Ymlaen – Looking Ahead

1. [5 marks]

Annwyl Bawb

Dewch ar benwythnos antur yng nghanol Bae Caerdydd!
Cyfle i drio:
   Rafftio dŵr gwyn
   Cwch cyflym
   Canŵio
   Sglefrio
i gyd mewn un penwythnos! 31 Mai–2 Mehefin
Am fwy o fanylion **ewch** i'n gwefan: www.urdd.cymru
E-bostiwch: caerdydd@urdd.org neu **ffoniwch**: 02920 635678.
** **Anfonwch** eich ffurflen gais i mewn erbyn Mai 17.
Hwyl am y tro
Sioned

---

2. (i) d [8 marks]
   (ii) dd
   (iii) ch
   (iv) f
   (v) e
   (vi) c
   (vii) a
   (viii) b

   [5 marks]
3. (i) <u>Hoffwn</u> i fynd allan ond mae Mam eisiau help yn y tŷ.
   (ii) <u>Dylen</u> ni fwyta llawer o lysiau gwyrdd fel bresych a sbigoglys.
   (iii) <u>Faswn</u> i byth yn cymryd cyffuriau, maen nhw mor beryglus.
   (iv) <u>Hoffai</u> Owain fod yn ddeintydd yn y dyfodol.
   (v) <u>Bydd</u> coesau tost gyda fi fory ar ôl rhedeg hanner marathon!

4. Example answers: [6 marks]
   (i) Dylwn i dacluso fy ystafell heno.
   (ii) Bydd hi'n boeth yfory felly bydda i'n torheulo yn yr ardd.
   (iii) Mae rhaid i fi brynu anrheg ben-blwydd i Mam.
   (iv) Pe baswn i'n byw yn Llundain baswn i'n gweld sioe bob nos!
   (v) Dewch i'r traeth ddydd Sul gyda ni, bydd hi'n hyfryd!
   (vi) Ddylen ni ddim eistedd o flaen cyfrifiadur trwy'r nos.

Pages 164–165 Ymarfer Sgiliau Gwrando – Practising Listening Skills

1. (i) Yn Chapter. [2]
   (ii) Mae Alun (y cyflwynydd) ac Aled Richards. [2]
   (iii) Maen nhw'n trafod gemau ar y cyfrifiadur. [2]
   (iv) Mae Aled yn dangos y gemau Cymraeg. Mae lluniau o blanedau yn y gêm. Mae teulu gydag Aled. Mae Aled yn chwerthin yn y clip. [2]
   (v) Maen nhw'n hapus ac yn cael hwyl. [2]
2. Each box ticked = 1 mark.
3. (i) a new app [1]
   (ii) for learners [1]
   (iii) in space [1]
   (iv) practising and learning Welsh [1]
   (v) choose a theme/topic [1]

   (vi) a sentence [1]
   (vii) see, hear and repeat [1]
   (viii) bus stop [1]
   (ix) games [1]
   (x) outside the classroom [1]
   (xi) definitely [1]
   (xii) Good luck! [1]
4. Example answers given below. Accept any 5 suitable responses. [20 marks]
   - Beth ydy 'Campau Cosmig'?
     Mae 'Campau Cosmig' yn ap newydd gyda gemau i helpu pobl i ymarfer a dysgu Cymraeg.
   - Beth rwyt ti'n feddwl am y syniad o apiau Cymraeg?
     Rydw i'n meddwl ei fod e'n syniad da iawn achos mae pawb yn hoffi chwarae ar apiau ac mae'n fwy o hwyl na gwersi yn yr ysgol.
   - Sut rwyt ti'n hoffi dysgu iaith?
     Dw i'n hoffi gwrando ar gerddoriaeth Gymraeg a gwylio gemau rygbi yn Gymraeg.
   - Beth mae Alun (y cyflwynydd) yn dweud am yr ap?
     Mae Alun yn dweud ei bod hi'n neis bod gemau yn Gymraeg tu allan i'r dosbarth.
   - Wyt ti'n siarad Cymraeg tu allan i'r ysgol?
     Nac ydw achos does neb yn fy nheulu i'n siarad Cymraeg a dydy fy ffrindiau ddim yn siarad Cymraeg.
   - Wyt ti'n meddwl bod apiau yn gallu helpu pobl i ddysgu Cymraeg?
     Ydw, achos maen nhw'n hwyl ac rwyt ti'n gallu chwarae'r gemau unrhyw bryd unrhyw le.
   - Hoffet ti chwarae gemau Cymraeg ar dy ffôn?
     Hoffwn weithiau ond ddim trwy'r amser!
   - Oes plant gydag Aled? Sut rwyt ti'n gwybod?
     Oes, mae llun ohono fe gyda'i deulu yn ei swyddfa.
   - Beth rwyt ti'n feddwl am ap 'Campau Cosmig'?
     Rydw i'n meddwl ei fod e'n edrych yn hwyl. Hoffwn i drio fe! Dw i'n credu basai fy mrawd bach yn hoffi fe hefyd!

Pages 166–167 Siarad – Speaking

1. [6 marks]
   (i) Beth roeddet ti'n feddwl am y clip?
   (ii) Pam roedd Greg yn poeni?
   (iii) Beth roedd Zoë yn meddwl?
   (iv) Beth roedd Gwen yn gwneud?
   (v) Beth ddwedodd Dan am y ganolfan?
   (vi) Pam roedd Joe yn anghytuno?

2. [8 marks]
   (i) (ch)
   (ii) (d)
   (iii) (f)
   (iv) (e)
   (v) (a)
   (vi) (b)
   (vii) (dd)
   (viii) (c)

3. [6 marks]
   (i) Beth mae'r siart yn dangos?
   (ii) Oeddet ti'n gwybod bod halen yn ddrwg i chi?
   (iii) Beth mae'r bobl yn dweud?
   (iv) Beth mae'r wybodaeth yn dweud?
   (v) Mae'r llun mawr yn dangos pobl yn taflu sbwriel.
   (vi) Mae'r llun bach yn dangos plant yn yr ysgol.

4. (i) Example answers: [8 marks]

   - Wyt ti'n meddwl bod ein hardal ni'n debyg i ardal Craig? [2]
   - Ydw, mae'n broblem gyffredin dw i'n meddwl. Mae'n bwysig cadw'r ardal yn lân neu bydd pobl yn meddwl eu bod nhw'n gallu taflu sbwriel unrhyw le. [2]

(ii) Example answer:

> - Wyt ti'n 'nabod oedolion sy'n dysgu Cymraeg? [2]
> - Ydw, mae Mam wedi bod yn dysgu ers tair blynedd. Mae hi'n meddwl ei bod hi'n bwysig iawn siarad iaith y wlad ac mae hi eisiau helpu fi gyda fy ngwaith TGAU! [2]

Pages 168–170 Darllen – Reading

1. [10 marks]

- **merch** — girl/daughter
- **gwaith** — work
- **brawd** — brother
- **cath** — cat
- **tŷ** — house
- **pedair** — four (feminine)
- **byd** — world
- **menyw** — woman
- **teulu** — family
- **blwyddyn** — year

2. [8 marks]
   (i) Mae parti yn y pentref heno <u>felly</u> mae fy ffrind Tom yn aros dros nos.
   (ii) Dw i'n mwynhau chwaraeon, <u>yn enwedig</u> hwylio a nofio.
   (iii) Ddydd Sadwrn chwaraeais i rygbi, <u>wedyn</u> cwrddais i â Kate.
   (iv) Mae'r swyddfa <u>mewn</u> adeilad mawr yng nghanol Caerfyrddin.
   (v) Arhosais i yn yr ysgol <u>tan</u> wyth o'r gloch neithiwr!
   (vi) Mae <u>tua</u> mil o blant yn yr ysgol.
   (vii) Mae Llangrannog <u>rhwng</u> Cei Newydd ac Aberteifi.
   (viii) <u>Ar ôl</u> y sioe heno mae pawb yn mynd i gael parti.

3. [8 marks]

• Ble?	→	• Ar Ynys Môn.
• Pryd?	→	• Llynedd.
• Pam?	→	• Achos dw i ddim yn hoffi pysgod.
• Pwy?	→	• Ein cymdogion.
• Pa fath o?	→	• Un bach coch.
• Sut?	→	• Ar y trên.
• Sawl?	→	• Tri
• Beth?	→	• Siwmper newydd.

4. [8 marks]
   (i) Does dim llawer o arian gyda <u>Gwyn</u>.
   (ii) <u>Aeth Lowri</u> i'r coleg yn Abertawe.
   (iii) <u>Mae Kas yn</u> credu dylai ffrwythau a llysiau fod yn rhatach.
   (iv) <u>Mae hi eisiau</u> teithio'r byd.
   (v) <u>Maen nhw'n</u> defnyddio gormod o drydan.
   (vi) <u>Hoffai Matthew</u> ddysgu ieithoedd eraill hefyd.
   (vii) Mae teulu mawr gyda <u>nhw</u>.
   (viii) Mae rhaid <u>iddo fe</u> weithio'n galed i basio TGAU.

5.

		Cywir	Anghywir	
(i)	Mae'r cwrs yn hirach nag wythnos.	✓		[1]
(ii)	Mae tair lefel ar gael ar y cwrs.		✓	[1]
(iii)	Rhaid talu'n ychwanegol am y trip.		✓	[1]
(iv)	Mae mwy na 50 o bobl yn gallu mynd ar y cwrs.	✓		[1]
(v)	Mae pris y cwrs yn cynnwys bwyd.		✓	[1]

Pages 171–173 Ysgrifennu – Writing

1. Example answer: [5 + ✓ = 5] = [10 marks]

Shwmae Vicky

Mae parti nos Sadwrn[1] yn y Clwb Hwylio[1]! Dw i'n credu bydd hi'n wych achos mae llawer o bobl yn mynd ac mae'r band Jimmy Jâms yn chwarae[1]! Hoffet ti ddod gyda fi[1]? Mae'n dechrau am wyth o'r gloch felly beth am fynd tua hanner awr wedi? Hoffet ti ddod i'n tŷ ni yn gyntaf[2]?

Gobeithio byddi di'n gallu dod!
Hwyl am y tro

Emma

2. [10 marks]

> Newyddion mawr[1]! Bydd[1] swydd newydd yn y Ganolfan Chwarae[1], yn dechrau ddydd Llun 24 Mehefin[1].
>
> Rhaid gallu siarad Cymraeg[1].
>
> 18 awr yr wythnos[1].
>
> Os oes diddordeb[1] cysylltwch â'r swyddfa[1] am fwy o fanylion[1] a gofynnwch am[1] Amanda Parry.

3. [1 mark each]

1.	2.	3.	4.	5.
?	Dewch	Fercher	Gorffennaf	Mae'r
6.	**7.**	**8.**	**9.**	**10.**
Pedair	E-bostiwch	wybodaeth	helpu	bawb

4. Example answer:

[12 + ✓ = 13] = [25 marks]

Y dyddiau 'ma mae llawer o broblemau gyda phobl ifanc. Mae problemau yn y cartref, problemau yn yr ysgol a phroblemau gyda'r cyfryngau cymdeithasol. Mae rhai pobl yn trio dianc ac osgoi eu problemau ond mae help ar gael.

Mae llawer o bobl ifanc yn wynebu problemau yn eu cartrefi. Mae teuluoedd yn cwympo mas, weithiau mae aelod o'r teulu yn sâl ac mae hyn yn rhoi straen ar bawb ac weithiau mae rhieni yn rhoi gormod o bwysau ar blant. Rydw i'n lwcus achos mae fy nheulu yn hyfryd ond mae ffrindiau gyda fi sydd ddim yn dod ymlaen gyda'u rhieni.

Yn yr ysgol mae'r athrawon i gyd o dan bwysau felly maen nhw'n rhoi pwysau arnon ni. Dydy hi ddim yn deg! Rydw i'n credu dylen ni fwynhau yr ysgol ond rydyn ni'n clywed am dargedau, adolygu ac arholiadau trwy'r amser! Dw i wedi cael hen ddigon yn barod! Ar ôl TGAU hoffwn i fynd i'r coleg. Mae mwy o ryddid yn y coleg a dw i eisiau bod yn fwy annibynnol.

Mae llawer o broblemau heddiw yn dod o gyfryngau cymdeithasol fel Facebook, Instagram a Twitter. Mae llawer o fwlian yn digwydd ac felly mae rhaid bod yn ofalus iawn gyda lluniau yn enwedig. Rydw i'n defnyddio Facebook ond dim ond i siarad gyda fy ffrindiau. Dydw i ddim yn derbyn pobl dw i ddim yn adnabod fel ffrindiau. Mae salwch meddwl yn gyffredin iawn gyda phobl ifanc a dw i'n meddwl bod llawer o bobl yn treulio gormod o amser ar eu ffonau yn lle siarad a chymdeithasu.

Mae rhai pobl ifanc yn ymateb i'w problemau trwy yfed gormod neu gymryd cyffuriau. Maen nhw eisiau dianc o'u problemau ac yn anffodus maen nhw'n meddwl eu bod nhw'n cŵl. Wrth gwrs, dydyn nhw ddim!

Mae help a chefnogaeth ar gael i bawb yn yr ysgol ond weithiau mae'r staff yn rhy brysur ac weithiau mae'n neis siarad â rhywun tu allan. Mae'n syniad da cael cwnsela neu ddechrau hobi newydd a chwrdd â phobl newydd.

Assessments

Unit 1
[50 marks]

Wedi adolygu ap 'Alun yr Arth ar y Fferm'	Alun ✓	Aled
Wedi gwneud ap 'Campau Cosmig'	Alun	Aled ✓
Ap 'Campau Cosmig'. Ble?	Ar y fferm	Yn y gofod ✓
Cynnwys yr ap	Gemau ✓	Gwaith
Ffordd o:	Gweld Copïo Ysgrifennu'r gair	Gweld Clywed Ailadrodd y gair ✓
Chwarae'r ap?	Arhosfan bws ✓	Ysgol
Ap: Faint o amser?	Awr	Pum munud ✓
Barn: Neis bod gemau Cymraeg tu allan i'r dosbarth	Alun ✓	Aled
Barn plant: Cymraeg = dysgu yn yr ysgol	Alun	Aled ✓
Plentyn Aled	12 oed ✓	13 oed
Barn plentyn Aled:	ok ✓	gwych

Unit 2
[50 marks]

Option 1: **Dysgu Cymraeg** – Learning Welsh

Some examples of questions to ask each other:
- Beth rwyt ti'n meddwl am oedolion yn dysgu Cymraeg?
- Ydy dy rieni'n dysgu Cymraeg?
- Wyt ti'n adnabod oedolion sy'n dysgu Cymraeg?
- Pam maen nhw'n dysgu?
- Ydyn nhw'n mwynhau dysgu Cymraeg?
- Wyt ti'n cytuno gyda'r farn ar y daflen ei bod hi'n bwysig siarad iaith y wlad?
- Mae 15,000 o bobl yn dysgu Cymraeg mewn dosbarthiadau. Ydy hi'n bwysig denu mwy o bobl?

- Pam wyt ti'n meddwl bod mwy o bobl yn dysgu Cymraeg yn eu pedwardegau?
- Wyt ti'n cytuno gyda'r farn ar y daflen bod y Gymraeg yn bwysig i'r gwaith?
- Wyt ti wedi gweld cyrsiau Cymraeg ar-lein?
- Pam wyt ti'n meddwl bod cyrsiau ar-lein yn llwyddiannus?
- Pam mae pobl yn dewis ysgol Gymraeg i'w plant?
- Hoffet ti fynd i ysgol Gymraeg?

Option 2: **Iechyd** – Health

Some examples of questions to ask each other:
- Wyt ti'n berson iach?
- Wyt ti'n meddwl am dy iechyd?
- Beth rwyt ti'n feddwl am ysmygu?
- Wyt ti'n ysmygu?
- Sut mae ysmygu yn ddrwg i chi?
- Pam mae gor-dewdra yn broblem mewn pobl ifanc?
- Pam mae mwy o fechgyn na merched yn pwyso gormod?
- Sut mae gwella iechyd pobl ifanc?
- Wyt ti'n gwneud ymarfer corff?
- Pam mae salwch meddwl yn broblem mewn pobl ifanc?
- Wyt ti wedi meddwi erioed?
- Pam mae pobl yn yfed gormod?
- Pam mae mwy o fechgyn na merched yn yfed?

Option 3: **Yr Ardal** – The Area

Some examples of questions to ask each other:
- Ble rwyt ti'n byw?
- Beth sydd yn dy ardal di?
- Hoffet ti fyw mewn dinas?
- Beth sy'n well am fyw yn y wlad?
- Beth ydy'r gwahaniaeth rhwng byw mewn dinas a byw yn y wlad?

Unit 3

ADRAN A

1. [3 marks: 1 mark for each correct tick]

2. **[4 marks: 1 mark for each correct answer]**

RHAGLEN DELEDU NEWYDD
Enw'r rhaglen: *Cwrdd â'r Bobl*
Diwrnod: Dydd Sul
Amser: Deg o'r gloch
Addas i: bawb sy'n dysgu Cymraeg

3. (i) (a) Band Pres Llareggub **(1)**
    (b) Calan **(1)**
    (c) Accept any two from: Mae pump aelod yn y ddau fand **(1)** mae'r ddau yn chwarae cerddoriaeth roc **(1)** ac mae'r ddau yn chwarae ar y prif lwyfan **(1)**

(ii)

	Cywir	Anghywir	
Mae cyfanswm o fwy na 30 o bobl yn gweithio ar stondinau bwyd.	✓		[1]
Ffwrnes sy'n gwerthu bwyd Eidalaidd.	✓		[1]
Coffi Milgi ydy'r rhataf.		✓	[1]
Mae Canna Deli yn gwerthu coffi am lai na dwy bunt.		✓	[1]
I gael bwyd melys rhaid mynd i Bantri Pen-y-lan.	✓		[1]

4. (i)

a	I bwy mae CACEN?	Dechreuwyr	Pobl rugl	(Pawb)	[1]
b	Cwrdd mewn tafarn?	Yn fisol	(Yn wythnosol)	Yn achlysurol	[1]
c	Pwrpas grŵp CACEN?	Rhannu bwyd	(Siarad Cymraeg)	Gweld Brighton	[1]

(ii) Cryfderau – Strengths: Accept any 2 strengths **[2 marks each]**, e.g.:
- Mae pawb yn cefnogi ei gilydd. **[2]**
- Mae pawb yn cael hwyl yn Gymraeg ac yn dysgu ar yr un pryd. **[2]**

Heriau – Challenges: Accept any 2 challenges **[2 marks each]**, e.g.:
- Mae'n anodd defnyddio'r Gymraeg o ddydd i ddydd. **[2]**
- Mae pawb yn byw yn bell i ffwrdd oddi wrth ei gilydd. **[2]**

(iii) Accept any 3 relevant questions which are not already answered **[1 mark each]**, e.g.:
    1. Ym mha dafarn ydych chi'n cwrdd?
    2. Faint o bobl sy'n mynd i grŵp CACEN?
    3. O ble daeth yr enw CACEN?
[+ up to 1 mark per question for expression]

5.

Newyddion cyffrous![1]
Mae Clwb Drama Cymraeg newydd[1] yn dechrau[1] nos Fercher[1] am hanner awr wedi saith[1].
Bydd yn costio[1] tair punt[1] y sesiwn.
Am fwy o fanylion[1] cysylltwch â[1] Gina yn y swyddfa.
Croeso i bawb![1]

[10 marks: 1 mark for each correct phrase as noted]

ADRAN B

1. **[1 mark each]**

1. ?	2. ,	3. helpu	4. Gwener	5. Pump
6. gyda'r	7. Cymraeg	8. gyrru	9. Ebrill	10. cysylltwch

2. Example answers: **[6 marks]**

(i) • **Sgiliau neu brofiad** (Skills or experience) – **[up to 2 marks for 2 skills and/or experience, e.g.:]**
    - Rydw i'n dda iawn gyda thechnoleg gwybodaeth **(1)** ac mae profiad gyda fi o drefnu cystadlaethau **(1)**.

    • **Pam gwneud cais** (Why you would like to make an application) – **[2 marks each for 2 reasons e.g.:]**

    - Hoffwn i wneud cais am y swydd achos dw i'n hoffi trefnu gweithgareddau Cymraeg i bobl. **(2)**
    - Hoffwn i weithio gyda'r Gymraeg a gwella fy Nghymraeg fy hunan. **(2)**

(ii) **[15 marks]**

Canolfan Gymraeg y Fedw: Ble?	Tre'r Bont	[1]
Pwrpas y ganolfan	Helpu pawb i ddefnyddio'r Gymraeg (1) a chadw'r iaith yn fyw (1)	[2]
I oedolion?	Any two activities from: dosbarthiadau serameg, cadw'n heini, côr cymunedol, grwpiau sgwrsio, dosbarthiadau Cymraeg, clwb drama a grŵp ukelele	[2]
I blant bach?	Cylch Ti a Fi	[1]
I blant 5–11 oed?	Cynllun chwarae gwyliau	[1]
I blant ysgol uwchradd?	Dosbarthiadau adolygu TGAU a Lefel A	[1]

Pris cinio 'Paned'?	£5	[1]
Teithiau diweddar?	• Bannau Brycheiniog • Pentre Bach • Amgueddfa Sain Ffagan	[3]
Teithiau nesaf?	• Eisteddfod yr Urdd • Ynys Bŷr	[2]
Ar agor: sawl diwrnod yr wythnos?	Chwech	[1]

(iii) (a) explain what happens at the centre, e.g.: Mae dosbarthiadau Cymraeg, côr a grŵp ukelele (1) a hefyd mae caffi 'Paned' (1). **[2 marks]**

(b) encourage people to use the centre, e.g.: Dewch i'r ganolfan! Mae croeso i bawb! **[1 mark]**

[+ up to 3 additional marks for understandable expression]

ADRAN C

1. Example answer:

Rydyn ni'n lwcus iawn yng Nghymru i gael ein hiaith ein hunain felly dw i'n credu ei bod hi'n bwysig iawn siarad Cymraeg! Mae llawer o oedolion yn dysgu Cymraeg nawr. Mae rhai pobl yn dysgu Cymraeg i helpu eu plant, mae rhai yn dysgu i helpu cael swydd ac mae rhai pobl yn dysgu achos maen nhw'n meddwl ei bod hi'n bwysig.

Mae llawer o ddosbarthiadau Cymraeg ym mhob ardal o Gymru ond hefyd mae'n bosibl dysgu Cymraeg ar-lein nawr gyda *Say Something in Welsh* neu *Duolingo*. Mae llawer o gyfleoedd i ddefnyddio'r Gymraeg hefyd. Wrth gwrs mae llawer o ysgolion Cymraeg ond hefyd mae gweithgareddau Cymraeg mewn canolfannau Cymraeg a Mentrau Iaith.

Mae gallu siarad Cymraeg yn fantais fawr wrth chwilio am swydd. Mae llawer o swyddi sydd eisiau pobl gyda sgiliau Cymraeg fel y Llywodraeth, cynghorau sir, y cyfryngau ac, wrth gwrs, dysgu. Os ydych chi'n siarad Cymraeg rydych chi'n gallu cymryd rhan yn y diwylliant hefyd fel cerddoriaeth Gymraeg, llyfrau a'r Eisteddfod.

Mae pobl fel Rhys Ifans, Jamie Roberts a Matthew Rhys yn siarad Cymraeg ac maen nhw'n falch iawn o'r iaith. Rydw i'n meddwl eu bod nhw'n fodelau rôl ardderchog i bobl ifanc Cymru.

Felly, siaradwch Gymraeg bob dydd. Os dydyn ni ddim yn siarad Cymraeg byddwn ni'n colli'r iaith!

[10 marks for content + 10 marks for expression]

Unit 4

ADRAN A

1. (i) 1990 [1]
        yn henach na Joe [1]
        yn briod [1]

    (ii) Roedd tîm Cymru yn rownd gyn-derfynol Ewro 2016. ✓ [2]

    (iii) Mae llawer o anifeiliaid gyda Joe a'i deulu. ✓ [2]

2. (i) 18 oed [1]
        Gorky's Zygotic Mynci [1]
        Darganfod bandiau newydd [1]
        Achos mae'n gyfle i glywed cerddoriaeth newydd; *or*
        Mae'n bwysig iawn dathlu ein cerddoriaeth yng Nghymru. [1]

(ii) Ydw/Nac ydw [1]
[Accept 2 reasons – up to 2 marks each]

Simple reason: e.g. Dw i'n hoffi ymlacio. **[= 1 mark]**

Extended answer: e.g. Achos mae cerddoriaeth yn helpu fi i ymlacio ac anghofio am broblemau'r dydd. **[= 2 marks]**

3. (i) [1 mark for each correct tick]

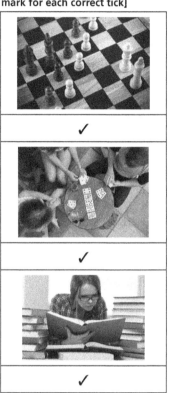

✓

✓

✓

(ii) [1 mark for each correct circle]

a) Beth mae'r person yn hoffi?	(darllen)	rygbi	pêl-droed	nofio	[1]
b) Beth dydy'r person ddim yn hoffi?	gwyddbwyll	(pêl-rwyd)	Monopoly	Scrabble	[1]
c) Ble mae'r odl?	llyfrau/coed	llygaid/nhrwyn	(bell/well)	bencampwr/wlad	[1]

ch) Ydy /(Nac ydy) [1]
d) (Ydy)/ Nac ydy [1]
dd) (Ydy)/ Nac ydy [1]

(iii) Example answer:
Yn fy amser hamdden rydw i'n mwynhau chwarae tenis a rygbi[1]. Rydw i'n dwlu ar rygbi achos dw i'n hoffi chwarae gyda fy ffrindiau mewn tîm ond hefyd dw i'n hoffi tenis achos mae'n cymryd llawer o sgil ac mae'n llawer o hwyl[1].

A dweud y gwir dydw i ddim yn mwynhau nofio na rhedeg[1]. Dw i'n meddwl bod nofio yn ddiflas iawn, nofio lan a lawr mewn pwll am amser hir! Mae rhedeg yn undonog iawn hefyd[1] ond weithiau mae'n iawn gyda cherddoriaeth.

Yn ystod hanner tymor chwaraeais i mewn twrnamaint tenis

yn y dref[1]. Chwaraeais i senglau a dyblau gyda fy ffrind Isaac o'r clwb tenis. Enillais i dair gêm senglau ac enillodd Isaac a fi bob gêm yn y dyblau! Cawson ni amser da iawn ac roedd yn gyfle gwych i chwarae yn erbyn pobl wahanol.

[5 marks for content (as shown) + 5 marks for expression]

4. Example answer:

Rydw i'n mynd i Ysgol Uwchradd Llanidloes yng nghanolbarth Cymru. Rydw i ym mlwyddyn 11 ac rydw i'n astudio deg pwnc TGAU: mathemateg, Saesneg, Cymraeg, Ffrangeg, technoleg, cerddoriaeth, gwyddoniaeth ddwbl, celf a hanes.[2] Fy hoff bwnc i ydy cerddoriaeth achos rydw i'n dwlu ar chwarae'r gitâr mewn band a dw i'n meddwl bod y gwersi yn wych. Mae tri ffrind da gyda fi yn yr ysgol ac rydyn ni yn yr un dosbarth[2]. Mae Mike a Sam yn wych mewn chwaraeon fel pêl-droed ac athletau ond mae'n well gyda Jacob a fi gerddoriaeth. Mae Jacob yn yr un band â fi, mae e'n chwarae'r drymiau.
Tymor diwethaf roedd ein dosbarth ni wedi trefnu stondin deisennau i godi arian i Oxfam[2]. Codon ni £85 ac roedd ein llun yn y papur lleol! Rydw i'n meddwl ei bod hi'n bwysig helpu pobl eraill.

Ar ôl TGAU hoffwn i aros ymlaen yn y chweched dosbarth. Hoffwn i astudio cerddoriaeth, technoleg a hanes am Lefel A[2]. Gobeithio bydda i'n gallu helpu gyda'r clwb gitâr yn yr ysgol achos dw i'n mwynhau dysgu plant ifanc.

[8 marks for content as marked + 7 marks for expression]

ADRAN B

1. (i) a) Mis diwethaf [1]
    b) Pump [1]
    c) Achos roedd llawer o bobl eraill a llawer o wahanol gampau yn mynd ymlaen. [2]
    ch) Enillodd Jên y gystadleuaeth. [2]
    d) Cwympodd Huw yn y dŵr ond rowliodd e lan eto. [2]
    dd) Oedd [2]

(ii) For example:
Yn debyg:	Roedd Jên a Huw wedi mwynhau'r gystadleuaeth yn fawr iawn. **[2]**
Yn wahanol:	Roedd Jên wedi ennill y gystadleuaeth ond daeth Huw yn ddegfed. **[2]**

(iii) For example: Ydw, dw i'n cytuno. [1] [+ up to 2 marks for a reason]

Simple reason:	Achos dw i'n hoffi chwarae pêl-droed gyda ffrindiau. **[= 1 mark]**
Extended answer:	Achos dw i wedi gwneud llawer o ffrindiau trwy chwaraeon. Mae'n ffordd dda o gymdeithasu a rhannu diddordeb a hwyl. **[= 2 marks]**

(iv) For example: Ydw, dw i'n cytuno. [1] [+ up to 2 marks for a reason]
Simple reason:	Achos dw i'n gallu trefnu gêm bêl-droed gyda ffrindiau. **[= 1 mark]**
Extended answer:	Achos mewn chwaraeon rydych

chi'n dysgu cydweithio a threfnu pethau. Hefyd rydych chi'n dibynnu ar bobl eraill ac yn gwybod bod pobl eraill yn dibynnu arnoch chi. **[= 2 marks]**

(v) For example: Hoffwn i drio hwylio. **[1] [+ up to 2 marks each for 2 reasons]**

Achos dw i'n mwynhau chwaraeon dŵr a bod yn yr awyr agored. **[2 marks]**

Achos dw i'n meddwl ei fod e'n gyffrous ac yn wahanol iawn i chwaraeon pêl. **[2 marks]**

ADRAN C

1. Example answer:

10 Ffordd y Coed
Llanidloes
SY18 6ED

Cyngor Sir Powys
Llandrindod
LD1 6AA

29 Medi

Annwyl Syr neu Fadam

Rydw i'n ysgrifennu atoch chi am chwaraeon yn ardal Llanidloes. Mike Rees ydw i ac rydw i'n ddisgybl Blwyddyn 11 yn Ysgol Uwchradd Llanidloes. Dw i'n dwlu ar lawer o chwaraeon ac yn yr ysgol rydyn ni'n chwarae pêl-droed, rygbi, athletau a phêl-fasged. Tu allan i'r ysgol dw i hefyd yn nofio a chwarae badminton.

Er bod rhai chwaraeon ar gael hoffwn i gael y cyfle i drio chwaraeon newydd. Rydw i'n meddwl ei bod hi'n bwysig trio chwaraeon newydd achos efallai byddwch chi'n darganfod pencampwr newydd! Mae rhai o fy ffrindiau yn yr ysgol yn meddwl bod chwaraeon yn eitha diflas ond rydw i'n credu dylen nhw drio rhywbeth newydd.

Rydw i'n meddwl basai'n dda cael y cyfle i drio chwaraeon fel bwrddhwylio, criced a rhwyfo. Rydyn ni'n lwcus gyda'r afon yn Llanidloes wrth gwrs! Mae rhai cyfleusterau ar gael ond mae angen rhai cyfleusterau newydd hefyd. Basai rhieni'r ardal yn hapus i helpu dw i'n siŵr achos mae pawb eisiau gwella'r ardal.

Ydy hi'n bosib cael cyfarfod i drafod gyda chi? Rydw i'n credu hoffai tua chwech o fy ffrindiau siarad â chi. Gallen ni gael cyfarfod yn yr ysgol ac efallai hoffech chi drafod gydag athrawon yr ysgol hefyd.

Diolch yn fawr iawn am ddarllen fy llythyr. Rydw i'n edrych ymlaen at glywed oddi wrthoch chi.

Yn gywir iawn

Mike Rees

[12 marks for content + 13 marks for expression]

Cydnabyddiaeth

Acknowledgements

The author and publisher are grateful to the copyright holders for permission to use quoted materials and images.

Diolch yn fawr iawn i'r canlynol am eu cymorth parod: Dafydd Roberts, Lona Evans, Val Lucas

Thanks to *Golwg360* for permission to licence video clips: Enillydd Medal y Dysgwyr Alice Howell (page 54); Senedd Ieuenctid Cymru – barn disgyblion Ysgol Bro Pedr (page 66)

Thanks to S4C for permission to licence video clip: Dal Ati Bore Da 'Campau Cosmig' (pages 164 and 175). Thanks also to Tafol.

Page 88 – 'Sbwriel' by Zac Davies from 'Poeth! Cerddi Poeth ac Oer', published by Y Lolfa (2009)

Page 124 – kizzycrawford2016 ©Kirsten McTernan

Page 126 – 'Mae'n fore Gwener' by Gwyn Morgan from 'Psst!', published by Dref Wen (2002)

Page 177 – Thanks to Urdd Gobaith Cymru for permission to reproduce their logo

Page 183 – Swnami ©Kirsten McTernan

Page 199 – *Chwaraeon* by Lis Jones from 'Chwarae Plant' edited by Myrddin ap Dafydd (1997), published by Gwasg Carreg Gwalch

All other images © Shutterstock.com

Every effort has been made to trace copyright holders and obtain their permission for the use of copyright material. The author and publisher will gladly receive information enabling them to rectify any error or omission in subsequent editions. All facts are correct at time of going to press.

Published by Collins
An imprint of HarperCollins*Publishers* Ltd
1 London Bridge Street
London SE1 9GF

HarperCollins Publishers
Macken House, 39/40 Mayor Street Upper,
Dublin1, D01 C9W8,
Ireland

© HarperCollins*Publishers* Limited 2020

ISBN 9780008227463

First published 2017

This edition published 2020

10 9

British Library Cataloguing in Publication Data.

A CIP record of this book is available from the British Library.

Author: Jo Knell
Commissioning Editors: Clare Souza and Charlotte Christensen
Editor: Charlotte Christensen
Project Manager: Elin Lewis
Indexing: Simon Yapp
Cover Design: Sarah Duxbury and Kevin Robbins
Inside Concept Design: Sarah Duxbury and Paul Oates
Text Design and Layout: Jouve India Private Limited
Production: Natalia Rebow
Printed in the UK, by Ashford Colour Press Ltd.

MIX
Paper | Supporting responsible forestry
FSC™ C007454

This book contains FSC™ certified paper and other controlled sources to ensure responsible forest management.

For more information visit: www.harpercollins.co.uk/green